危机处理中的中共领袖们

王相坤 著

四川人民出版社

图书在版编目（CIP）数据

危机处理中的中共领袖们/王相坤著. —成都：
四川人民出版社，2021.6（2022.12 重印）
ISBN 978-7-220-11700-8

Ⅰ.①危… Ⅱ.①王… Ⅲ.①中国共产党-领袖-列传 ②国家领导人-列传-中国 Ⅳ.①K827=7

中国版本图书馆 CIP 数据核字（2020）第 057194 号

WEIJI CHULI ZHONG DE ZHONGGONG LINGXIUMEN
危机处理中的中共领袖们
王相坤 著

出 版 人	黄立新
策划组稿	罗晓春
责任编辑	罗晓春
营销策划	张明辉
封面设计	象上设计
内文设计	戴雨虹
责任校对	舒晓利
责任印制	李　剑
出版发行	四川人民出版社（成都市锦江区三色路238号新华之星A座33、35层）
网　　址	http://www.scpph.com
E-mail	scrmcbs@sina.com
新浪微博	@四川人民出版社
微信公众号	四川人民出版社
发行部业务电话	（028）86361653　86361656
防盗版举报电话	（028）86361653
照　　排	四川胜翔数码印务设计有限公司
印　　刷	成都蜀通印务有限责任公司
成品尺寸	170mm×240mm
印　　张	26.5
字　　数	220千
版　　次	2021年6月第1版
印　　次	2022年12月第2次印刷
书　　号	ISBN 978-7-220-11700-8
定　　价	69.90元

■版权所有·侵权必究

本书若出现印装质量问题，请与我社发行部联系调换
电话：（028）86361653

目　录

001/ 再版自序
005/ 自　序

| 第一章 |

001/ **蒋、汪合流发动反革命政变　瞿秋白领导全党实施武装反抗总方针**

004/ 从四一二到七一五：全国一片白色恐怖

018/ 从临时政治局常委会到瞿秋白：逐步提出应对危机的正确方针

028/ 从南昌起义到秋收起义：党领导下的人民军队开始建立

| 第二章 |

037/ 顾顺章、向忠发被捕叛变　周恩来指挥中共上海首脑机关大转移

040/ 危急时刻：钱壮飞成功截留顾顺章被捕叛变的绝密情报

048/ 紧急应变：周恩来受命处理一切

054/ 危机再起：向忠发被捕叛变并供出中共中央核心机密

065/ 战略转移：中共中央机关秘迁中央苏区瑞金

| 第三章 |

077/ 错误领导陷红军于危境　遵义会议毛泽东挽救党和红军

080/ 长征："无奈的选择"

085/ 大搬家式转移：出师即陷入危局

096/ 尝试改变：毛、张、王结成同盟

105/ 遵义会议：实现伟大历史转折

| 第四章 |

113/ **蒋介石成为"阶下囚"　周恩来赴西安和平解决事变**

115/ 兵谏扣蒋，南京大乱，西安城风雨欲来

125/ 应邀赴西安，协调各方，定下和平处变方针

138/ 群雄纷起，斗智斗勇，抗日放蒋协议终于敲定

| 第五章 |

151/ **蒋介石亲手导演皖南事变　中共中央审时度势粉碎第二次反共高潮**

153/ 蒋介石下令：围歼新四军于皖南

167/ 刘少奇向中央建言：采取政治上攻势、军事上守势方针

174/ 国民党政府被迫让步："以后再亦决无'剿共'的军事"

| 第六章 |

187/ 国民党留下"烂摊子"　陈云主持破解经济难题

189/ 蒋介石退出大陆的最后一招：让共产党背上沉重的经济包袱

195/ 陈云执掌中财委：打响遏制上海通货膨胀第一仗

205/ 用经济手段管理经济：打赢"不下于淮海战役"的经济战

| 第七章 |

221/ 美在鸭绿江畔燃战火　中国出兵抗美援朝

224/ 兵发朝鲜、威胁中国：杜鲁门错估了毛泽东

235/ 毛彭联手、两战皆捷：中国军力震惊美国高层

248/ 边打边谈、以打促和：克拉克在停战协议上签字

第八章

261/ 三年经济困难　毛泽东、刘少奇接力调整国民经济

264/ 天灾人祸：中国经济遭遇严重困难

269/ 从"大跃进"到实施调整：共识"姗姗来迟"

281/ 刘少奇采取非常措施：国民经济全面调整扬帆起航

第九章

297/ 北方大国大兵压境　中国联美抗苏

300/ 中苏交恶，中美敌对，中国和两个超级大国同时对抗

310/ 毛泽东发出试探信息，尼克松伸出橄榄枝，联美抗苏战略诞生

316/ 中美和解，举世震惊，苏联"核外科手术计划"胎死腹中

| 第十章 |

331/ 林彪阴谋篡党夺权　毛泽东雄才大略化险为夷

333/ 国家主席之争引发毛泽东与林彪激烈冲突

340/ 毛泽东步步紧逼使做贼心虚的林彪顿生杀机

348/ 林彪阴谋败露

| 第十一章 |

363/ 十年内乱经济处于停滞状态　邓小平推行改革开放强国富民

366/ "处于缓慢发展和停滞状态"的中国经济

373/ 转折，从一个73岁老人的复出开始

387/ 新的正确道路的诞生

398/ 后　记

再版自序

当今世界，和平与发展虽是时代主题，但不断积累的不稳定因素始终在滋长各种潜在危机，甚至酿成影响国内发展、国家安全和国际安全的严重危机。鉴于此，我对社会危机及其处理的相关历史和现实给予了持久的关注和研究。

中国共产党自诞生以来跌宕曲折、波澜壮阔的奋斗历程，写满了一个个历史危机不断降临、又相继被化解的丰富内容，形成了独特的具有世界意义的危机处理史。为了把历史和现实结合起来，从中汲取中国共产党人尤其是领袖们处理各种复杂危机的历史智慧，我根据多年研究成果，完成了拙著《危机处理中的中共领袖们》，并由四川人民出版社于2011年正式出版发行。为了适应领导干部、管理人员、研究人员、大中专学生等不同读者群的需求，给大家留下较有意义的思考，拙著主要着力于以下几个方面。

一是新颖性。从新的历史视角即危机处理史的角度解读中共历史，力求为读者呈现新的历史体验。在半殖民地半封建的基础上进行新民主主义革命，在一穷二白和霸权挤压的环境中建设社会主义和共产主义，中国共产党不断面临十分复杂的历史问题及其凝聚而成的历史危机。在纷至沓来的危机面前，中国共产党及其领袖承顶巨压、履冰临渊、拨云见日，上演了一幕幕威武雄壮、动人心魄的历史活剧。"历史是最好的教科书。"我们从这波谲云诡、丰富多彩的历史画卷中，将更加深刻体验到中国共产党久难功成的非凡历史，更加深刻体验到中国共产党人的崇高追求、非凡智慧以至人生哲学。

二是现实性。以观照现实、经世致用为出发点，"文以载道"。自美国"9·11"事件、国内"非典"事件之后，突发性的社会危机引起国内外政治家以及专家学者的高度重视，对相关问题的研究一度成为理论和现实关注的热点，人们对自己熟知的世界有了新的认识，也推动全球治理和国内治理迈进新阶段。直至今日，这一问题仍没有完结，任重道远。正如习近平总书记指出："世界面临的不稳定性不确定性突出，世界经济增长动能不足，贫富分化日益严重，地区热点问题此起彼伏，恐怖主义、网络安全、重大传染性疾病、气候变化等非传统安全威胁持续蔓延，人类面临许多共同挑战。"紧密联系这些现实问题，从党的历史中寻求答案，从领袖的雄才大略中学习秘籍，是拙著的基本初衷。我也相信，按照这个思路深入钻研党的历史，于各界读者一定不无裨益。

三是可读性。以生动有趣的描述，还历史的本来面目。历史，尤其是中国共产党历史，本身是十分精彩的。虽然社会上很多人对党的历史很感兴趣，但有影响的正史著作并不多，言之无文，行而不远。这也是党史工作尤其是宣传教育工作应该努力解决的一个问题。好的党史著作不仅要"究天人之际，通古今之变"，而且要努力于"史家之绝唱，无韵之离骚"。我早年从事新闻和文学创作，并多年从事军队政治工作，深知语言对于传播思想、做好工作的重要性，因此在历史描述中，自觉不自觉地都会尽力向历史本身靠近，让历史变得亲切、好看。

四是准确性。准确性本来是历史著作最基本的属性，"有信史然后有良史"，自不待言。但鉴于拙著的其他特点，这里就有必要再作强调，历史不是文学创作，党的历史更不能随便戏说。尊重史实，实事求是，是党史工作者最基本的态度。我在写作中尽量全面搜集相关史料和著作，对所用材料进行了仔细研究和鉴别，运用了一些学术界和自己的新的研究成果，尽力做到史料运用和历史叙述的权威性、可靠性。当然，历史研究永无止境，在新时代，对其中很多问题的研究已经并且仍然需要不断向前推进。

以上所述也是自己需要不断努力的方向，在数年前出版的拙著也许并不能达到令人满意的程度，唯望以此作为自己与大家一起不忘初心、牢记使命，为新时代中国特色社会主义和中华民族伟大复兴中国梦而努力奋进的小小垫脚石。而拙著出版以来，在广大读者中产生了良好反响，现应四川人民出版社之邀，再版飨士。欢迎广大读者继续批评指正。

作　者

2021 年 3 月

自序

如果有人要问：怎样才能使一个人懂得生命的珍贵？通常的答案无非是：在一个人或遇病魔折磨、或遇灾难袭扰，当从生死线上走过之后，他（她）便懂得生命如此珍贵。

如果有人要问：怎样才能使一个人少犯错误至少避免犯严重的错误及重复同一个错误？通常的答案无非是：当他（她）亲身经历了由于自己的过失对党、国家和人民的财产及生命安全造成无可挽回的损失和影响之后，他（她）便会永记这样的沉痛教训。

上述回答，是无数历经磨难的人的心灵记录。在经历了这样的心路历程后，或多或少都能悟出其中的道理。然而，如果真要通过此种手段来实现认识的跨越，千千万万的人们可能选择放弃，而另辟蹊径。因为它付出的代价未免过于昂贵。毕竟人生只有一次，死而不能复生；毕竟经历错误是极其痛苦的，同时也赔付着甚至是加倍的精神和物质的代价，以经历错误为代价来避免再犯同样的错误，是一种并不高明的选择，是一种谁都不愿意尝试的事情。

人们在这一问题上的理想境界是什么呢？是避免错误的发生，又减少乃至不用付出沉痛的代价。于是，一种寄予完美结局的理想而诞生的"危机处理"的命题便成为古今中外一切不愿意承受灾难的人们的永恒话题，人们不断谈论这个话题的直接结果，则使对危机处理的认识和研究也不断深化。

有人把危机的种类分为政治危机、经济危机、外交危机、社会危机、金融危机、企业危机、家庭危机、人身危机……

有人把危机处理的策略分为三种：上策——顺应时势，主动求变；中策——逐步改造，缓慢应变；下策——一意孤行，抗拒变局。

有人把危机处理过程分为成立专案小组、搜集危机资讯、诊断危机状态、确认决策方案、执行处理策略、重点处理及寻求援助……

有人把危机处理的步骤分为五个阶段：危机的确认、危机的衡量、危机的决策、危机处理的实施、处理结果的考核。

之所以人们执著于认识和研究危机处理的内在规律及其危机管理艺术，在于当一个重大事件即将发生，"严重的危害到成败生存的关节"千钧一发之际，一个懂得危机处理的智者，依靠自己的政治智慧和高超的处置艺术，可能化解危机，转危为安；反之，则可能遭到灭顶之灾。正所谓："适者生存，不适者灭亡"，这里的"适"就是对危机规律的认识，对危机处理艺术的正确把握。

危机处理作为一门管理科学，自古有之。然而它被"炒"热，引起举世关注，进入人们的日常工作和生活，则是21世纪的事情。

美国东部时间2001年9月11日清晨，两架被恐怖分子劫持的飞机突然出现在纽约市上空，瞬间从不同方向向着耸立于纽约市中心的世贸中心大楼撞去，在震耳欲聋的爆炸声中，即使具有世界一流水准的这两座摩天大厦，也经不住如此的剧烈撞击而被拦腰截断并相继倒塌；与此同时，另一架被恐怖分子劫持的飞机撞毁了五角大楼的西北角。震惊世界的九一一恐怖袭击事件就这样发生了。

这场灾难给美国造成了4000人死亡、几千人受伤及255亿美元的巨额经济损失。它是继1814年英国火烧白宫、1941年日本偷袭珍珠港之后，美国遭受到的第三次大规模袭击，且伤亡人数比1941年日本偷袭珍珠港所牺牲的3000多人还要多。

美国很快作出反应。在全力进行灾难善后的同时，2001年9月20日，美国总统布什在参众两院联席会议上宣布："我们的敌人是一个极端的恐怖分子网络,以及支持他们的所有政府。""我们将动用一切力量——一切外交途径、一切情报工具、一切执法手段、一切金融影响和一切的必要的战争武器——来瓦解和摧毁全球恐怖活动网。"① 布什的讲话,拉开了反恐战争的序幕!

从一起恐怖袭击演变成一场涉及全球的旷日持久的反恐战争,体现了美国人的价值观。作为世界唯一的超级大国和重视人权的民主国家,它不能允许其数千国民就这样丧命于硝烟,通过把恐怖分子赶尽杀绝的手段来为失去的生命找回公平,同时也为活着的人挽回面子,这是美国人的一种惯性思维。这种危机处理的方式,表现了勇敢,但弱化了理智。因为,恐怖主义产生的土壤是南北差距拉大,有的国家长期处于贫困状态,有的人生活无着,这为恐怖组织招募成员提供了条件;同时民族、宗教问题也成为一些恐怖组织煽动复仇等恐怖主义的基地。在这些问题根本解决之前,反恐实际上只剩下一条路:在防范的同时,动员全世界一切力量进行反恐战争。因为恐怖组织遍布世界各个角落,反恐战争如果无法动员世界各国共同投入这场战争,那么,恐怖组织的栖身空间将会增大,反恐战争的死

---

① 周溢潢著:《中美关系风云录》,山西人民出版社2003年版,第459~460页。

角将会增多，这样的反恐战争将注定成为一场无法结束的战争。

东方人思考这个问题的逻辑起点与西方人是有区别的，它一方面重视从源头即"本"源上消除恐怖主义滋生的土壤；另一方面，也重视从"标"上防范来自于恐怖主义的袭击，即所谓"标本兼治"。2002年，在中共十六大报告中，江泽民明确表达了这样的立场：我们主张反对一切形式的恐怖主义。要加强国际合作，标本兼治，防范和打击恐怖活动，努力消除产生恐怖主义的根源。[①] 在这里，中国处置恐怖主义的政策就比较务实、全面，既支持了美国的立场，强调反对一切形式的恐怖主义，赞成加强国际合作，打击恐怖活动；同时又强调防范恐怖主义袭击，这就是标本兼治，双管齐下，不能等恐怖主义发生之后再亡羊补牢，而是预见在先，把危机化解在发生之前。

其实，九一一恐怖袭击事件能够在全球唯一的超级大国美国发生，从美国的危机处理角度看，也有值得反思的地方。

首先，恐怖袭击对美国而言并非"前无来者"的崭新课题，前车之鉴可谓言犹在耳。1993年恐怖主义者拉姆吉·尤索夫曾企图炸毁纽约世贸大楼；1995年、1996年驻沙特阿拉伯的美军基地曾两度遭受恐怖主义袭击，造成24人死亡；1998

---

① 《十一届三中全会以来历次党代会、中央全会报告 公报 决议 决定》（下），中国方正出版社2008年版，第762页。

年美国驻肯尼亚及坦桑尼亚大使馆相继被炸，死伤数百人；在九一一恐怖事件的前一年还发生了美舰"柯尔号"在亚丁港被炸事件。接二连三地发生爆炸袭击事件，敲响了防范恐怖主义的警钟，美国作为世界上最发达的国家，有能力看到恐怖主义的现实威胁，并有效地加以防范。

其次，美国具有严密的防空体系、先进的预警手段和快速反应能力。一般地说，恐怖袭击在酝酿过程中是有前兆的，在美国的情报网络遍布全世界的情况下，掌控恐怖分子活动的信息并不困难，三架不明身份的庞然大物几乎同时进入纽约上空，这对于具有先进防空体系和现代化预警手段的美国而言是不难发现的，发现之后如果快速反应，至少可以实施空中拦截措施，不使其接近重要目标。这几个环节同时出现问题，才最终酿成悲剧。由此可见，即使美国这样具有严密的防空体系、先进的预警手段和快速反应能力的国家，它的防空体系、预警手段、快速反应能力也非尽善尽美。

如果说2001年发生在美国的九一一事件针对的美国，主要受害者是美国人民的话，那么，2003年初肆虐全球的非典型肺炎大流行，受害者则是全世界人民，中国也未能幸免。"非典"期间，生产被迫停顿，人们被限制出行，不仅经济社会发展受到严重影响，更为严重的是有多少健康的生命被"非典"

吞没。

九一一恐怖事件和全球"非典"大流行提醒了世人。它促使人们考虑一些深层次的问题,其中包括如何提高危机处理的质量。从此时起,全世界把目光聚焦于危机处理,提高危机处理能力摆上了各国政府的重要日程。2003年5月,在抗击"非典"进入关键时刻,中国政府公布和实施了《突发公共卫生事件应急条例》,将应对突发公共卫生事件纳入法制化轨道;2006年1月,国务院发布了《国家突发公共事件总体应急预案》;同年2月,国家安全生产应急救援指挥中心成立;2007年8月,又出台了突发事件应对法。

现在,有关危机处理的各项法律、法规和政策措施已覆盖中国社会生活的各方面,中国共产党危机处理的能力已经显著提高。中国政府对于2008年5月12日发生在四川省汶川县的这场30多年来最强烈的地震灾害的危机处理情况,国外许多主流媒体给予了积极评价。英国《金融时报》刊登社评盛赞"中国政府对四川地震的反应非常迅速";韩国《朝鲜日报》刊登文章,称赞中国政府在这次巨大的灾难中显示出来很强的危机处理能力;澳大利亚《澳大利亚人报》发表文章说,中国政府在地震发生后的迅速反应令人钦佩,中国对地震提供了快速的新闻和信息,对地震的规模和可怕的场面没有任何掩盖和隐瞒。马来西亚南洋报业集团执行主席梁棋祥表示，面对突如其来的地震灾害，中国政府反应快速，表现了良好的危机处理能力。联合国国际减灾战略主任萨尔瓦诺·布里塞尼奥说，中国政府迅速、高效的动员和反应为世界树立了榜样。[①]

这是中国人民的幸事。

中国共产党人不仅在长期执政的条件下，善于根据已经变化了的情况，不断创新执政理念，增强执政本领，就是在夺取全国政权之前，善于驾驭危机、处理危机也伴随着整个革命事业的发展过程，成为革命领袖高超政治智慧的丰富内容。可以说，中国共产党就是在不断经受各种危机的考验中成长壮大起来的。翻开党的历史：

在向忠发被捕叛变的严重危机面前，如果没有周恩来等同志的机智应变，快速反应转移中央机关，那么党的中央机关将不可避免遭受更大的损失，甚至全军覆没。

在长征途中红军遭受巨大损失的严重危机面前，如果不是毛泽东主导党的健康力量在遵义会议上改变错误领导，使党和红军重新回到正确路线上来的话，那么党和红军同样难免遭受灭顶之灾。

---

① 《国外媒体称中国巨灾中表现出很强危机处理能力》，见《解放军报》2008年5月17日。

在林彪反党集团阴谋篡夺党和国家领导权的紧要关头，如果不是毛泽东和党中央及时洞察其奸，并采取一系列防范措施的话，其结果也是难以预料的。

今天是明天的历史，又是对昨天的接续。继承过去，是创造今日辉煌的起点；干好今天，是开辟未来的前提。中国共产党成立100年的历史，不仅给我们创造了一个强盛的新中国，还给我们留下了一笔宝贵的精神财富——中国共产党发展壮大的历史经验。这其中包含着革命领袖危机处理的政治智慧、思维方法、策略原则和驾驭技巧。革命领袖用自己艰苦的实践，为我们党积累的危机处理的历史经验，充满着马克思主义的光辉，反映了中国共产党人对中国革命和社会主义事业科学规律的正确认识，再现了革命领袖在领导革命、治国理政的伟大实践中，处理事关党和国家前途命运的一系列重大问题所表现出来的政治谋略、决策艺术、驾驭本领和实践过程，这对于今天的人们，不论是领导者的科学决策，还是作为领导"智库"的机关工作人员、理论研究人员以及正在为成就未来事业而进行知识储备的莘莘学子和热心读者，了解革命领袖的实践活动，学习革命领袖的历史智慧，提高思想理论水平，丰富实际工作经验，增强危机处理的能力，都是十分有益的。基于此，著者斗胆留下《危机处理中的中共领袖们》这篇文字，献给各级领导干部、企业管理人员、大中专学生和所有热心读者。寄望取材于中国共产党成立100年历史而形成的《危机处理中的中共领袖们》，也能告诉我们点什么。

让历史告诉未来！

王相坤

第一章

蒋、汪合流发动反革命政变
瞿秋白领导全党实施武装
反抗总方针

在党生死存亡的危急关头，瞿秋白同志在湖北汉口主持召开了中共中央紧急会议，即著名的八七会议。会议选出以他为首的新的中央领导机构——中共中央临时政治局。这时瞿秋白同志年仅28岁。他带领中国共产党人在黑暗中高举革命的旗帜，领导整顿和恢复各地遭受严重破坏的党组织，参与决定和指导各地区的武装起义，很快实现了革命斗争形式的转变。经过一系列起义和殊死战斗，各地保存下来的一部分革命武装，深入农村，开展游击战争，为建立和发展红军，开辟农村革命根据地，奠定了初步的基础。

——中共中央党史研究室《追求真理的探索者——纪念瞿秋白同志诞辰110周年》[1]

---

[1] 中共中央党史研究室：《追求真理的探索者——纪念瞿秋白同志诞辰110周年》，《人民日报》2009年1月29日。

从四一二到七一五:全国一片白色恐怖

1921年8月初。环境幽静、绿水荡漾的浙江嘉兴南湖。

一艘普普通通的游船缓缓驶入湖心。只见一位青年女子伫立在船头处,举目远眺,似在饱览这"晨烟暮雨,湖波浩渺"的南湖美景;船舱内,十数位身着各式服装的男士围坐在摆满菜肴的桌子四周,侃侃而谈,偶有举杯,一副友人聚会、凭栏湖光山色的模样。此时,船外的人们谁也不曾觉察出这艘游船有何非同寻常之处。但是,就是这天并在这艘游船上发生了一个不仅由此改变了中国历史发展进程,而且对20世纪以后的世界产生了重大影响的事件——中国共产党成立。

中国共产党第一次全国代表大会原本在上海法租界望志路106号(现兴业路76号)李书城的住宅内举行。国内各地和旅日的党组织共派出13名代表出席了这次大会。他们是:李达、李汉俊、董必武、陈潭秋、毛泽东、何叔衡、王尽美、邓恩铭、张国焘、刘仁静、陈公博、周佛海以及陈独秀的代表包惠僧。

当大会进入最后一天，突然有一名陌生的中年男子闯进会场，说是找错地方了。富有斗争经验的共产国际代表马林立刻识破这是敌人暗探的活动，于是会议马上中止，李汉俊和陈公博两名代表留下应付特务随时而来的搜查，其他代表转移到浙江嘉兴南湖一艘船上继续会议进程。

有关史料记载，党的一大转移到浙江嘉兴南湖游艇上继续完成最后的议程，是根据一大代表李达夫人、一大工作人员王会悟的建议，并由王会悟联系安排的。王会悟1959年3月21日回忆说："决定后，李达同志叫我当晚去上海北站了解到嘉兴车的班次，第二天早上共〈有〉代表十余人分两批去嘉兴。到嘉兴时已八点多钟了，先到城市张家弄鸳湖旅馆落脚，开了两个房间休息，洗脸吃早饭，叫旅馆账房给雇船。当时准备雇只大的，但他们要雇大的需提前一天预订。现在大的已没有了，只有中号船了，便雇一只中号船，船费四元五角，中饭一桌酒菜三元，连小费共花八支洋，当时把钱付清，并与旅馆账房说，给留两个好的房间，如好玩我们晚上回来住宿。九点多钟离开旅馆去南湖。到南湖，部分代表如毛主席、董必武、何叔衡、陈潭秋等同志由我陪同先到烟雨楼玩了一回，也没有坐下吃茶，主要目的是为了观察下船依靠哪里比较合适。代表们到船上开会时已快十一点钟了，约开了一个钟头，即在船上吃午饭，酒菜是由船上备的。吃饭时在八仙桌上又放了一个圆的台面，十几个人吃饭也不拥挤，代表们吃饭时，我没有一道吃，当时也还不想吃，我一个人坐在船头上……开会那天游客并不多，据记忆开会时，停放湖中的船连我们的一条一共五条船。内中一只据船大娘说是城内某商户为儿子办满月酒雇的，另一只是乡下土财携眷进城游玩的，到下午三钟以后，小游艇逐渐增多，有些小游艇油漆得很漂亮，据说是城内士绅自备的。约五点钟左右，湖中游船已有五只了，并有一只小汽艇（是城内葛姓士绅私有的），当时看到疑为政府巡逻，曾引起警惕，临时休会，后来知道是私艇才放心。到这时候，到处留声机唱京戏，湖中已热闹非常，到六点多钟，我们就离开了南湖准备回上海了。"① 当年亲历大会决策过程的陈独秀指定的代表包惠僧后来著书说，南湖船上中共作出了四项重大决定：一是讨论通过了《中国共产党第一个纲领》；二是讨论通过了《中国共产党第一个决议》；三是讨论通过了后来没有公开发表的中国共产党《宣言》；四是选举产生了中共中央第一届领导机构，由陈独秀、张国焘、李达组成中共中央局，陈独秀为

---

① 王会悟：《一大在南湖开会的情况》（1959 年 3 月 31 日），《中国共产党第一次全国代表大会档案选编》，中共党史出版社 2015 年版，第 186－187 页。

中央局书记。

南湖船上圆满完成中共一大的各项议程，宣告了中国有史以来第一个以马克思列宁主义为行动指南、以实现社会主义和共产主义为奋斗目标的无产阶级政党——中国共产党的成立。中国共产党的成立，使自1840年鸦片战争以来饱受帝国主义、封建主义和官僚资本主义压迫的中国人民终于找到了实现民族独立的革命道路，有了能够领导中国人民走上康庄大道的革命政党。中共一大《纲领》明确规定："本党承认苏维埃管理制度，把工农劳动者和士兵组织起来，并承认党的根本政治目的是实行社会革命"；"革命军队必须与无产阶级一起推翻资本家阶级的政权，必须支援工人阶级，直到社会的阶级区分消除为止；承认无产阶级专政，直到阶级斗争结束，即直到消灭社会的阶级区分"[①]。

然而，要推翻资产阶级政权，建立社会主义政权，实行无产阶级专政，并为最终实现共产主义的远大理想奠定基础，对于刚刚诞生的中国共产党来说还是十分遥远的事情。陈独秀、李大钊等早期共产党人以他们对马克思主义的认识水平和对十月革命胜利的经验的理解，为中国革命设定了这样的路线图：

---

① 李颖编：《从一大到十七大》上册，中央文献出版社2007年版，第40页。

起点——宣传马克思主义。

队伍——工人、农民。

形式——组织工会，开展工人运动。

目标——把一切先进分子吸引到党的队伍中来，逐渐聚集和壮大革命力量，进行社会主义革命。

陈独秀出任中央局书记后做的第一件事，就是围绕壮大党的力量而展开的。1921年9月中下旬，他主持召开第一次中央局扩大会议，专门讨论党、团组织发展以及工人运动和宣传工作等问题，决定今后工作的计划。经过五天的讨论，形成了中国共产党第一个党内文件《中国共产党中央局通告》。通告要求：上海、北京、广州、武汉、长沙五区早在本年内至迟亦须于明年7月开大会前，都能得同志30人成立区执行委员会，以便开大会时能够依党纲成立正式中央执行委员会。全国社会主义青年团必须在明年7月以前超过2000团员。各区必须有直接管理的工会1个以上，其余的工会也须有切实的联络；在明年大会上，各区代表关于该区劳动状况，必须有统计的报告。中央局宣传部在明年7月以前，必须出书（关于纯粹的共产主义者）20种以上。①

陈独秀亲自走上街头宣传马克思主义。1922年农历正月初一，根据陈独秀的提议，上海地方党组织全体党员李达、陈望道、李汉俊等，与中国、朝鲜社会主义青年团团员100多人、工人50人，走上街头开展贺年活动，上午在上海市散发正面写"恭贺新年"、背面印有两种传单的贺年卡6万余张；下午又在"新世界"等群众聚会的游戏场所散发了反帝国主义和军阀的传单2万余张，租界巡捕房惊呼："共产主义到上海来了！"

在此之前，党的工运工作已经展开了。一大闭幕刚刚一周，8月11日，中共中央负责工人运动的公开机构——中国劳动组合书记部在上海正式成立。九、十月间，北京、武汉、湖南、广州和山东等地的中国劳动组合书记部分部相继建立，大批党的高级干部被派到领导工运的一线。那时，北京分部有邓培、罗章龙；武汉分部有包惠僧、林育南；湖南分部有毛泽东；广州分部有谭平山、冯菊坡；山东分部有王尽美。这样，中国共产党领导下的工人运动在上海、湖南、广东、北京、武汉等大城市如燎原之火燃烧起来。7、8月份，成功地领导了

---

① 《中共中央文件选集》第一册，中共中央党校出版社1989年版，第26页。

第一次大罢工——上海英美烟厂工人大罢工；10月，取得了粤汉铁路武长段工人罢工的胜利；11月，领导了陇海铁路全路大罢工；12月，又取得汉口租界人力车工人罢工的胜利；1922年1月，组织了湖南第一纱厂工人罢工。这些罢工斗争的胜利，鼓舞了中国共产党人和工人阶级对胜利的信心，同时在社会各界树立了中国劳动组合书记部的威信，促成了第一次全国劳动大会的召开。

1922年5月1日，全国劳动大会在广州隆重开幕，出席大会的代表共173人，来自全国12个城市，代表着全国110多个工会和34万有组织的工人，包括共产党、国民党以及无政府主义组织都派代表参加了会议。中共中央领导人陈独秀、中国劳动组合书记部主任张国焘等亲临大会指导，并发表演说。国民党总理孙中山称赞此次"大会成绩很好，希望能切实执行决议"①。大会通过了《八小时工作案》、《罢工援助案》等10项议案，并且同意"在中华全国总工会成立之前，中国劳动组合书记部为全国工会的总通讯机关"，这实际上承认了中国劳动组合书记部为全国工人运动的最高领导机构的地位。

以这次大会为起点，中国共产党引导工人阶级开始走向全

---

① 刘明逵等主编：《中国工人运动史》第二卷，广东人民出版社1998年版，349页。

国团结的道路，直接推动了中国工人运动第一次高潮。而工人运动的蓬勃发展，同时又使党的队伍得到迅速发展。1921年党成立时只有50多名党员，1922年6月30日即党成立即将周年时，陈独秀向共产国际报告说：党员人数已经发展到195人，增长了近2倍。到1927年党的五大召开前夕，中国共产党已成为拥有5.8万名党员、领导着280余万工人和970余万农民的具有相当群众基础的政党。共青团员也发展到3.5万余人。中共中央直接领导着湖南、湖北、广东、北方、江西、河南、陕甘等8个区委和山东、福建、南满、北满、安徽、四川等6个地委。

中国共产党取得的骄人成绩，招致当时中国第一大政党国民党的忌恨。在国民党右派看来，共产党的发展是对国民党的巨大挑战，国共两党不仅不能合作，而且必须分道扬镳，彻底剪除共产主义"洪祸"。

国民党右派最早向中国共产党发起进攻，是在标志着国共合作正式建立的中国国民党第一次全国代表大会前夕。1923年11月29日，邓泽如等11人联名上书孙中山，反对改组国民党和共产党加入国民党，反对孙中山在共产党帮助下确定的反帝反军阀的纲领。但孙中山不为所动，他在这封信上批示："我国革命向为各国所不乐闻，故尝助反对我者，以扑灭我党。故资本国家断无表同情于我党。所望为同情，只有俄国及受屈之国家及受屈之人民耳。"① 这一坚定态度使国民党右派阻止共产党人加入国民党的企图落空。

共产党人以个人身份加入国民党后，中共与国民党右派之间的矛盾并没有消除。以支持国共合作的孙中山为代表的左派力量在国民党内部占主导地位，使得国民党右派的反共活动不得不有所收敛，但1925年3月12日孙中山病逝后，这种格局很快被改变。力量对比的变化，导致国民党新右派蒋介石不断加快反共步伐。蒋介石通过策划制造中山舰事件，排除了黄埔军校和第一军中共产党员、第二师各级党代表，打击了共产党，逼走了国民党中央执行委员会主席、中央政治委员会主席和军事委员会主席汪精卫，由他取代汪精卫担任了国民党中央军事委员会主席；通过"整理党务案"，又迫使共产党人辞去在国民党中央的领导职务，刘伯垂辞去中央秘书处书记，谭平山辞去组织部长，毛泽东辞去代理宣传部长，林伯渠辞去农民部长。

在掌握了对付共产党的政治、军事实力之后，蒋介石便放心大胆地磨刀霍霍了。他首先派右派分子戴季陶、吴铁城访问

---

① 苗建寅主编：《中国国民党史（1894-1988）》，西安交通大学出版社1990年版，第127页。

日本，向日本外相保证："中国人永不反日"；又与美国外交人士接触，谋求取得帝国主义的合作、"谅解"。之后，与奉系军阀就反共问题进行密谋，奉军参谋长杨宇霆向他声明："南北两方并无感情之冲突……政见相同之处甚多"，"蒋介石若对于共产派加以彻底的压迫，则南北之妥协非不可能之事。"[1] 对于如何消灭共产党，蒋介石与反动势力举行了一系列秘密会谈。帝国主义国家表示全力支持，以其驻扎在上海的2万余军队帮助蒋介石镇压革命群众；同时又会同上海买办资产阶级和民族资产阶级上层分子，送给蒋介石1500万元，作为他进行反革命大屠杀的经费，并预定在大屠杀后再送3000万元巨款，作为蒋介石建立新政权的资本。上海的青洪帮头子黄金荣、张啸林、杜月笙也慷慨保证把大批流氓、暴徒组织起来听候蒋介石调用。蒋介石还调集嫡系部队和其他拥护他的部队控制江浙两省和沪宁地区，而把没有完全受他控制的军队陆续调开，从而实现了占领这个富饶地区的计划。

1927年4月11日，蒋介石在南京下达反革命政变密令："已克复的各省，一致实行清党。"[2]

---

[1] 《向导》周报第191期，第2059页。
[2] 苗建寅主编：《中国国民党史（1894－1988）》，西安交通大学出版社1990年版，第197页。

当日下午，大批军队布防上海街市。晚上，上海青洪帮头子杜月笙以"上海工界联合会"、"中华共进会"的名义，请上海总工会委员长汪寿华赴宴，汪被骗至杜宅后惨遭杀害，致使上海工人运动失去了一位重要的领导人。

12日凌晨，在祁齐路上的军营响起了军号声，上海滩内的炮舰也拉响了汽笛，隐藏在租界内的青洪帮打手，臂缠"工"字符号的袖章，打着工人的旗号，携带枪械，倾巢出动，在闸北、南市、沪西、浦东、吴淞等地袭击中共工会的工人纠察队。工人纠察队奋起抵抗，展开了激战。这时，刚刚倒戈参加国民革命军的第二十六军第二师开来，声言调解"工人内讧"，并先行收缴了青洪帮武装分子的枪械。一部分工人纠察队员信以为真，停止抵抗，却被强行缴械，另一部分工人纠察队员拼死抵抗，但寡不敌众，死于蒋介石集团之手。

与此同时，闸北商务总厂、工人纠察队总指挥处、闸北天通庵路、南市华商电车公司、南市三山会馆、浦东、吴淞各地也发生同样事情。工人纠察队和工友群众在抵抗中被杀几百人。截至4月15日，上海已有300名工人被杀，500多人被捕，5000多人失踪。

此间，江苏、浙江、安徽、福建、广东、广西、四川等地国民党军警相继展开对共产党员和革命群众的搜捕和屠杀。包括著名共产党人李启汉、萧楚女、熊雄等在内的大批共产党员和革命者遭到杀害。

这只是蒋介石控制下的南京国民政府区域内发生的反革命政变的一幕。此时,中国的政治版图乃三权对峙。南方由蒋介石控制,并于1927年4月18日宣布成立定都南京的"国民政府",据有闽浙两省的全部地区和苏皖两省的江南大部分地区,拥有兵力约15万人,并有英、美、日等帝国主义国家的支持。北方是张作霖控制的北京政府,仅奉系张作霖就有20多万人马。蒋介石的政治魔爪虽然还难以伸向北部半壁河山,但在对待共产党的问题上,张作霖却与蒋介石达成了默契。就在蒋介石向共产党人举起屠刀之际,张作霖即下达了搜捕屠杀共产党人的命令。中国共产党的主要创始人和领导人之一的李大钊,就是这时被捕入狱的。他和20多名革命者于1927年4月28日在绞刑下英勇就义。一批批共产党人和革命群众被捕被杀,使中共北方区委遭到严重破坏,被迫停止了工作。

处在中间地带由汪精卫控制的武汉国民政府,实际只控制湖南、湖北和江西部分地区,兵力约10万人。它在这三个对峙的政权中实力最弱,面临南北夹击的危险也最大。在对待共产党的问题上,汪精卫与蒋介石没有本质的区别,蒋介石要立即反共"清党",而汪精卫则赞成从容地去办。他坚持认为,国共合作不可能长久，"容共之后，必定分共"，虽然分共"时机未至，而各人已不能不做那必要的准备"①。也就是说，消灭共产党，蒋、汪是一致的，区别在于：何时消灭共产党，二人有着不同的政治盘算。蒋介石企图暂时联汪立即反共，然后再排汪独掌大权；而汪精卫则想暂时联共抗蒋，然后再分共独掌大权。当《汪精卫、陈独秀联合宣言》发表后，蒋介石误以为汪精卫转变反共立场，建立蒋、汪反共联盟已不可能，就抛开汪精卫单独采取反共行动。在蒋介石发动四一二反革命政变后，中共力量大大削弱，国民党内军内反共势力日渐占据上风，汪精卫认为实现联共抗蒋的局面十分渺茫，于是，他也开始在政治上右转。

他后来承认"武汉分共的经过，由4月中旬至7月中旬共3个月，经过3个阶段。第一阶段是制裁共产党徒违反本党主义政策之言论行动，第二阶段是和共产党和平分离，第三阶段是以严厉手段驱除共产党。"② 1927年7月14日，汪精卫终于步蒋介石后尘，走上了叛变革命的道路。当晚，他召集国民党要人在他的寓所秘密开会，布置分共和大屠杀的计划。15日下午，汪精卫主持召开国民党中央二届第二十次扩大会议，对

---

① 《中国共产党历史》第一卷上册，中共党史出版社2002年版，第265页。
② 林阔编著：《汪精卫全传》上，中国文史出版社2001年版，第112页。

"分共"作出一系列决定。这次会议之后,在武汉国民政府控制的区域内开始了大规模的搜捕和屠杀共产党人的反革命行动。汪精卫甚至咬牙切齿地说,对共产党"要用对付敌人的手段对付,捉一个杀一个……把他们一个个抓来枪毙,现在还要说是容共的,就算不得是人"[①]。从此,武汉革命中心成为汪精卫反革命集团惨杀革命群众的屠场。

至此,中国大地这三个政权构成了对中国共产党人的层层包围,到1927年11月,共产党员数量由大革命高潮时期的近6万人骤减到1万多人,共产党领导下的工会会员也由280多万人减到几万人。中国共产党能否度过自成立以来的这一重大危机,严重地摆到全党面前。

---

① 林阔编著:《汪精卫全传》上,中国文史出版社2001年版,第124页。

从临时政治局常委会到瞿秋白：逐步提出应对危机的正确方针

在国民党反动派向共产党人高高举起屠刀的时候，年轻的中国共产党人勇敢地投入到反抗国民党反动派的战斗中。此时，粉碎从蒋介石到汪精卫彻底消灭共产党人罪恶企图的最有效的办法，已经被实践证明：不是妥协，妥协只能任人宰割；唇枪舌剑也不能解决根本问题，而要拿起武器，以革命武装反抗反革命武装。

最先明白这一道理的是瞿秋白。1926年春，瞿秋白已经认识到革命战争是中国革命的主要形式。5月，他在《新青年》发表《中国革命中之武装斗争问题》一文，指出：中国人民已经以示威、抵制、罢工等方式进行斗争，"但是，从'五四'、'二七'、'五卅'、'三一八'和广州战争直到现在，革命的波澜起旋落地昂然前进，运用这种种斗争方式，已经到了武装直接决战的准备时期，已经到了将近决死战争的时机"。"尤其在这一时期，革命战争是主要的方式"，其他方式都是直接的或间接的做革命战争的准备。瞿秋白明确提出：

"中国革命斗争的经验已经造成武装革命的必要条件。因此，现时革命运动的中心问题，已经是实行准备革命战争、求于最短时间推翻中国现在的统治……"而"决不能避免革命军队与反革命军阀大规模的战斗——革命战争"。他提醒全党："所以造成革命军队的必要，我们应当真切的认识；而造成革命军队的可能，我们应当尽量的应用。""我们对于革命战争的必要，应当尽力宣传，打破伪和平的幻想；我们对于革命战争的不可避免，应当因此而更加积极准备，以免政治上宣传上战略上的临时疏忽，弄得失败而延长中国革命的难产"①。

瞿秋白的这些正确意见没有被党的主要领导人陈独秀所接受。1927年2月，瞿秋白再次撰写了《中国革命之争论问题》一书，鲜明地提出了"中国革命吗？""谁革谁的命？""谁能领导革命""如何去争领导？""领导的人怎样？"等一系列重大问题，系统地论述了中国革命的任务、性质、前途、动力、领导权、统一战线等根本问题，在党内率先展开了对陈独秀、彭述之为代表的机会主义错误尤其是忽视军事工作错误的尖锐批评。在党的五大，他向与会代表散发了此书，书中的观点引起一些代表的共鸣，使陈独秀不得不承认自己的一些错误。

---

① 《瞿秋白文集（政治理论编）》第四卷，人民出版社1993年版，第50~62页。

五大闭幕的当月，共产国际发来紧急指示，提出："必须立即开始建立由革命工农组成的、有绝对可靠的指挥人员的 8 个师或 10 个师。这将是武汉用来在前方或后方解除不可靠的部队的武装的近卫军。这是刻不容缓的工作。"指示电告诫中共中央："必须根除对不可靠的将军们的依赖性。动员两万左右有共产党员，加上湖南、湖北约 5 万的革命工农，编成几个新军，用军官学校的学生来充当指挥人员，组织（目前还不迟）一支可靠的军队。"[1]

陈独秀此时却借口困难而裹足不前。他说："要建立我们自己的军事力量将是很困难甚至是不可能的。"[2] 实际上，影响陈独秀发展我党武装的真正障碍，是他仍对汪精卫集团抱有幻想，寄希望于依靠汪精卫集团和唐生智的军事力量进行东征，而不想因这个问题与汪精卫集团产生新的矛盾。

对陈独秀的这种错误主张，时任中共中央政治局常委的蔡和森进行了坚决抵制。6 月初，在中共中央政治局会议讨论郑州攻下后的北伐问题时，蔡和森明确表示反对东征，他说："北伐是冯玉祥的事，东征是唐生智的事，都与我们无关，我们不要再为他们作嫁衣裳，伐来伐去，依然两手清风，一无所

---

[1] 《斯大林全集》第 10 卷，人民出版社 1957 年版，第 30~31 页。
[2] 《罗易赴华使命》，中国人民大学出版社 1981 年版，第 325 页。

得！这便是说现在我们必须坚决的自觉的来干我们自己的事，来找我们自己的地盘和武力。"① 此后，蔡和森又多次写信，建议中央立即检查自己的势力，作一军事计划，以防万一。

对如何建立我们的"地盘和武力"，毛泽东在7月4日中共中央政治局常委会上，有力地支持了蔡和森的观点，他不同意陈独秀提出的"国民革命各军招兵时，农民协会的会员和自卫武装可应征入伍"的主张，提出"农民武装可以上山，或投到同党有联系的军队中去，以保存革命的力量"。毛泽东指出："上山可造成军事势力的基础"，"不保存武力，则将来一旦事变，我们即无办法。"② 这些正确主张也未被陈独秀采纳。

陈独秀既不认真执行共产国际的五月指示，又不接受党内同志的正确意见，自己还提不出应对危机的可行办法，这就导致局势不断恶化，而改变这一错误领导就成为共产国际和中共中央的紧迫任务。6月，共产国际代表罗易两次致信斯大林，提出"应当把陈独秀清除共产党领导机构"，"从政治和组织角度彻底改变这里的领导"。7月，斯大林表示，中共"现时

---

① 《中国人民永远记着他——蔡和森110周年诞辰纪念集》，湖南人民出版社2005年版，第130页。

② 何沁著：《中国共产党武装斗争认识史》，中共党史出版社2007年版，第67页。

的中央软弱、混乱，政治不定型和业务不精通"，"招来陈独秀或谭平山也无济于事"。①。最终，联共（布）中央政治局于7月8日作出关于中国问题的决议。两天后，根据联共（布）中央政治局的决议，共产国际执行委员会发出了关于改组中共中央领导的训令。

7月12日夜，中共中央在汉口秘密召开政治局会议，传达共产国际关于改组中共中央领导的指示。会议决定陈独秀停职，去共产国际讨论中国革命问题，不再参加中央领导工作。由张国焘、李维汉、周恩来、李立三、张太雷组成临时中央政治局常委会，代行中央政治局职权。从此结束了陈独秀右倾错误在全党的统治。

刚刚诞生的临时中央政治局常委会，连夜举行会议讨论挽救时局的办法。根据会议决定，第二天，临时中央政治局常委会起草了《中国共产党中央委员会对时局宣言》，揭露汪精卫把持的武汉国民党中央和武汉政府准备步蒋介石控制的南京政府的后尘，进行新的反革命政变的罪行，宣布中共中央关于撤回参加国民政府的共产党员的决定。

从此日到7月26日，临时中央政治局常委会连续举行会

---

① 王健英著：《民主革命时期中共历届中央领导集体述评》（上卷），中共党史出版社2007年版，第143页

议，批判陈独秀右倾错误，总结大革命失败的教训，讨论通过了挽救革命的三项重大决策：一、依靠我党掌握的在北伐军第二方面军的一些部队发动军事暴动。二、独立领导农民进行土地革命，在中国共产党力量较强，工农运动基础较好的湖南、湖北、江西、广东四省举行秋收暴动。三、召开中央紧急会议，总结大革命失败的经验教训，纠正陈独秀右倾机会主义的错误，确定党在新的历史时期领导革命运动的方针和政策。

这三项决策的作出，标志着中共中央为应对蒋、汪反革命政变，开始摒弃陈独秀的右倾退让政策，并迈出了正确的步伐。尽管临时中央政治局常委会这时还没有系统的回答全党高度关注的"中国革命何处去"的问题，但对战胜危机最重要的方面——建立自己的革命武装，已经作出了明确的选择。这是临时中央政治局常委会的一个重大贡献。

在革命生死存亡关头诞生的临时中央政治局常委会，却没有选出党的总负责人，这是因为：改组中共中央领导机构的决定是在十分紧急的情况下作出的，共产国际比较看好的在党内威信较高的瞿秋白被安排随陈独秀离开国内，陈独秀、谭平山去莫斯科，瞿秋白、蔡和森去海参崴办党校。另外，共产国际只是把临时中央政治局常委会作为排除陈独秀的一种过渡，在其成立的第二天，鲍罗廷就带着瞿秋白秘密离开武汉前往庐山商讨挽救中国革命的重大问题。几天后，本来作为消除陈独秀去莫斯科的疑虑所作的瞿秋白、蔡和森去海参崴的安排，在陈独秀拒绝去莫斯科之后，就显得毫无意义了。这时，即将离任的共产国际代表鲍罗廷已认定："瞿秋白是新的中共中央主要领导人的合适人选，准备向新任共产国际代表作最后的交代。"① 两人在庐山商讨一星期后回武汉，鲍罗廷向7月23日抵武汉的新任共产国际代表罗明纳兹作了详细交代后，瞿秋白即加入并主持中央常委会的工作。

中共中央赋予瞿秋白的一项重要使命是主持八七会议的筹备工作。在历史转折关头，关系中国革命生死存亡的许多重大问题需要向全党作出正确的回答。瞿秋白与李维汉、张太雷等人一起，紧紧围绕三个方面展开筹备工作：一是清算陈独秀右倾机会主义错误；二是制定新的路线方针和政策；三是选举产生新的临时中央政治局。

1927年8月7日，中共中央紧急会议（即八七会议）在汉口召开。参加这次会议的代表共22人，其中，中央委员12人，候补委员3人，青年团中央委员5人，地方代表2人。会议由瞿秋白、李维汉主持。共产国际代表罗明纳兹首先作

---

① 丁言模著：《鲍罗廷与中国大革命》，宁夏人民出版社1993年版，第521页。

《关于党的过去错误及新的路线》的报告，指出了召开中央紧急会议的重要性和迫切性，以及这次紧急会议所要解决的问题。接着，瞿秋白代表中共中央临时政治局常委会作了《将来工作方针》的报告。此后，毛泽东、邓中夏、蔡和森、罗亦农、任弼时等先后发言，围绕统一战线、农民土地、武装斗争等问题进行了讨论。

会议全面系统地清算了以陈独秀为代表的右倾错误。由瞿秋白执笔起草、会议讨论通过的《中共八七会议告全党党员书》，分序言、国民革命与阶级斗争、中国共产党与工人运动、中国共产党与土地革命、中国共产党与国民党、共产党员之参加国民政府、武装问题与军队关系、党的问题与对国际问题、结论等 9 个方面，对陈独秀的错误进行了分析和批判。《中国共产党历史》第一卷将其概括为：在同国民党的关系问题上，完全放弃共产党独立的政治立场，实行妥协退让政策；在革命武装问题上，始终没有想着武装工农的必要，没有想着造成真正革命的工农军队……没有积极支持和领导农民革命运动，不能提出革命的行动纲领来解决土地问题。[①]

会议决定了应对危机的总方针。瞿秋白在《将来工作方

[①] 《中国共产党历史》第一卷上册，中共党史出版社 2002 年版，第 301 页。

针》的报告中，指出了中央领导机关的右倾错误给革命事业带来的危害，分析了大革命失败后的形势，在临时中央政治局常委会作出的组织南昌和秋收暴动等正确决策的基础上，提出了今后大力开展土地革命的方针，强调"要以我们的军队来发展土地革命"，同时点燃各地"农民要求暴动"的火线，造成工农革命。① 毛泽东在发言中支持瞿秋白提出的将来工作方针，提出了"秋收暴动非军事不可"，"须知政权是由枪杆子中取得的"重要思想，后来他将这一重要思想阐发为："一、湖南的秋收暴动的发展，是解决农民的土地问题。这是谁都不能否认的。但要发动暴动，单靠农民的力量是不行的，必须有一个军事的帮助。有一两团兵力，暴动就可起来，否则终归于失败。二、暴动的发展是要夺取政权。要夺取政权，没有兵力的拥卫或去夺取，这是自欺的话。我们党从前的错误，就是忽视了军事。现在应以 60% 的精力注意军事运动，实行在枪杆子上夺取政权，建设政权。"② 这次会议根据瞿秋白的报告并吸收与会同志讨论的成果，第一次把实行土地革命确定为党的总方针，并把土地革命同武装斗争直接联系起来，从而确定了

---

① 《中国共产党武汉史（1919－1949）》，湖北人民出版社 1999 年版，第 262 页。

② 《毛泽东文集》第一卷，人民出版社 1993 年版，第 47～48 页。

党的武装暴动的总政策。后来它被概括为：实行土地革命和武装反抗国民党反动统治的总方针，并把发动农民举行秋收起义作为当时党的最主要任务。

会议选举产生了中共临时中央政治局。苏兆征、向忠发、瞿秋白、罗亦农、顾顺章、王荷波、李维汉、彭湃、任弼时等9人当选为中央政治局委员；邓中夏、毛泽东、周恩来、彭公达、张太雷、张国焘、李立三等7人当选为政治局候补委员。选举瞿秋白、李维汉、苏兆征组成中央临时政治局常务委员会。以瞿秋白为首的中央临时政治局的组成，为中共顺利贯彻应对危机的各项方针政策提供了组织保证。

从南昌起义到秋收起义：
党领导下的人民军队开始建立

中共临时中央政治局常委会组成后，即把组织武装暴动、建立人民军队列入重要议程。为此，着手作出两个计划：一是制订湘鄂粤赣四省农民秋收暴动计划；二是决定以中央所掌握和影响的部分北伐军为基本力量，联合武汉国民政府第二方面军总指挥张发奎，重回广东，号召农民暴动，实现土地革命，建立新的革命根据地。由于形势的急剧变化，军事暴动计划提前实现了。

最初，中央并没有举行南昌起义的计划，而是根据鲍罗廷的提议，想利用武汉国民政府第二方面军总指挥张发奎同唐生智的矛盾，联合张发奎，把中国共产党所掌握和影响的叶挺、贺龙部队从南昌、九江地区带回广东，以图再举。为实现这一意图，7月中旬，中共中央委派李立三和邓中夏前往九江活动。

当时，中国共产党所能掌握或影响的军队主要集中在张发奎率领的国民革命军第二方面军中，其中，共产党员叶挺担任第十一军第二十四师师长，共产党员朱德担任第三军军官教育团团长，以及以原叶挺独立团为骨干扩编而成的第四军第二十五师。云集在南昌地区的中国共产党所掌握的革命武装力量共两万多人。

但李立三、邓中夏到达九江后，情况已经发生变化。汪精卫公开叛变革命后，唐生智、朱培德调动第三、六、九军对南昌地区取包围态势，张发奎也有"在第二方面军之高级军官中的C.P.分子如叶挺等须退出军队或脱离C.P."的表示。7月20日，李立三、邓中夏、谭平山、恽代英与叶挺、聂荣臻在九江召开第一次会议，分析了当时的政治军事形势，一致认为张发奎的联共态度已发生变化，正在日益右倾，叶挺、贺龙在南昌、九江间的部队已处于反动军队的包围之下，依靠张发奎回粤已很少有成功的可能，甚至有被包围、消灭的危险。改变原来依靠张发奎的策略，转而实行一个以中国共产党为主的独立的军事行动，不失为明智之举。根据这一判断，这次会议决定："在军事上赶快集中南昌，运动二十军与我们一致，实行在南昌的暴动，解决第三、六、九军在南昌的武装。在政治上以反对武汉、南京两政府,建设新的政府来号召。"① 这就形成了南昌起义的最初主张。

21日,李立三、邓中夏上庐山面见共产国际代表鲍罗廷和瞿秋白,进一步商议举行南昌起义问题,鲍罗廷、瞿秋白均赞成这一建议,并决定由瞿秋白向中共中央报告。24日,中共中央临时政治局常委会正式决定:在南昌举行起义。起义后部队的行动方向是:立即南下,占领广东,取得海口,求得共产国际的援助,再举行第二次北伐。同时成立以周恩来为书记,由周恩来、李立三、彭湃、恽代英组成的中共前敌委员会,具体组织领导这次起义。

7月27日,肩负组织领导起义的中共前敌委员会成员及吴玉章、林伯渠、徐特立、陈赓等来到南昌。周恩来立即召开前敌委员会会议,决定:一、将起义日期由7月28日推迟到30日;二、由贺龙任第二方面军代总指挥,叶挺任前敌代总指挥;三、成立由国民党左派参加的国民党特别委员会,以商讨起义中出现的有关事宜。

在此之前,李立三、邓中夏、谭平山、恽代英等在九江召开了第二次会议,修改、完善武装起义计划,确定部队向南昌

---

① 《1927-1937中共中央机关在江西》,江西人民出版社2008年版,第4页。

集结的时间和各部队联系的标志。25日至26日，叶挺、贺龙的部队由九江乘火车，沿南浔线开始向南昌进发，并于27日到达南昌。

正当起义已如箭在弦上不可不发之时，共产国际来电提出了"如毫无胜利之机会，则不举行南昌暴动"的意见。中共中央作出了"即在汉口亦可见着必有胜利机会"的乐观估计，并委派张国焘前往南昌贯彻中央的决定。但张国焘30日早晨到达南昌后，却提出了有违中央精神的意见：即起义如有成功把握，可以举行，否则不可动；应征得张发奎同意，否则不可动。这个意见显然是建立在对起义成功悲观的估计上，在那种情况下要使张发奎同意起义是绝对不可能的。为此，周恩来和前委其他成员与张国焘作了坚决的斗争，一直到7月31日，经过激烈辩论，张国焘才放弃错误意见。于是，前敌委员会最后决定：8月1日凌晨举行起义。

次日凌晨2时，一声枪响划破了长夜的静寂，由周恩来亲自领导的南昌起义正式爆发。

贺龙指挥第二十一军第一、第二团向朱培德第五方面军总指挥部发起进攻，驻守那里的是号称滇军"精锐"的警卫团。起义军战士经过3小时激战，消灭了该部敌军，占领了朱培德的总指挥部和省政府。叶挺指挥第二十四师第七十一团堵住敌第六军第五十七团的退路。敌人关上大门，依靠坚固的掩蔽物进行抵抗，起义军将敌包围在教堂内，一面用火力猛攻，一面喊话劝降。敌人支持不住，终于吹起"敬礼号"，缴械投降。第二十四师第七十二团负责歼灭敌第三军第二十三团、第二十四团。由于敌人的两个团长被朱德用计扣押，失去指挥官的第二十四团几乎没作抵抗就被歼灭；敌第二十三团遭到起义军攻击后，夺路突围，亦被我军歼灭。

旭日东升，枪声逐渐由稀疏到零落，最后完全停止。经过4个小时激烈战斗，共歼敌3000多人，缴获枪支5000多支、子弹70多万发，还有大炮数门，南昌起义取得了完全胜利。南昌起义，向国民党反动派打响了第一枪，它的胜利标志着中国共产党从此有了独立的人民武装。

中共中央筹划和组织实施南昌起义，是与组织湘鄂粤赣四省农民秋收暴动一起考虑的，并希望夺取广东和湖南两省政权。在八七会议上，又把发动农民举行秋收起义作为当时党的最主要任务提了出来。为加强对起义工作的领导，中央委派毛泽东指导湖南省的工作，重点研究湖南政治军事形势和农民运动状况，筹划秋收起义。后来，又成立了以毛泽东为书记的中共湘南特别委员会。

毛泽东最初准备把发动起义的重点放在湘南。因为，彭湃领导的广东农民武装约有千人驻在湘粤边境的汝城县，正在南下的南昌起义军有可能一部分兵力开赴汝城支援，浏阳、平江一带的农民武装也可以向这一带集中。于是，毛泽东提出了"以汝城县为中心，由此中心进而占领桂东、宜章、郴州等四五县，成一政治形势，组织一政府模样的革命指挥机关，实行土地革命，与长沙之唐政府对抗，与湘西之反唐部队取得联络"的起义计划，此计划被命名为《关于湘南运动的大纲》。8月3日，中共中央向各省转发了《关于湘鄂粤赣四省农民秋收暴动大纲》。

中央转发的"大纲"与毛泽东提交的"大纲"不同之处是，对毛泽东提出的需有正规军配合的建议没有回应；对起义军的行动方向问题，中央明确规定向广东发展，受广东革命委员会的领导，与广东的革命斗争相呼应。而毛泽东则主张，如果湘南的斗争失败，部队不应调往广东，而应"上山"。

八七会议后，毛泽东以中央特派员的身份，带着传达八七会议精神，改组省委，领导秋收起义的使命回到湖南。此时，湖南的斗争形势已与一个月前有了很大变化。由于唐生智部队南下，长沙事实上已被隔绝，实现中央要求湖南举行"全省暴动"的目标已经没有可能。同时，原定参加南昌起义的武昌警卫团和平江、浏阳工农义勇队没有赶上起义，退驻在赣西北修水、铜鼓地区；罗荣桓从鄂南带来的一部分农军在修水，王新亚从赣西带来的一部分农军在安源。因此，毛泽东力主缩小起义范围，只在湘中四周各县举行暴动，而放弃其他几个原定的中心地区的起义。这样，湖南省委将秋收起义计划修改为：以毛泽东为省委前敌委员会书记，到湘赣边将武昌警卫团、平浏工农义勇队和罗荣桓、王新亚带来的部队编为工农革命军第一军第一师，会攻长沙；由易礼容为省委行动委员会书记，发动长沙周围7县镇农民起义，配合工农革命军夺取长沙。

8月下旬，上述部队负责人在湘赣边界的江西修水山口镇举行会议，实现了合编：由共产党员卢德铭任团长的国民革命军第二方面军总指挥部警卫团，编为第一团，驻修水；浏阳工农义勇队编为第三团，驻铜鼓；平江工农义勇队分别补入一、三团；安源铁路煤矿工人纠察队、矿警队和萍乡、醴陵等地农民自卫军编为第二团。以这3个团部队约5000人组成工农革命军第一军第一师，由原警卫团团长卢德铭任总指挥，副团长余洒度为师长。

9月初，毛泽东来到安源，传达八七会议精神和湖南省秋收暴动计划。决定兵分三路，从赣西修水、铜鼓和安源三地分别起义，进击湘东，会攻长沙。中路第三团为主力军，准备会合驻修水的第一团合击浏阳；以第二团进攻萍乡、醴陵，对长沙取包围之势。行动时间确定为：9月9日开始破坏铁路，11日各县暴动，15日长沙暴动。

但暴动计划执行却不顺利。当起义军师部和第一团在11日到达平江东郊金坪时，起义前收编的黔军邱国轩团突然叛变并从背后袭击，使部队受到巨大损失；第三团进攻浏阳东门市也出师不利；毛泽东随军行动的第二团最初发展顺利，先后攻克醴陵、浏阳县城，但在国民党正规军优势兵力反攻中，几乎全部溃散。这时工农革命军第一师已由5000人锐减到1500余人。毛泽东看到这种情况，当机立断，改变原有部署，令各路起义部队停止进攻，并放弃原来准备在第二天发动的长沙暴动。

此后，毛泽东率领这支部队来到湘赣边界的井冈山地区，后来又与朱德率领的南昌起义保存下来的部队会师，创建了井冈山革命根据地，人民军队由此逐渐发展壮大起来。

第二章

顾顺章、向忠发被捕叛变
周恩来指挥中共上海首脑
机关大转移

当天，恩来与陈云同志商定了对策，就领导军委和特科的陈赓、李克农、李强等几位同志，分工负责，在两三天的时间里，把顾顺章知道的所有机关和负责同志的住处都搬了家。这两三天里真是紧张极了，恩来和我们都没有合眼，终于抢在敌人前面，完成了任务。顾顺章指引特务来上海搜捕时，一一扑空……处理顾顺章事件，再次表现了恩来沉着镇静，临危不惧的品德和非凡的组织领导才能。

——聂荣臻[1]

---

[1] 《学习恩来的优秀品德　继承他的遗愿》，见《人民日报》1988年3月5日。

危机时刻：钱壮飞成功截留顾顺章被捕叛变的绝密情报

1931年1月7日，以王明"左"倾教条主义错误在中共中央占据统治地位为开端的中共六届四中全会，根据共产国际执委会政治书记处政治委员会的要求在上海召开。这次会议在党的历史上"没有起任何积极的建设性的作用"。虽然召开会议的重要理由是彻底纠正"立三路线"的盲动主义，并由国际远东局直接领导准备和主导召开，但所通过的决议却把"立三路线"宣布为"实际上的右倾机会主义"，作出了"右倾依然是党内目前主要危险"的错误判断，导致四中全会形成了一条比"立三路线"更"左"的"左"倾教条主义路线，并使这条错误路线统治全党达4年之久，直到1935年1月的遵义会议才宣告结束。在组织上，由共产国际远东局书记、也是王明的恩师米夫操控下组成的新的中央政治局，排除了瞿秋白、李立三、李维汉，增选了王明、任弼时、陈郁、刘少奇、王克全；政治局常委会由向忠发、周恩来、张国焘、王明

（后增加）组成，名义上仍由向忠发担任中共中央常委会主席，但四中全会后米夫又在中国驻留半年左右，一些大政方针主要是按他的意见决定，而他的意见又来自王明，直到王明掌握了中共中央的实际领导权之后才离开中国。

基于在六届四中全会上把王明扶上台的需要，米夫于1930年12月2日写信给共产国际执委会，明确提出请张国焘、蔡和森回国，认为二人能够帮助王明改善中共党内的政治局面。但是，在张国焘和蔡和森先后动身回国并于1931年1月下旬到达上海时，中共六届四中全会已经闭幕，张国焘当选为中央政治局常委。米夫并未让张国焘在中央发挥制衡罗章龙、徐锡根、王克全反对王明的作用，而很快又安排其担任鄂豫皖中央分局书记兼军委主席职务。鉴于张国焘对鄂豫皖苏区情况不熟，于是，中央指派掌管中央特科与交通局日常工作的顾顺章负责沿途护送。4月8日，鄂豫皖苏区派来的交通员到达武汉，顾顺章与他们接上头，护送张国焘的任务即由他们执行。此时，顾顺章应迅速返回上海，但他却滞留未归。

正是在武汉，顾顺章成了国民党的"阶下囚"。

从上海出发前，负责中央日常工作的周恩来千叮万嘱，要求顾顺章一定要胆大心细、严守党内地下斗争的纪律，任务完成后即刻返回。但此时的顾顺章却把周恩来的叮嘱抛在了脑后。自幼沾染流氓习气,喜欢拿枪舞棒,能够双手打枪,百发百中,还爱弄旁门左道,会耍魔术,曾以"化广奇"的艺名在上海大世界游艺场公开表演的顾顺章,在武汉又重操旧业,仍然以"化广奇"的艺名到新市场游艺场公开表演魔术小把戏。

不知是顾顺章故意暴露身份,还是被他在党内的显赫地位冲昏了头脑,1927年蒋介石发动四一二反革命大屠杀后随党中央从上海迁来武汉,八七会议后离开武汉随调上海工作的顾顺章,怎么能在自己曾经工作过的地方如此放纵呢?更加危险的是,他仍使用过去的"化广奇"的艺名到新市场游艺场公开表演。作为党的高级秘密工作者,顾顺章应该懂得此举意味着什么,但他却并没有采取任何防范措施。

疏忽铸成大错。1927年顾顺章在武汉组织工人纠察队时,曾经接触过的一个人——武汉纱厂工人王竹樵,后来成为叛徒。更为不巧的是,就在顾顺章到新市场游艺场公开表演的那几天,国民党特务机关也给王竹樵下达了死命令,限定他在一星期内找出共产党,否则就要枪毙。为了活命,这个叛徒天天在武汉街上东窜西逛,寻找他昔日的战友。4月24日,眼看特务机关给王竹樵的最后期限就要到了,中午时分,王竹樵却在江汉关门口意外地撞见了刚从电影院出来的顾顺章,并尾随他回到住处。于是，顾顺章当晚就被捕了。

最初审问顾顺章的是国民党中统武汉行营侦缉处处长蔡孟坚。顾顺章并不认识蔡孟坚，因此当着蔡的面说：我要见蔡孟坚。蔡孟坚听到此问，不觉一愣，随即反问："你怎么知道这里有蔡孟坚？"顾顺章淡淡一笑："我何尝只知道蔡孟坚，我还知道各大城市侦缉处长是谁。"以顾顺章的身份，知道各大城市国民党中统侦缉处处长的姓名也是顺理成章之事。于是，蔡说："我就是蔡孟坚。"

顾顺章上下打量了一下蔡孟坚，说道：那你马上安排飞机，将我送往南京，我有特别紧的机密情报须当面向蒋介石报告。稍后又补充说，在我到达南京之前，不要把我被捕之事向南京发电报。这两个要求蔡孟坚都无法满足，于是将审问情形报告给国民党武汉行营主任何成浚。何成浚倒是有权答复这两项条件，但他怀疑顾顺章是否真投降，如果其中有诈，送到南京之后，不仅得不到任何结果，还可能搭上自己的仕途乃至身家性命。检验顾顺章是否真降的办法，就是看其能否提供武汉共产党有价值的情报。顾顺章马上便明白了何成浚的担忧。

4月25日，国民党武汉行营主任何成浚提审顾顺章，顾顺章就把在他看来无关轻重的关于红二方面军驻汉口办事处和中共中央驻武汉的交通机关全部供出。何成浚立即派兵按图索骥，果然破获了共产党的这两个地下机关，并将这两个机关的数十名共产党的工作人员全部逮捕。

顾顺章还泄露了其他一些中共情报，并称："我去年就在找机会，愿意转变。"① 这样的表白，当时国民党特务也许并没当真，但后来发现的事实表明，他早有叛意。因为他早就写好了一封给蒋介石的自首书藏在家里备用，并嘱咐其妻："我如被捕不能回来，可将此信交给蒋介石。"当然，还未等到这一天，中共党组织就在确定他已叛变的第一时间从他家中搜出了这封信。

顾顺章在武汉被审期间并未供出涉及中共中央的更高机密，这不是他有意保守党的机密，而是可耻叛徒的一种策略。他认为武汉特务机关只是他面见蒋介石的一个跳板。只有向蒋介石全盘托出他所掌握的全部最高机密，才能取得蒋的赏识，为以后在国民党内的发达铺平道路。基于这一罪恶盘算，顾顺章向武汉国民党特务机关提出了以"突然袭击的方式将中共中央上海首脑机关一网打尽"的想法。但对如何实施这一计划，顾顺章则含糊其辞，不愿提供中共上海首脑机关和领导人的住址细节。他知道如果提供了这些情况，他在蒋介石面前的

---

① 穆欣著：《历史巨变中的周恩来》，中国青年出版社2001年版，第49页。

价值将大大缩水，同时武汉国民党特务机关将纷纷向上报功，而这些则势必经过已打入国民党中统头子徐恩曾的身边任机要秘书的中共地下党员钱壮飞之手，到那时，对中共中央的"突然袭击"很可能全部落空。

顾顺章此刻不能泄露钱壮飞"是中共卧底"这一惊天机密，如果说出钱壮飞，何成浚、蔡孟坚必然抢先一步，把钱壮飞抓起来，使他失去向蒋介石邀功请赏的资本。

何成浚、蔡孟坚没有读懂顾顺章的吞吞吐吐背后所隐含的政治算计。他们只是对顾顺章的吞吞吐吐表示不满，认为顾顺章是故弄玄虚，想抬高自己的身价而已，所以对顾顺章提出的两个条件根本不加理会。顾顺章提出要乘飞机去南京面见蒋介石，何成浚却决定由蔡孟坚押送顾顺章乘兵舰前往南京。顾顺章提出不要向南京拍发电报，何成浚、蔡孟坚为了抢得头功，他们分别向南京拍发加急电报，向徐恩曾、陈立夫报功。他们哪里知道，此时向南京发报，等于向共产党发出预警，给了中共上海首脑机关几天的转移时间。

4月25日晚，星期六。何成浚和武汉特务机关报告顾顺章被捕叛变的电报送达南京的时候，已是掌灯时分。国民党中央组织部党务调查科科长徐恩曾早已到上海找姘头去了，而钱壮飞一直坐在南京中山东路5号徐恩曾的特务机关"大本营"

里。他接连收到从武汉发来的 6 封特急绝密电报，电报上都注明"徐恩曾亲译"的字样。这是非同寻常的，因为一般电报徐恩曾是不会亲译的，钱壮飞想：必然有重大事变发生。为了搞清武汉究竟发生了什么重大事件，钱壮飞利用已经搞到的徐恩曾和国民党高级官员通报用的密码本偷偷将电报译出，这才知道顾顺章已经被捕叛变，并要勾结敌人破坏我们整个党中央机关。

何成浚的电报是发给国民党中央党部徐恩曾转国民党常务委员会秘书长陈立夫的，电报的主要内容是：

第一封电报，说顾顺章被捕，并已自首，如能迅速解至南京，三天之内可以将中共中央机关全部肃清。

第二封电报，说将用兵舰将顾顺章解送南京。

第三封电报，说改用飞机解送南京。因为据顾顺章供，用兵舰太慢了。

实际上敌人仍用兵舰将顾顺章解至南京。

看完这些电报，钱壮飞心情异常紧张。他虽然没有见过顾顺章，但对顾顺章的中共中央政治局候补委员、中央特科主要负责人的身份，以及顾顺章掌握上海的中央机关及中央领导人的住址，熟悉中央特科的秘密工作方式的情况是了如指掌的。他意识到，顾顺章的叛变无疑将党的中央机关和负责人全部暴露在敌人面前。毫无疑问，中国共产党将经受自蒋介石发动四一二反革命政变以来的又一次空前危机。但是，这些重要机密电报能够被地下党员钱壮飞成功截留，也是历史给予中国共产党转危为安、把损失减少到最低限度的一次机会。

钱壮飞决心用自己的心智和行动，为党扑灭由顾顺章叛变而引发的这场灾祸，发挥自己独特的作用。负责抓捕和诱降顾顺章的国民党武汉特务头子蔡孟坚，在他的垂暮之年还不无遗憾地谈到："可能改写中国近代历史，顾案关系中共命运甚大，设非共谍钱壮飞截留电报，则周恩来及潜伏上海之共党分子必一网成擒，而予中共以致命打击。"

紧急应变：周恩来受命处理一切

钱壮飞截获电文后，首先考虑的是如何尽快将情报送给党组织。因为，根据电报的内容，将顾顺章用飞机解送南京，至迟在 26 日晚或 27 日早上即可到达，之后，顾顺章面见蒋介石需要一定时间，蒋介石和陈立夫再对此作一番部署，也需一些时间，因而敌人极有可能最早在 4 月 27 日在上海进行大搜捕。也就是说，中共中央必须赶在 27 日以前这一天多的时间里完成转移。如果自己从南京到上海乘坐火车送递情报不顺利的话，转移的时间可能更短。为了给党的转移争取尽可能长的时间，钱壮飞决定派其女婿刘杞夫连夜乘坐去上海的特别快车，把这一重要情报交给李克农转报中央，而自己暂留南京。

这时，钱壮飞已经考虑到随着顾顺章押解南京，他的共产党员身份可能暴露。但是，他必须坚持到 27 日与徐恩曾见面以后才能离开。通常情况下，徐恩曾周末到上海的姘头那里，星期一上午必赶回上班。如果在这之前自己失踪了，必然引起徐的怀疑，这样截留电报的事就会暴露，就会给中共中央的转移工作造成麻烦。如果继续坚持岗位也无可能，因为何成浚的第三封电报已经明确地说：无论如何，这个消息不能让徐恩曾左右的人知道。如让他们知道了，那么把上海中共中央机关一网打尽的计划就完全落空了。谁是"徐恩曾左右的人"？作为徐恩曾机要秘书的钱壮飞必是首要怀疑对象。但是，为了减轻可能给党造成的损失，钱壮飞毅然置个人安危于不顾。

据《未经硝烟的上将——李克农传》一书记载，4月27日清晨，钱壮飞"若无其事地把电报亲自交给徐恩曾，然后像往常一样。装作回家休息的样子。从容不迫地离开了'大本营'。登上返沪的列车……在到上海的途中，为防止出事，他到真如就下了车。然后步行进入市区。"

如钱壮飞估计的那样，4月27日，顾顺章被敌人用兵舰解到南京，蒋介石立即召见他。顾顺章向蒋介石供出了他所掌握的中共中央的全部秘密。蒋介石问他："我们打红军主力，总是找不到；红军打我们总是一打一个准，是什么道理？"顾顺章说："这有两个原因：一个是国军纪律坏，共军纪律好；二是国军的军事情报不断泄露，徐恩曾的皮包都交给他的秘书钱壮飞，而钱壮飞却是共产党员。"蒋介石气得暴跳如雷，命令立即把钱壮飞抓起来。而这时，钱壮飞早已远走高飞了。

钱壮飞的女婿刘杞夫于26日清晨就到达上海，那时李克农住在先施公司后边的凤凰旅馆。刘杞夫找到李克农，将顾顺章在武汉叛变的情况详细作了报告。李克农也感到问题严重，但这天是星期日，不是李克农与陈赓预订碰头的日子。万分危急之中，李克农只好千方百计找到中共江苏省委通过江苏省委在中央刚建立起来的一个紧急备用的联络站找到陈赓、黄慕兰。马上将这一情况报告了周恩来。

周恩来随即向中共中央报告此事，中央委托他全权处理这一紧急事变。

周恩来立即与陈云商讨对策，并主持召开了由陈云、康生、潘汉年、聂荣臻、李克农、陈赓、李强等参加的紧急会议，决定采取四项紧急应变措施：

第一，销毁大量机密文件，对党的主要负责人迅速转移，并采取严密的保卫措施，把顾顺章所能侦察到的或熟悉的负责同志的秘书迅速调换新手；

第二，将一切可以成为顾顺章侦察目标的干部，尽快地有计划地转移到安全地区或调离上海；

第三，审慎而又果断地切断顾顺章在上海所能利用的重要关系；

第四，废止顾顺章所知道的一切秘密工作方法，由各部门负责实行紧急改变。

会议一结束，周恩来组织的精干力量迅速行动起来，分头向中央有关部门和负责同志发出警报。各中央负责同志立即搬家；有关人员立刻转移；同时，由陈赓负责指挥中央特科二科全体人员从各方面进行调查，以便及时采取措施，准备反击。

周恩来在指挥全局应变的同时，还不顾个人安危亲自通知一些同志转移。"据当年中央军委工作人员朱月倩回忆，那天晚上，她听见敲门声，开门一看，原来是周恩来。周恩来告诉她，顾顺章叛变，要她立即转移，并和她商量如何保障霍步青（中央军委工作人员，朱月倩爱人）的安全。原来霍步青此时已从上海出发坐船去武汉了，而武汉的联络机关已遭敌人破坏，必须设法把这个消息通知他。人在旅途，如何通知呢？黄玠然曾回忆，为了赶上轮船，他们派交通（员）坐飞机前往九江，当轮船停靠九江码头时，乘客下船游览，交通（员）便去寻找，终于接上了头，霍步青中途下船，免入敌手。"[①]

钱壮飞安全到达上海后，周恩来让陈赓把他安置到一个同志家里，并对他的家属也作了妥善安置。同时，李克农还用

[①] 穆欣著：《隐蔽战线统帅周恩来》，中国青年出版社2002年版，第361页。

"克潮病笃"的暗语，给远在天津的钱壮飞的战友胡底发去电报，暗示事态严重，速回上海。胡底接到电报后赶回上海，由中共闸北支部负责人，把他送到一个白俄家里隐蔽起来。

经过两天的紧张战斗，到 4 月 27 日傍晚为止，中共中央机关、江苏省委以及共产国际的派驻机关全部抢在敌人行动前搬了家。

当中共中央完成搬家之际，蒋介石也得到了顾顺章的口供。特务机关立即布置了一个企图将上海中共中央机关、领导人员一网打尽的行动计划。这个计划兵分两路：一路去接顾顺章的家属；一路去搜查中共中央、江苏省委和共产国际驻沪代表处。徐恩曾亲自带领调查科总干事张冲、党派组组长顾建中和大批军警特务，连夜赶到上海，会同英、法租界捕房执行此一计划，并于 28 日早上开始了全城大搜捕行动。但他们比共产党的行动整整晚了一天，当他们到达上海中共中央所在地、周恩来等中央领导的住处，及顾顺章家属的住处，早已人去楼空。

事后，参加过这一行动的国民党特务对国共两党这一较量留下了许多文字记载。曾在国民党中统担任过专门反对共产党的第四科科长孟真曾说："顾顺章在汉口被捕，事极秘密。然而在上海的中共中央，竟比在南京的中统先得到消息。原因是中统负责人徐恩曾的身边，隐伏着中共地下党钱壮飞。"亲手逮捕顾顺章的国民党中统武汉行营侦缉处处长蔡孟坚，在半个世纪后回忆这一事件，大骂顾顺章在被捕后还"打埋伏"，不肯立即说出有关钱壮飞的情况，致使"天机"泄露，功亏一篑，害得国民党的特务头子们空喜欢一场。他不无遗憾地说，"潜伏我中央钱匪逃沪，使顾可能发生的作用与成就已算全部消失。"

危机再起：向忠发被捕叛变并供出中共中央核心机密

顾顺章叛变后，事情虽然没有像这个叛徒设计的那样"把共产党中央机关一网打尽"，但是，顾顺章对中共中央的威胁并没有消除。因为，像他那样的身份，知道党的核心机密很多，而他所知道的所有机密都成为对党构成的重大威胁。改变这种状况，只有两个办法：一是让顾顺章永远消逝。这种办法虽然便捷，也解了党和人民对叛徒的切齿之恨，但实行起来难度很大，因为敌人同样看到了顾顺章活着的价值，保证顾顺章的安全在敌人看来就使破获共产党核心组织成为可能。在顾顺章的价值还没有完全耗尽之前，敌人是绝不会让我们轻而易举惩治这个叛徒的。二是让顾顺章所知道的机密成为没有任何价值的"垃圾"。这就要对党的秘密工作进行重大改变，使顾顺章知道的党的联络点不能再启用；顾顺章认识的党的各级负责同志不能再公开露面；顾顺章所熟悉的党的秘密工作方式必须完全放弃。这一办法同样难度很大，但只有这样才能把顾顺章叛变所造成的损失减到最低点。

顾顺章叛变一周后，中共中央通过了《全国组织工作决议案》，提出了"目前全国组织的基本任务就是……坚决执行全部工作的彻底转变"的问题，对于如何实现党的全部工作的转变，决议案制订了18条计划。5月9日，中共中央政治局举行会议，又讨论通过了《关于目前政治形势及中共党的紧急任务决议案》，首次向全党公布了顾顺章被捕叛变一事，但没有点名。决议案把此类问题定性为：反革命的国民党采取欺骗群众与分化群众如"……在非苏区内派遣侦探打入中共党内与收买中共的阶级异己分子自首告密等等策略，来破坏革命"。为此提出了巩固党的指导机关的任务，即：最大的努力注意秘密工作。使全体党员，特别是白色统治区域的党员都能打入生产中去，打入社会中去，密切联系群众。党现在一切组织工作中心，都应放在这一目标上。决议案提出，没有真实的生产和社会基础，没有与群众的密切联系，便绝对没有稳固安全的领导机关。

中共中央带头贯彻上述两个决议案精神，首先是改变了工作方式，采取分工负责的方法，尽量减少开会。其次，频繁地变换居住地点。再次，要求党的负责同志白天尽量少外出、活动安排在晚间天黑以后进行。这样当然会使革命工作受到影响。1931年3月25日至4月13日举行的共产国际执委会第11次全会，直到8月份中共中央才就接受共产国际执委会第11次全会总结作出决议。为什么会拖这么久？中共中央在《决议》中说："因为地下党的工作条件与最近的损失，使中央直到目前才能够详细地讨论国际执委的决议。这种迟缓是党工作上的极大损失。"[①]

即使这样，也无法保证党的领导机关和领导人的绝对安全。1931年6月22日，在顾顺章叛变不到两个月，中国共产党更高级别的领导人——时任党中央总书记的向忠发也被捕了。向忠发的被捕叛变是顾顺章叛变引发的连锁反应。

顾顺章被捕叛变后供出了向忠发的地址和右食指断缺半截的特征。但是，国民党特务根据顾顺章提供的地址并没有找到向忠发。因为，在顾顺章叛变后，中共中央首先对向忠发采取了转移住地和加强保卫工作的措施。周恩来亲自为向忠发挑选了一处新住房，但向忠发借口"工作需要"，又把杨秀贞带来同住楼下。杨秀贞曾经是一个舞女，1929年底向忠发与其妻刘秀英分居后，为了工作的方便和安全，顾顺章将杨秀贞推荐给向忠发，公开同居，对外称夫妻，向忠发则以古董商为职业

[①]《中共中央文件集（1931年）》7，中共中央党校出版社1991年版，第391页。

掩护进行活动。① 为防意外，周恩来特地把任弼时的夫人陈琮英调来，带着刚出生几个月的女儿住在楼上。1988年2月8日，陈琮英曾上书中共中央，证明当年"组织上已发现向忠发平时来往人员复杂，特意将我安排到向忠发家住。"② 以利他的安全。

特务们向顾顺章索要新的线索，顾顺章又供出向忠发家中还有一个女佣，是他介绍给杨秀贞照顾生活的。特务找到那个女佣，可惜女佣已经被解雇了，现在她也不知向忠发藏身何处。但是，她还是提供了一条有用的信息：杨秀贞在一家裁缝店做的衣服尚未取走。特务们便指使这个女人盯着这家裁缝店，跟踪杨秀贞的行踪，找到向忠发。终于有一天杨秀贞在取衣服时，被这个女人发现，并一直跟踪。幸亏这次被组织觉察，没有出事。

杨秀贞被人跟踪，说明国民党特务机关已经盯上向忠发，只是苦于不知他的行踪。为了保证党的最高领导人的安全，中央政治局决定向忠发立即转移到中央苏区，并派黄玠然将中央的决定通知他。同时还通知他，从原来的住地搬出，因为那里已经暴露了，在新住处找妥之前，安排他临时到小沙渡路（现西康路）与

---

① 《中共党史人物传》第78卷，中央文献出版社2002年版，第485页。
② 《关于向忠发叛变的问题》，见《中共党史研究》1989年第1期。

周恩来夫妇同住，杨秀贞和陈琮英母女到一小旅馆暂住。为甩掉过去女佣的跟踪，组织上还将杨秀贞和陈琮英母女又一次更换居住地，把她们搬到静安寺路一个新建的大旅馆里。

对于中央政治局关于向忠发转移到中央苏区的决定，向忠发表示同意，但迟迟不肯动身，并提出在离沪前向杨秀贞告别。党中央对这位最高领导人的这点小小的要求显然不便公开反对，但附加了相应条件：会面时间不宜过长，由党组织安排具体会面时间。过了三四天，也就是6月21日晚，周恩来和邓颖超出去办事，向忠发悄悄溜出去到旅馆与杨秀贞私会。第二天早上，离开旅馆在"探勒"汽车洋行叫汽车时，向忠发被预伏的侦缉队特务围住，旋即被捕。由于此地属法租界管辖，侦缉队先将向忠发押送到卢家湾巡捕房。

一开始，向忠发没有打算叛变。他对法国巡捕供称姓俞，否认自己是向忠发。但在侦缉队眼线指证其右食指断缺半截的特征后，向忠发只得招认。6月22日晚，他被引渡到上海西门白云观淞沪警备司令部侦缉队。

向忠发违反组织纪律，与杨秀贞一次私会导致被捕，反映出当时盯着向忠发的并不只是一股敌人。因为，自从他与周恩来同住之后，已摆脱了顾顺章那股敌人的跟踪。6月22日，他从旅馆出来后被捕的告密者是静安寺路英商"探勒"汽车洋行的会计叶荣生。此人曾参加共青团，由于该行过去是党组织经常利用的关系，向忠发多次在这里叫车，叶荣生因而认识他。这个见利忘义的无耻之徒，见到报纸上刊登有检举共产党"立功"受奖的消息，便和国民党淞沪司令部的特务勾结，充当他们的眼线，准备出卖共产党人发财。21日夜，叶荣生发现向忠发的行踪后，即向淞沪司令部的特务告密。

多年后，国民党"中统"首脑徐恩曾著书回忆逮捕向忠发的过程，也证实那是他们的意外收获："一天，有一个外表很精干的青年，到我们的办公室来报告，说他知道向忠发的住址，愿意引导我们去找到他。我们对于这宗送上门来的献礼，初不敢予以完全相信。因为这个青年，在共产党中并未担任重要职务，按照共产党地下工作的定例，他不可能知道向的地址。但因此事不妨一试……"结果抓获的真是向忠发。

如果向忠发严守组织纪律，像周恩来要求的那样坚不出屋，那么这一悲剧将不可能发生；即使做不到"坚不出屋"，私会了杨秀贞，但往返路线回避过去经常出没的地方，不到"探勒"汽车洋行叫车，那么敌人的告密和预先埋伏也可能落空，可惜向忠发忘记了秘密工作的"大忌"——让敌人抓住了他的活动规律，而铸成大错。至于是否在外过夜，已不是问题的关键，因为那天夜晚叶荣生发现向的行踪即告密，特务们早已预伏那里，过不过夜只是被捕的早晚而已。

最早得知向忠发被捕消息的是中央特科情报科的黄慕兰。6月22日，她在巴黎电影院旁边的东海咖啡馆，遇见法租界卢家湾巡捕房政治部翻译曹炳生。据曹炳生讲，嵩山路捕房捕到了一个共产党的大头目，被押到卢家湾来了。他不知道被捕者的姓名，只说有50多岁，湖北人，一双手9个指头，金牙齿，"卖相"倒蛮好……还说："南京方面马上就要派人过来，准备将他引渡过去……"黄慕兰听后大吃一惊，急忙设法找潘汉年报告此事。潘汉年仔细分析"50多岁，湖北人，9个指头，金牙齿"的体貌特征，判断可能是向忠发被捕，立即通过时任中央组织部部长的康生向周恩来报告。

周恩来正为向忠发一夜未归、不知去向而着急。得知这一消息后，立即销毁了存放在家里的一些机密文件，撤出这里，与邓颖超、李富春、蔡畅搬进四马路（今福州路，江西路口）外国人开的都城饭店。

1988年8月30日，邓颖超致信中共中央书记处，见证她所知道的向忠发被捕叛变的经过。信中说：

这天（23日）中午，我们就得到内部确切的消息，说他在静安寺路底等汽车时被叛徒发现，当即被捕。我就迅速通知他所知道的几个地方的同志马上转移。下午又得到他叛变消息。当时，我们还有些怀疑，紧接着又得到内部消息他已带领叛徒、军警到他唯一知道的中央机关（看文件的地方），逮捕在该机关工作的三位同志：张月霞（后来关在南京反省院，抗战时放出）、张纪恩、苏才。我上午曾到该处，约定晚上到那里去吃晚饭。在我没有去以前虽已得到向忠发叛变的确信，但还不知他去过这个机关。因此，在下午四点多钟，我仍按约定去吃晚饭，到该屋的后门附近，看到在亭子间窗户放的花盆不见了（这是我们规定的警报信号），我没有再前进，立刻转移到另一位同志家里。这时，秘书长余泽鸿也正在找我，十分焦急，他也尚未找到恩来同志，通知他这个消息。当天我和恩来同志先后冒险回到原来的住处，看到原定的警报信号还在。我们先后进屋。恩来同志此时已得知向忠发叛变的消息。我们匆匆分开并约定以后再见面的接头地方。在分开后又得到内部工作关系的确信，向忠发的确叛变。蒋介石在南昌得到中共中央总书记向忠发被捕的消息如获至宝，立即复电，马上处决。①

---

① 邓颖超：《关于向忠发叛变的问题》，见《中共党史研究》1989 年第 1 期。

《中共党史研究》1989年第1期在刊登邓颖超这封信时还加了编者按，指出"这个材料经中央领导同志审阅，交本刊发表，以澄清这个历史事实。"足以说明邓颖超关于向忠发被捕和叛变的史实是准确的，而该刊发表邓颖超的这个材料是经过中央授权的，其权威性不言而喻。

在侦缉队的刑讯室里，面对死亡，向忠发确实害怕了。在敌人的威逼利诱下，向忠发开始动摇。当他站在刑讯室的各种残酷的刑具前，尚未动刑，就双膝跪地，招供叛变了。

向忠发供出了任弼时的夫人、担任党中央秘密机关工作的陈琮英。23日凌晨，3个便衣特务迅速赶到静安寺路闯进旅馆，逮捕了陈琮英和杨秀贞。这时，向忠发已经堕落成敌人的帮凶。在法庭上，他背叛了昔日的战友，站出来指证陈琮英。一见陈琮英被带来，他就指着陈琮英，用他的湖北话告诉敌人说："她就是任弼时的老婆。"敌人似乎没听明白他讲的话，并没有在意。然后向忠发又转过来对陈琮英说："人家都知道了，你就都讲了吧。"敌人也来威胁陈琮英。陈琮英抱着孩子，装出很委屈的样子说："我是刚从乡下来的，什么也不知道，要我讲什么。"陈琮英因为参加过两次营救任弼时同志的工作，对付敌人已有了些经验。这时，她见向忠发还在胡说八道，就偷偷地用手指在小女儿身上猛掐一下，孩子立即大哭起来，惹得敌人心烦。因为敌人正急于逮捕中共中央领导和破坏中央机关，对于陈琮英这个真像乡下来的妇女，不那么重视，问了几句也没有什么结果，对她的审讯就匆匆结束了。

向忠发供出了中共中央秘密机关。23日上午，大批中西巡捕包围了中共中央秘密机关——上海公共租界戈登路（海宁路）恒吉里1141号。由于党中央在前一天已将两大木箱文件转移，巡捕特务搜查时，只搜到王明写的一本《两条路线》的小册子，其他一无所获。党中央机关工作人员张纪恩、张月霞夫妇，以"窝藏赤匪，隐而不报"的罪名被捕，也关进了龙华监狱。

向忠发供出了周恩来在小沙渡路的住处。23日深夜，他带引特务搜查周恩来和瞿秋白的寓所，幸好周、瞿已于当天下午撤离，敌人再次扑空。

向忠发还给敌人写了供词。在供词中，他供出了中共中央政治局委员及其党内分工、特务委员会及其分工、各苏区负责人、各省委负责人、红军各军负责人以及全国党团员人数、分布，军队人数等。在供词的结尾，向忠发作了重要的附记：

1. 喻泽时——交通主任，住戈登路戈登里。

2. 李金生——是我的工作负责人，于前星期内被捕获，共有7人，闻现解司令部，他知道我的机关很多，经过此次破坏，各处机关均迁移，因此我也受了国际的严重警告。

3. 妇女部——周秀珠住闸北邓托路口同春里72号。

4. 青年团总书记秦邦宪，住古拔路横路3号，开会地点在西摩路。

5. 国际接头处及领款机关在忆定盘路。

6. 共产党现有干部全国不过200人，在莫斯科者亦不过200人，人才极感缺乏。

向忠发向敌人供出中国共产党从中央到地方以及工农红军的编制、人数、主要领导人、住地、资金来源等机密，有的还涉及党的核心机密。正如周恩来所说，"有的机密只有中央少数人知道，却都一一在口供中暴露了"[①]。尤其是作为中共中央最高领导人，向忠发的叛变，在政治上对中共造成的恶劣影响是极其严重的。

---

① 穆欣著：《隐蔽战线统帅周恩来》，中国青年出版社2002年版，第380页。

战略转移：中共中央机关秘迁中央苏区瑞金

向忠发被捕后及得知他确已叛变前，中共中央迅速部署营救。考虑到向忠发在党内的地位，估计敌人会将他押解南京，中央曾指示中央特科设法搞到押解路线和起程时间，以便组织劫囚车营救。潘汉年和中央特科人员按照中央指示，已展开营救的前期准备。直到 6 月 23 日确信向忠发已经叛变才停止营救。

向忠发以出卖灵魂、出卖组织、出卖同志的代价乞求敌人留他一条性命，但得到的是蒋介石"就地处决"的电令。于是，在他被捕的第三天，6 月 24 日凌晨，上海警备司令熊式辉就对他执行了枪决。

如此快地枪毙了已经叛变的中共最高领导人，是蒋介石的一个失误。立功心切的熊式辉在逮捕向忠发后即向南京报告，由于此时向忠发还没有招供，蒋介石故而毫不犹豫地下令枪决。但是，向忠发被引渡到上海警备司令部后当晚就招供了。这一情节按照当时国民党的处理惯例，是可以不杀的。的确，留下向忠发,将会对中共产生超过顾顺章的更大的打击。于是,熊式辉又致电蒋介石上报向忠发叛变的情节。蒋介石收到熊式辉的第二封电报后,也觉此前处理有些不妥,马上改变主意,电令熊式辉"暂缓处决"。但为时已晚,"暂缓处决"的电令到达上海之前,向忠发已于6月24日凌晨走到了生命的尽头。

蒋介石以闪电般速度枪决向忠发,客观上帮助中国共产党消除了一大隐患,它使向忠发就此封口,敌人不可能从向忠发嘴里得到中共的其他秘密了。

但是,向忠发被捕叛变所产生的恶劣政治影响不可能在短时期内消除。它将助长国民党反动派的嚣张气焰,更加变本加厉地对付共产党人,并企图在中国大地上铲除共产主义的土壤。

这时,谁来出任中共中央总书记,带领全党顺利度过这一严峻局面,成为中共中央必须面对的一个重大问题。如果按照能力、水平、斗争经验,周恩来自然是比较理想的人选。但是,六届四中全会以后,党的领导权实际掌握在王明的手里,尽管向忠发是名义上的总书记,这一点包括向忠发本人都十分清楚。向忠发在位时尚且如此,他一死,王明更是自然地主持起中共中央的日常工作,尽管并没有正式担任这一职务。

直到这时王明才真正有了"高处不胜寒"的感觉，为了躲避敌人的搜捕，这期间王明曾经到上海郊区的一个疗养院居住，也曾经到尼姑庵躲避过一段。王明曾写过一首《尼庵小住》的诗：

警犬觅踪何所之？尼庵同隐学禅师。
党人本领通天大，结伴神仙鬼不知。①

这首诗既是对当时恶劣政治环境的写照，也是他此时心境的抒发。它表露出王明对所处环境的不满心情，即使他权柄在握，有中央有关部门的全力保护，能够藏身于"神仙"之间，使国民党军警"鬼"所"不知"，但自诩"本领""天大"、"志向高远"的王明，是不会满足于"尼庵同隐学禅师"的。但是，向忠发被捕杀头的前车之鉴，又使王明对于走出尼庵有着极大的恐惧。经过一番痛苦的思考，王明选择了重返莫斯科，出任共产国际中共中央代表团团长，而没有选择当时中央作出的战略转移的方向：中央苏区。因为，在王明看来，那里既处于穷乡僻壤，又处于强敌包围之中，比上海强不了多少。

————————

① 戴茂林等著：《王明传》，中共党史出版社2008年版，第170页。

在共产国际批准王明再赴苏联的同时，中共中央对于如何克服困难局面，顺利度过目前的严重危机，进行了多次研究，并采取了一系列重大措施，最主要的是：

（一）成立临时中央政治局。鉴于在上海的中央委员和政治局委员都已不到半数，根据共产国际远东局的提议，于9月下半月，在上海成立了临时中央政治局，由博古、张闻天、康生、陈云、卢福坦、李竹声六人组成。博古、张闻天、卢福坦三人任中央常委，博古负总的责任。

以博古为首的临时中央，虽然在形式上是合法的，它得到了共产国际的批准，但不能说由王明主导并提出的组成人选方案是草率的。在这6名政治局委员中，卢福坦、李竹声两人不久就被捕叛变。博古，一个只有6年党龄、尚不是中央委员的24岁的团中央书记，一跃成为党中央主要领导人，其能力、素质、实际斗争经验和在全党的威望均不适应担任这一重要职务，因此，在他主持中央工作的3年多时间里，党和红军不断出现险情。选定他，首先因为他与王明、张闻天都是反对"立三路线"的，观点一致，都有留学苏联的经历，都是米夫的门生，能够继续王明的路线。其次，按照王明的选人标准也没有更合适的人选，卢福坦自告奋勇要当总书记，但共产国际不同意。六届四中全会选出的（包括向忠发在内）3名政治局常委中，周恩来要去苏区，更重要的是在四中全会上受到批判，已不被共产国际所信任；张国焘已去了鄂豫皖苏区。在政治局委员中，任弼时已去了苏区；刘少奇刚被职工国际扣上"右倾机会主义"的帽子回到上海，已不可能列入人选；王克全很快叛变。在政治局常委和政治局委员均无合适人选的情况下，尚不是中央委员的博古进入了王明的视野。

（二）重新建立警报、情报网。在周恩来的直接领导下，调整了中央特科的编制，由陈云兼任第一科科长，负责总务；潘汉年兼任第二科科长，负责警报、情报；康生兼任第三科（红队）科长，负责打击叛徒、奸细。

（三）作出了对在上海已经暴露身份的中央负责同志逐渐转移到中央苏区的决策。在1931年8月27日作出的《中央关于干部问题的决议》中，明确指出："为使全国干部，有适当的调剂与分配，必须各地党部之间，苏区与白区之间能够互相供给干部，要随时准备一部分干部供上级党部的调动，现在各地区党部应积极地进行征调工人、军事人才及各种技术专门人才，输送到苏区去，苏区必须能派遣一些干部到苏区附近白区党部中去，以及各级党部，群众组织，对于上级机关，必须有人才的供给。"决议要求"必须在最近对各部门的干部，举行一个总检阅，考查他们的社会成分及经历、工作能力、及政治上工作上生活上的表现,合理化、科学化地运用组织上的分工来重新分配工作。"①

这个决议一方面反映出此时党的干部已经严重不足,"迫切地需要大批干部去巩固各级党部和恢复已被破坏的组织";另一方面,也表明在白区难以立足的情况下,党决定逐渐把一些在白区工作的重要干部转移到苏区,而将一些在苏区工作的优秀的适应在白区工作的干部充实到白区。

此后,周恩来、聂荣臻等中央负责同志先后离开上海,向中央苏区转移。

那时,从国民党统治区进入中央苏区有一条秘密通道:从汕头出发,经大埔,越过国民党封锁线,进入福建永定游击区,再经长汀转往赣南。在顾顺章叛变后,周恩来就通知大埔交通站站长卢伟良到上海汇报工作,向他详细询问了这条交通线的沿途情况,并作了准备。

周恩来是1931年12月上旬的一个夜晚离开上海前往中央苏区的。那天,他上身穿藏青色哔叽对襟短衫,下身穿一条蓝哔叽中式裤子,头戴鸭舌帽,装扮成广东熟练工人模样,在交通员黄有恒的护送下,乘一辆人力车,经上海外滩十六铺码

---

① 《中共中央文件集(1931年)》7,中共中央党校出版社1991年版,第344~345、342~343页。

头，上了一艘英国的小火轮。交通员肖桂昌正在船上等候，黄有恒与肖桂昌接上头，把周恩来安顿好，由肖桂昌负责全程护送。

随着汽笛一声长鸣，周恩来搭乘的小火轮离开码头向近海驶去。这艘客货混装的小火轮，只能沿海岸线行走，颠簸很厉害，但比较安全。经过两天两夜的航行，抵达汕头。

秘密交通站安排周恩来在"金陵旅社"下榻。不料刚一进门，就发现在楼下拐角处的一个玻璃框里有一张照片，是1925年汕头市各界欢迎黄埔学生军大会的照片，照片里就有周恩来。为了安全起见，周恩来退掉这里安排好的房间，住进棉安街一间小旅店。次日清晨，周恩来化装成一个画像先生，身着长袍，头戴礼帽，肩挎广东藤篮，由交通员肖桂昌、黄华护送，坐火车到潮安，而后换乘轮船溯江而上至大埔。船到大埔，又转乘开往虎头沙的小船，在中途青溪站上岸，到达大埔交通站所在地。

从青溪到进入中央苏区，是全程中关键性的一段路。《周恩来传》描写道："这中间有国民党军队和民团的严密封锁线，筑有碉堡、碉楼，还有许多关卡、岗哨。要偷渡，不能走大路，只能走罕见人迹的山路或山沟；不能在白天行走，只能在夜间摸黑行进。大埔交通站站长卢伟良早做了准备，派6名交通员武装护送周恩来通过封锁线。他们在黑夜中翻山越岭，攀藤附葛，越过封锁线。在12月中旬到达永定境内的乌石下村。由永定交通站的交通员继续护送，在两天后到合溪。然后，进入上杭县境。"①

1931年12月底，周恩来到达这次旅程的终点——中央革命根据地的首府瑞金，就任中共苏区中央局书记。

周恩来离开上海不到20天，聂荣臻也踏上了向中央苏区转移的征程。在上海，聂荣臻在中央特科和中央军委都工作过，与顾顺章打交道比较多。由于聂荣臻活动频繁，接触面广，党内的叛徒不少都认识他，继续留在上海有危险。1931年12月下旬，聂荣臻接到中央通知，迅速撤离上海，前往苏区。中央原定他去湘鄂赣苏区工作，同样因为安全原因，又改派他赴中央苏区。

同聂荣臻一起走的还有陈昌寿，他去湘鄂赣担任省委书记。他们经香港到达汕头。一路上按照要求，都穿长袍，装扮成老百姓的样子，每个人也都准备了一套对付敌人盘查的说辞。聂荣臻和陈昌寿都是四川人，不会说广东话和福建话，所以尽量不说话，以免口音不对引起怀疑。

---

① 金冲及主编：《周恩来传》一，中央文献出版社1998年版，第296～297页。

到达长汀，已经春节了，聂荣臻遇到了曾和自己在法国勤工俭学和在武汉军委、上海军委一起工作过的老同事欧阳钦。老战友见面，高兴的心情自不言表。当天，中共福建省委就给聂荣臻准备了一匹马。尽快回到战斗的岗位的急迫心情，促使聂荣臻顾不得与老战友长谈，他催鞭上马，昼夜兼程，当晚9点就到达瑞金红军总部。此后，聂荣臻任红军总政部副主任、红一军团政委。

到1932年底，经请示共产国际同意，整个中共首脑机关全部迁入江西中央苏区。留在上海的中共机关，改称"中共上海中央局"，负责白区工作，并与共产国际保持联系。

这时，时任中共临时中央政治局候补委员、全国总工会委员长的刘少奇，也加入到向中央苏区转移的行列。他化名唐开元，在地下交通员的陪同护送下，乘上了一艘由上海驶向汕头的客轮。

刘少奇沿着同样的路线，抵达汕头后，由汕头的秘密交通站派交通员带领，坐火车到潮安，再从潮安换乘小轮船前往广东大埔。然后，大埔地下交通站把预先安排好的小木船靠拢过来，由交通员引到自己的木船上，再逆流向上行30华里，便到达闽粤边境的青溪乡。青溪交通站派人武装接应，加紧靠岸，安全渡过关口。上岸后，刘少奇即由武装交通护送，越过国民党封锁线，进入福建永定的游击区，再经过上杭、长汀，到达了中央苏区首府瑞金。此后，中华全国总工会改名为中华全国总工会苏区中央执行局（简称全总苏区中央执行局），刘少奇就任委员长。

12月下旬，中共临时中央总负责博古、中共临时中央政治局常委、全总党团书记陈云，亦踏上了迁入苏区瑞金之路。

那天晚上，上海下着小雨，天气很冷，交通员肖桂昌来到博古的住处，陈云已在那里等候。博古和陈云化装成工人模样。为了确保中共最高领导人的安全，在瑞金的中共苏区中央局又派出国家政治保卫局执行科科长卓雄带领一个武装便衣小分队，事先从福建长汀赶到大埔青溪，专门迎接和护送博古和陈云。小分队派出3人先到潮州，将博古和陈云秘密接上开往青溪的小火轮。博古和陈云在青溪上岸后，来到地下交通站，与卓雄率领的小分队会合。

尽管安全工作布置得十分周密，但行至福建永定县境仍然出现了一点状况。不知何故，敌人知道中共临时中央有重要人物经过永定，于是在永定县城布置了1000多人的军队，情况十分危急。交通员很快与上级取得联系，永定地方党组织立即派出地方武装在永定县城附近骚扰，以吸引敌人的主力。卓雄把博古和陈云隐藏在一个煤窑中，然后带着两名队员绕到西山上打了几枪，一下子把敌军吸引过去。趁着夜色和漫天飞舞的雪花，另一批队员和交通员肖桂昌带着博古、陈云安全突围。陈云到达苏区时，往地上一躺，伸开手脚，呈"大"字形，高兴地说道："总算到'家'了！"

这一天是1933年1月19日。

在此之前到达瑞金的还有张闻天。他在1967年回忆说："1932年底，我由中央一交通员陪同离开上海去江西。先由上海坐轮船到汕头，由汕头秘密交通站坐船派人送到大埔的另一个秘密交通站，再由大埔坐船去闽粤边的游击区上岸，再由武装交通队护送上杭去长汀。约在1933年的1月到了江西瑞金。"[①]

博古等顺利抵达瑞金并成立新的中共中央局，以中共中央的名义开始办公，标志着上海中共临时中央机关完成向中央苏区的秘密大转移。

---

① 张培林主编：《张闻天年谱（1900-1941）》上卷，中共党史出版社2000年版，第190页。

第三章

错误领导陷红军于危境
遵义会议毛泽东挽救党
和红军

长征途中，党中央召开的遵义会议，是我们党历史上一个生死攸关的转折点。这次会议确立了毛泽东同志在红军和党中央的领导地位，开始确立了以毛泽东同志为主要代表的马克思主义正确战线在党中央的领导地位，开始形成以毛泽东同志为核心的党的第一代中央领导集体，这是我们党和革命事业转危为安，不断打开局面最重要的保证。

——习近平：《在纪念红军长征胜利80周年大会上的讲话》[1]

---

[1] 习近平：《在纪念红军长征胜利80周年大会上的讲话》（2016年10月21日），新华社北京2016年10月21日电。

长征:"无奈的选择"

在顾顺章被捕叛变引发上海中共中央机关严重危机后走上临时中央总负责岗位的博古,两年之后,则亲手导演了中国共产党的又一场危机——中央红军被迫离开苏区,进行长征。

1931年10月18日,王明携其妻孟庆树与吴克坚、卢竟如一起,秘密离开上海,踏上了赴莫斯科就任共产国际中共中央代表团团长的行程。自此之后,临时中央总负责博古开始执掌中共大权。

王明无意放弃他在中共中央的统治地位,他所设计的权力结构是:他在共产国际遥控指挥,"幕后主使",让博古在国内充当"马前卒"。于是在离任之前,王明与博古彻夜长谈,"再三关照博古,嘱其万事都得请示共产国际","决不可擅自行动,更不得听信他人"[①]。

博古主持中共临时中央工作的第二个月,就开始推行宗派

---

① 朱仲丽著:《黎明与晚霞》,解放军出版社1986年版,第115页。

主义干部路线，而首先受到排挤的是毛泽东。1931年10月，博古签署中共临时中央政治局致中共苏区中央局电，作出在即将成立的中华苏维埃中央人民政府中成立革命军事委员会的决定，并提出革命军事委员会主席团人选为：朱德任主席，王稼祥、彭德怀任副主席。这等于把毛泽东担任的苏维埃中央军委主席一职撤销了。中革军委成立后随即取消了红军总司令、总政委名义，这又变相地把毛泽东担任的红军总政委撤销了，此时，毛泽东在红军仅剩中革军委委员这一虚职。

1933年1月，中共临时中央迁至中央苏区瑞金后，博古又接连发起了一连串排斥毛泽东的运动。

第一个举动——开展反罗明路线的斗争，消除毛泽东在红军和苏区的影响。后来，博古在党的七大的发言中承认："苏区中反对罗明路线，实际是反对毛主席在苏区的正确路线和作用，这个斗争扩大到整个中央苏区和周围的各个苏区，有福建的罗明路线，江西的罗明路线，闽赣的罗明路线，湘赣的罗明路线等等。这时的情形可以说：'教条有功，钦差弹冠相庆；正确有罪，右倾遍于国中。'"[1]

第二个举动——免去毛泽东所任的中华苏维埃中央政府人

---

[1] 黎辛等主编：《博古，39岁的辉煌悲壮》，学林出版社2005年版，第168页。

民委员会主席职务。在1934年1月召开的标志着把"左"倾错误发展到顶点的中共六届五中全会上，议题之一是进一步削弱毛泽东在政府的职权。这时，毛泽东在中央政府担任两个职务：一是中央政府主席（即国家主席），一是中央政府人民委员会主席（相当于总理）。这次会议决定将毛泽东担任的拥有一定实权的人民委员会主席一职安排给张闻天。

第三个举动——安排毛泽东去苏联治病。毛泽东不仅在中共党内和红军中享有盛誉，即使在共产国际，他的才干和贡献也是被广泛认可的。共产国际主席布哈林曾经称赞毛泽东的《湖南农民运动考察报告》写得极为出色；苏共中央机关报《真理报》也多次介绍朱、毛红军的活动，并称他们两人是中国游击运动的领导人，是极为出色的领袖。尽管毛泽东在1934年1月召开的六届五中全会上受到错误批判，并无缘出席会议，但由于共产国际提议，他仍被提升为中共中央政治局委员。为逐步消除毛泽东在党和红军中的影响，博古建议让毛泽东去苏联养病。据时任中华苏维埃中央政府土地部长的高自立后来回忆说，1934年五六月份，博古等派我到莫斯科参加共产国际第七次代表大会，并向中共驻共产国际代表团王明等报告了国内情况。我在报告中转达了博古的口信：毛泽东"大事有错，小事没有错的"；"毛、周想到苏联养病"。王明插话说，毛泽东

"能抓得大事";"这大的人物来,谁保险?"这样,让毛泽东去苏联治病之计又未实现。不久,共产国际来电正式通知中共中央不同意毛泽东去苏治病。博古在讨论苏区财经问题的中央会议上宣读了一份共产国际的来电,说"在现在这样的情形下,苏区离不开毛泽东,所以不同意毛泽东同志去苏联养病。"[①]

剥夺了毛泽东的军事指挥权,但博古本人并不懂军事,他所重用的共产国际派来的军事顾问李德也没有对付蒋介石的有效办法,因此导致红军在反"围剿"作战中屡次受挫。此前,在毛泽东指挥下,红军已经打破了国民党第一、第二、第三次"围剿";第四次反"围剿"时毛泽东已经被排挤离开了红军领导岗位,但指挥反"围剿"作战的周恩来、朱德等仍然按照毛泽东的打法,结果第四次依然取得胜利。

1933年秋,蒋介石调集100万军队,其中以50万兵力对中央根据地发动了第五次"围剿"。蒋介石改变战法,采取的是"步步为营、节节推进,碉堡公路,连绵不断,经济封锁,滴水不漏"的战术。这时,中央根据地的红军主力有8万多人,力量对比为1:6,尽管形势严峻,但比第三次反"围剿"时的1:10、第四次反"围剿"时的1:10要好许多。如果形势

[①] 吴亮平:《为真理而斗争的一生》,参见《回忆张闻天》,湖南人民出版社1985年版,第55页。

估计和采取战法正确的话，打破"围剿"仍然是有希望的。

但博古准备以冒险主义的进攻路线来打破这次"围剿"。6月13日，临时中央提出将中央红军主力分离作战的方针，实行"两个拳头打人"。这种面对6倍于我的敌人，不收缩力量而"两面开花"的战法，显然不是高明之举。结果开局即在黎川陷入被动。

黎川失守后，博古、李德则由军事冒险主义转变为军事保守主义，采取消极防御的方针，提出"御敌于国门之外"，实行所谓"不让敌人蹂躏一寸苏区"土地的方针。这种与敌人硬拼的消耗战，正中敌人下怀。从1934年1月至3月，在不断的阵地防御战、阵地反击战中，红军不仅没能打破敌人的进攻计划，还遭受重大伤亡。伤亡最为惨重的是1934年4月10日至28日历时18天的广昌保卫战，我军毙伤俘敌2600余人，自身却付出伤亡5000多人的惨重代价。

到1934年9月，瑞金中央根据地已由1931年底毛泽东担任苏区中央局代理书记时发展到包括瑞金、会昌、安远、寻乌、信丰、于都、广昌、石城、黎川、建宁、泰宁、宁化、清流、归化、龙岩、长汀、连城、上杭、永定等20多个县的广大地区，减少到仅存瑞金、会昌、于都、兴国、宁都、石城、宁化、长汀等8个县的狭小地区。在这种情况下，红军只能被迫撤离中央根据地。

大搬家式转移：出师即陷入危局

中共临时中央考虑进行战略转移最早是在广昌失守后的1934年4月。李德向博古说，要准备作一次战略大转移，把主力红军撤离中央苏区，到湘西去创建新的革命根据地。5月下旬，博古主持召开中央书记处会议，讨论广昌失守后红军反"围剿"的战略方针。博古、张闻天、周恩来、项英及李德参加了会议。李德建议：红军应退出中央苏区，突围转移到别的地方去，"以便重新获得广阔的作战区域并为此作好一切必要的准备"。在没有更好的办法的情况下，会议接受了这一建议，决定"将主力撤离中央苏区，进行战略转移"，并上报了共产国际。6月25日，共产国际回电同意转移，这就拉开了长征准备的序幕。

为准备长征，博古主持召开中央书记处会议，决定成立由博古、李德、周恩来组成的"三人团"，负责筹划红军主力突围转移重大事项。"三人团"具体分工是：政治上由博古做主，军事上由李德做主，周恩来负责督促军事计划的实施。这样,"三人团"就成为战略转移的最高决策机构,通过这一特殊授权,实现了博古、李德对军事指挥大权的独揽。

对于为什么要进行战略转移、向哪里转移、怎样转移等重大问题,李德、博古并无真知灼见,也没有发挥"三人团"的作用,更谈不上集中政治局的集体智慧了。据《周恩来传》记述,"三人团""只开过两次会,一次在李德房中,一次在中央局。实际工作中……周恩来并不能与闻所有的事情。"战略转移计划的制订者李德于7月底完成并经"三人团"研究确定的《八、九、十三个月战略计划》,是一个大搬家的计划,他们把战略转移的指导思想定位于"搬家",即把中央机关从苏区搬到湘西。博古1943年11月13日在中央政治局会议上的发言中,承认"长征是搬家,抬轿子,使红军受到很大削弱。当时军事计划是搬家,准备到湘西去,六军团是先头部队。"①

在"搬家"的指导思想主导下,除了留下项英、陈毅等中共苏区中央分局、中央军区和中央政府办事处的同志率领红军1.6万余人的部队继续坚持斗争外,其他中央机构和设施、设备都要搬到湘西。为此,在红军主力部队之外,编了保障党

---

① 黎辛等主编:《博古,39岁的辉煌悲壮》,学林出版社2005年版,第165页。

中央和军委机关行动的军委纵队、保障中央政府和总工会、青年团机关及后勤、卫生部队行动的中央纵队。为保证军委纵队和中央纵队的行动,兵力部署采取甬道方式推进,前后左右由各军团护卫,军委纵队和中央纵队在中央区域行动。

博古、李德共同作出了对这一计划向全党保密的决定。李德对这一决定的解释是:"突围(即长征,当时称作突围)成功的最重要的因素是保守秘密。只有保守秘密,才能确保突然行动的成功,这是取得胜利的不可缺少的前提。"①

1934年10月10日晚,中共中央、中革军委和红军总部率领红一、三、五、八、九军团及中央直属队共8.6万余人,开始了历史上著名的战略大转移——长征。

此时,参加长征的兵力为:第一军团,军团长林彪,政治委员聂荣臻,下辖第一、第二、第十五师,兵力19880人;第三军团,军团长彭德怀,政治委员杨尚昆,下辖第四、第五、第六师,兵力17805人;第五军团,军团长董振堂,政治委员李卓然,下辖第十三、第三十四师,兵力12168人;第八军团,军团长周昆,政治委员黄甦,下辖第二十一、第二十三师,兵力10922人;第九军团,军团长罗炳辉,政治委员蔡树

---

① 李德:《中国纪事》,现代史料编刊社1980年版,第106页。

藩，下辖第三、第二十二师，兵力11538人；军委纵队，叶剑英为司令员兼政治委员，由红军总部和干部团组成，下辖第一、二、三、四梯队，兵力4893人，博古、李德、周恩来、朱德等随该纵队行动；中央纵队，李维汉为司令员兼政治委员，由中共中央、中华苏维埃中央政府机关、后勤部队、卫生部队、总工会、青年团等组成，毛泽东、张闻天、王稼祥等随该纵队行动。

按照李德的"设计"，此次战略转移的目的地是到湖南西部同红二、六军团会合。承担探路任务的红六军团给临时中央提供的行动路线是：沿赣、粤、湘、桂边境的五岭山脉一直西行。一个目睹者事后记述：出现在五岭山脉的西征大军，从高处望去，宛如一条巨龙，曲曲弯弯，前面是红军部队，后面跟着携带了很多辎重，驮着印刷厂、兵工厂和造币厂机器设备的大批骡马，挑着各种"坛坛罐罐"的几千名挑夫。斯诺在《西行漫记》中描述当时的情景："兵工厂拆迁一空，工厂都卸走机器，凡是能够搬走的值钱的东西，都装在骡子和驴子的背上带走，组成了一支奇特的队伍。"

这种把作战部队与后勤部队编在一起的部署，是典型的逃跑行动，既谈不上精干、快速，又影响红军主力的作战行动。同时，8万多人的部队被部署在一个狭窄的地域内，行动慢，目标大，既容易被敌人发现，又容易在敌人的炮火下造成大量伤亡，且不便作战的展开。连博古自己都承认长征战略转移计划是一个完全错误的计划。1943年11月13日，博古《在中央政治局会议上的发言》中说："长征军事计划未在政治局讨论，这是严重政治错误……长征军事计划全错的，使军队有被消灭的危险，所以能保存下来进行二万五千里长征，因有遵义会议，毛主席挽救了党，挽救了军队。"①

果然，这一战略转移方案，在长征之初就暴露出行动迟缓又带来战略转移目标过早暴露的严重问题。

蒋介石是在1934年11月11日判明我军的战略意图的。此时，红军正通过敌第三道封锁线。此前，蒋介石于10月中旬即接到中共红军主力开始突围，前锋已通过信丰江的密报。回到南昌后，他立即召集军事会议，对红军的行动方向进行研判。这次会议把红军的行动方向锁定在南下或西行、北进三个方向，以南下、西行两个方向为重点。此后10多天，随着我军行动方向的日益明朗及敌人侦察跟进掌握，特别是11月10日，国民党军占领瑞金搜查到中共有关文件资料后，蒋介石确定我军的行动方向不是南下而是西进。于是，12日，他发出

---

① 黎辛等主编：《博古，39岁的辉煌悲壮》，学林出版社2005年版，第165页。

电令，特任何键为"追剿军"总司令，薛岳为前敌总指挥，构筑以湘江为第四道封锁线，企图将红军消灭在湘江、漓水以东地区。兵力部署为：一、由何键部为西路军堵击红军进入湖南。二、陈济棠部为南路军堵击红军进入广东。三、以李宗仁的桂系主力集中广西北部，堵击红军西进。四、以顾祝同部为北路军堵击红军进入湖北。其中，在我军后来选定的渡过湘江的方向兴安、全州、灌阳一线部署了国民党军桂系5个师的兵力。这样，就以湘江为中心为红军布下了一个大大的"口袋"，并打算自东向西收缩，逼使红军在湘江东岸与其决战，凭借其数量和装备上的优势消灭中央红军。

蒋介石给红军预备的这个大"口袋"，从部署到形成合围是要有一定时间的。在国民党军调兵遣将的时候，中革军委已有所洞察，遂于11月14日发布命令指出："敌人的主要企图，是在从两翼截击我军之进入部队，以后则向我主力两侧后行并行的追击。"[①] 毛泽东、彭德怀这时看到了一次乘敌人"追剿"军队还未到来之前跳出敌人包围圈的时机。此时，从宜章至湘江广大地区，敌人防御力量薄弱，又属无堡垒区域，便于我军机动作战。我军如乘各路敌军调动，薛、周两路尚未靠拢之

---

① 郭德宏等主编：《红军史》，中共党史出版社2006年版，第376页。

际，寻歼敌一路或一部，战局必将出现有利于我军的变化。毛泽东提议乘国民党各路军队正在调动，"追剿"军主力薛岳、周浑元两部还没有靠拢时，组织力量进行反击，寻歼国民党军一部，以扭转战局。红三军团军团长彭德怀与毛泽东有着相似的看法，他向中央建议："在灵活机动中抓住战机消灭敌军小股，迫使蒋军改变部署，阻击、牵制敌人"；"否则，将被迫经过湘桂边之西延山脉，同桂军作战，其后果是不利的。"

毛泽东和彭德怀的想法都是看到了前面国民党已在湘江、漓水以东布下重兵，继续前行必将与其决战，而比较好的办法是利用湘南地区党和群众基础比较好，有利于红军的机动作战的优势，就地寻找战机，打乱敌人的部署。以博古为首的临时中央这时已由冒险主义变为保守主义和逃跑主义，避战的心理驱使他们不再停留，认为那是冒险，遂选择了加快前行、脱离追兵的道路。

这样，强渡湘江便是不可避免的了。

尽管如此，还有两次可使红军减少损失、力避与强敌决战的机会。

一次是毛泽东提议从黄沙河过湘江。11月25日，中革军委决定：中央红军分4个纵队，从兴安、全州之间抢渡湘江，突破敌人第四道封锁线，前出到湘桂边境的西延山区。这是彭德怀早就预言的一条对我们非常不利的路线。毛泽东坚决反对在全州南面强渡湘江。他与彭德怀有着同样的担心。他主张："红军从文市北上攻占全县后，不要渡灌水，也不要在界首渡湘江爬越城岭，而应该在黄沙河过湘江，经庙头，攻白牙市（今东安），沿夫夷水东岸北上直取宝庆。接着可以向东北攻两市镇、永丰，也可以继续北上醮溪（今新邵）再穿过湘中丘陵，攻打蓝田，并在此摆开战场进行决战。待粉碎'围剿'之敌后，或在湘南中部建立革命根据地，或返回中央苏区去。"[①] 如果按照毛泽东的建议从黄沙河过湘江，那么，走在最后面的军委纵队 11 月 27 日已赶到文市一带，红军主力则完全有可能在敌人赶来之前渡过湘江。同时，还可以避免渡过湘江之后在西延山脉与国民党军桂系遭遇的危险，但是，临时中央决心不变。这就延误了 3 天时间，给了敌人可乘之机。

另一次是，在界首一线敌人兵力空虚之时渡江。当我军占领江华，并渡过沱水，西出江永时，国民党军桂系看到红军过境广西已不可避免。为防红军深入广西中部，白崇禧命令扼守广西北部、兴安一线湘江两岸的桂军于 11 月 22 日下午大部撤防，仅在全州、兴安、灌阳分别留下一个团的兵力。而湖南军

---

① 张琦著：《历史选择——长征中的红军领袖》，中共党史出版社 2006 年版，第 28 页。

阀何键也怕主力红军深入湖南境内，不愿派湘军接防。这样，从全州至兴安60公里的湘江，已无兵防守。从此时起到敌军赶到还有五六天时间，在这段时间内如果我军行动迅速的话将会轻松渡江。但直到25日中革军委才下达从界首渡江的命令，而我先头部队顺利渡过界首并控制界首至屏山渡之间30公里的湘江两岸已经是27日。这时，大搬家式的战略转移的弊端又一次暴露出来。最前面的部队已经过了湘江，而走在最后面的部队还远在百公里之外。即使这样，如果整个部队轻装前进，仍是有可能赶在敌人到达之前渡过湘江的。但随军携带的坛坛罐罐舍不得扔掉，直到29日中央纵队和军委纵队才赶到界首。

11月28日，蒋介石得知界首一线30公里无兵可守的消息后，大为震怒，严斥桂军放弃职责，严令桂、湘两军执行原定计划，至此开放了数日的湘江界首段缺口重又堵上，并很快形成了南北夹击正在渡江的红军主力的态势。

空前惨烈的湘江之战开始了。为了掩护军委纵队和中央纵队渡江，红三军团总指挥彭德怀给所属部队下达了死命令，要求"不惜一切代价，全力坚持3至4天。"他则将指挥所设在湘江西岸离界首渡口仅几百米的一座祠堂内，亲自指挥红十团打响了光华南铺阻击战。红第五师在新圩与桂军第七军两个师展开激战，苦战3昼夜，付出2000多人的巨大伤亡，直到中央、军委纵队和其他红军部队渡过湘江。红六师第十八团为掩护第八军团过江，顶住了桂军3个师的连续进攻，最后被敌人分割包围，弹尽粮绝，大部分壮烈牺牲。担任战略转移总后卫的红五军团在保障主力过江之后，其三十四师被隔在了湘江东岸，最后全军覆没。

长征以来最激烈、最残酷的湘江战役终于结束了，它付出了30500人的生命代价。如果把长征以来全部伤亡和减员包括在内的话，总计已经损失5万多人了。也就是说，长征刚刚一个多月，损失已经过半。

战争以如此严酷无情的方式进行，震撼了最高军事指挥员博古，看着鲜血染红的江水，溃不成军的队伍，遍地横躺着的已经牺牲的红军战士，他的头脑立刻涨大了，一幕幕可怕的景象闪现出来，想到自南昌起义以来好不容易创建的这支革命军队在自己指挥下遭受如此巨大的损失，中国革命的事业会不会毁在自己的手里，怎样向党和人民以及共产国际交代所发生的一切，博古产生了一种从未有过的担心，他甚至举起手枪对准自己的脑袋比比画画，想一了百了。是看到此情的聂荣臻的迅速提醒中止了博古的不智举动。

博古此举所表达的是作为党的总负责的巨大政治责任和思想压力，他不敢设想再这样下去如何向全党和共产国际交代，而非对自己错误军事指挥痛苦反省的意思表示，直到遵义会议博古都没有认识到这是他的错误军事路线的恶果，而把长征以来我军遭受的巨大损失归结为敌人力量强大。

巨大挫折教育了从中央到红军中的许多人，人们开始从中央错误领导和错误军事指挥反思失利的原因。《刘伯承回忆录》描述道："广大干部眼看反五次'围剿'以来，迭次失利，现在又几乎濒于绝境，与反四次'围剿'以前的情况对比之下，逐渐觉悟到这是排斥了以毛泽东同志为代表的正确路线，贯彻执行了错误的路线所致，部队中明显地增长了怀疑、不满和积极要求改变领导的情绪。这种情绪，随着我军的失利日益显著，湘江战役达到了顶点。"[①]

[①] 《刘伯承回忆录》，上海文艺出版社1981年11月版，第4页。

尝试改变：毛、张、王结成同盟

毛泽东早就发现靠博古、李德领导军事，注定要葬送中国革命。于是，便开始做工作，逐渐分化坚持王明"左"倾教条主义路线的以博古为首的中共临时中央。首先争取到王稼祥的支持。

历史给毛泽东认识王稼祥的机遇是1931年4月。在是年1月召开的中共六届四中全会上实际掌握党中央领导权的王明"左"倾教条主义者，为了在中央苏区推行其"左"倾路线，采取了一个重大组织措施——向苏区中央局派出中共中央代表团，以加强和控制苏区中央局的领导。代表团成员有任弼时、王稼祥、顾作霖，以任弼时为团长。王稼祥第一次见到毛泽东是4月4日在苏区中央局所在地宁都县青塘，毛泽东向中央代表团详细汇报了红一方面军第一次反"围剿"取得胜利的经过和第二次反"围剿"的准备情况。

不懂军事的王稼祥，对毛泽东、朱德等红军领导人创造的中国第一块根据地并取得第一次反"围剿"斗争胜利由衷地感到敬佩。

在4月17日召开的苏区中央局扩大会议上,王稼祥与毛泽东又一次见面。这次会议的主题是确定第二次反"围剿"的战略方针。蒋介石调集了20万重兵共18个师、3个旅,由军政部长何应钦任湘、鄂、赣、闽四省"剿匪"总司令兼南昌行营主任,第二次"围剿"中央根据地。何应钦将这20万重兵部署在西起赣江、东至建宁的700里长的战线上,对中央苏区形成了一道弧形包围圈。

面对强敌,苏区中央局代理书记项英等人主张将红军主力转移到根据地以外去,他们认为,敌我力量悬殊,敌军的严密包围难以打破,况且中央有言在先:"为着保全红军实力(基本力量),遇必要时可以抛弃旧的与组织新的苏维埃区域";中央代表团主张"分兵退敌",认为这样既可以使敌人包围落空,又可以使目标转移,便于退敌。毛泽东对这两种主张均不赞成。他主张依靠根据地的有利条件,诱敌深入,集中兵力,打破敌军"围剿"。朱德、谭震林等人支持这一思路。在此后召开的有各军军长、政委、参谋长、政治部主任参加的扩大会议上,毛泽东的主张得到压倒性支持。于是,会议决定采纳毛泽东的建议。按照毛泽东提出的战略方针,中央红军又顺利地粉碎了蒋介石的"围剿"。

亲自参与这次战略方针的决策过程,使王稼祥对毛泽东的政治韬略和军事战略战术思想更加佩服。会议间隙，王稼祥忍不住对毛泽东说："泽东同志，我刚从白区来，很多情况不了解，对打仗更是外行，听了你们的发言，深受启发。会后我再向你专门请教，可以吗？"毛泽东立刻回应："自己同志，莫客气，我也正想向你请教呢！"

会后，在第一次反"围剿"首战告捷地龙冈，王稼祥被请到毛泽东住处，两人进行了彻夜长谈，分别时，毛泽东亲手书写并赠送王稼祥一副对联——

敌进我退，敌驻我扰，敌退我进，敌疲我打，游击战里操胜券；

大步进退，诱敌深入，集中兵力，各个击破，运动战中歼敌人。

毛泽东说："不是请你欣赏书法，而是为了便于你记得这几句口诀。我们苏区军民，特别是红军指挥员，可算是人人背得，并且就靠这个打赢敌人又发展自己的。"[1]

这次长谈，使两位革命家结下难忘的友谊，为他们在长征

---

[1] 朱仲丽著：《毛泽东与王稼祥》，中共中央党校出版社2006年版，第16页。

路上的密切合作奠定了坚实基础。王稼祥对此次会见终身不忘，几十年后公布的他的笔记，其中多处有对此次会见的记载。

1932年10月上旬在宁都召开的苏区中央局扩大会议上，围绕打破蒋介石对中央苏区第四次"围剿"的军事行动计划问题，苏区中央局前方和后方的领导成员之间发生严重的意见分歧。当时，苏区中央局成员一分为二：前方有书记周恩来和毛泽东、朱德、王稼祥；后方有副书记任弼时和项英、邓发、顾作霖。在前方指挥作战的周恩来、毛泽东等主张红军应先攻打守军薄弱的乐安、宜黄、南丰、南城等地，扫清北上道路的障碍，打通与赣东根据地的联系，然后再图发展。对这一主张，在后方的苏区中央局是同意的。但乐安、宜黄、南丰三战皆胜后，敌情发生变化，毛泽东等前方军事领导人认为贸然求战毫无胜算，主张改变攻打南城的计划，红军主力向根据地内回师，依据根据地内有利条件，寻机求歼来犯之敌。在后方的苏区中央局则不同意这种改变，要求红军向国民党重兵集结的吉安或抚州推进。双方互不相让，于是暂停军事行动，把分歧提交到苏区中央局扩大会议上。会议演变成对毛泽东的批判，指责他对"夺取中心城市"方针的"消极怠工"，是"上山主义"、"东北路线"，把他提出的"诱敌深入"方针指责为"守株待兔"、"专去等待敌人进攻的右倾主要危险"。甚至有人提出把毛泽东召回后方，专负中央政府工作责任，由周恩来负战争领导的总责。

这时，王稼祥勇敢地站了出来，明确表示支持毛泽东。他说："众所周知，我也是四中全会后由中央派来苏区的，我对中央指示也一直是服从和执行的。但是我从几次反'围剿'的胜利中，以及从攻打赣州的教训中，逐步认识到毛泽东同志的思想主张，是符合红军和苏区实际情况的，他提出的战略思想和战略原则，已经被实践证明为行之有效的东西。他的指挥决策也一再被证明是正确的。红军和苏区之所以有今天这样的局面，是与毛泽东同志的正确领导分不开的。因此，我认为毛泽东同志仍然应该留在前线，继续指挥红军作战。即将开始的第四次反'围剿'，正需要毛泽东这样的指挥者与领导人。总之，我的意见是大敌当前，不可易将；指挥重任，非他莫属！"[①]

王稼祥的支持虽然没能改变毛泽东的处境，但在那种情况下此种表态足见他的政治勇气。后来，时任中共中央总书记的胡耀邦评价王稼祥："当1932年错误路线决定解除毛泽东同志

[①] 朱仲丽著：《毛泽东与王稼祥》，中共中央党校出版社2006年版，第38~39页。

的军事指挥权时,他是积极反对者之一。可以说,那时他就同王明路线划清界限了。"①

毛泽东把王稼祥从"左"倾中央中分化出来以后,又争取到张闻天的支持。

早在1920年初,张闻天就知道毛泽东的名字,那时,毛泽东、张闻天几乎同时加入青年进步组织"少年中国学会",两人入会的消息一起在1920年2月出版的《少年中国》第2卷第8期上发表。由于会友这一层关系早已相互知道了,但他们相识、相知却是在30年代初才开始的。

1931年2月,张闻天从苏联回国,几个月后即在中共临时中央出任政治局常委。从此时起,他成为王明"左"倾中央的主要成员。而此时担任政治局候补委员、红一方面军总政委、年底又成为中华苏维埃中央人民政府首任主席的毛泽东,则成为临时中央打击排挤的主要对象。

1933年1月,随临时中央迁至中央苏区后,张闻天也参与了由博古导演的打击毛泽东的一系列活动。但是不久由李德、博古指挥的广昌保卫战的失利而引起的对错误军事指挥的指责,使博古与张闻天矛盾加深。博古对张闻天的排挤活动,

---

① 施昌旺著:《王稼祥传》,安徽人民出版社2003年版,第128页。

为毛泽东把张闻天从"左"倾中央里分化出来提供了机会。

那是1934年3月，国民党军集中9个师的兵力进攻中央苏区的北大门——广昌。张闻天坚决反对组织广昌战役，但博古、李德不听劝阻，执意与敌人决战，结果红军损失惨重。一个多月后，在中央军委总结讨论广昌战役的会上，张闻天批评这次战役同敌人死拼是不对的，是一种拼消耗的打法，以至遭受不应有的损失。博古反讽张闻天这是普列汉诺夫反对1905年俄国工人武装暴动的机会主义思想。张闻天还批评博古过于重用李德，他说：我们中国的事情，不能完全依靠李德，我们自己要有点主意。会议休息时又对伍修权说：这种打法不可能取得胜利。后来在延安整风笔记中，张闻天对这段经历作了回顾，认为："我同博古同志的公开冲突，是在关于广昌战斗的一次讨论。"他说："我坚持了我的意见，结果大家不欢而散。"①

这次会后，李德还通过博古向张闻天转达意见：你们都是从莫斯科回来的，中国的事情还是由莫斯科回来的同志办。你们之间应该消除前嫌，很好地合作。这显然是博古向张闻天传递的新信息，张闻天根本没有理会这一劝告，于是，博古像对

---

① 《张闻天年谱》上卷，中共党史出版社2000年版，第225页。

待毛泽东那样开始排挤张闻天。在随后成立的中央负责全权战略转移的"三人团"中,党内排名第二的张闻天却被排除在核心圈子之外;在"三人团"筹划转移计划时,张闻天被安排去闽赣边区巡视。对此种安排张闻天是很敏感的,因为在半年前也就是他与博古在对待福建事变问题上产生不同意见后,博古已经作出了一个警告张闻天的举动——让其接替毛泽东出任中华苏维埃中央人民政府人民委员会主席一职。张闻天后来说:"派我担任人民委员会工作,对于李德、博古同志来说,是'一箭双雕'的妙计。一方面可以把我从中央排挤出去,另一方面又可以把毛泽东同志从中央政府排挤出去。"[1]

与毛泽东有着同样际遇的张闻天,越来越理解毛泽东了,越来越感到毛泽东是正确的,而博古、李德所推行的政治、军事路线是错误的。于是,在长征出发前夕,张闻天与毛泽东进行了一次长谈,他向毛泽东敞开心扉,倾诉了对李德、博古错误领导的不满。从此,毛泽东与张闻天接近起来。长征开始时,根据毛泽东提议经张闻天向博古力争,毛、张、王三人被编在一起行军、宿营、吃住,形成了以毛泽东为首的新"三人团"。

---

[1] 程中原著:《张闻天传》,当代中国出版社2006年版,第124页。

毛泽东曾对师哲说："张闻天在中央苏区是颇有影响的人物，这不只是因为他的地位和身份，还有他本身的因素。因而，在长征路上，我以很大的耐心，隐忍着各种的痛苦去接近他，苦口婆心地开导他、说服他，陈述自己对一些重大问题的意见。"毛泽东认为："只要能争取到张闻天，问题就解决了一大半。"① 1943 年，张闻天在延安整风日记中，也回应毛泽东的说法，写道："长征出发后，我同毛泽东、王稼祥二位同志住在一起。毛泽东同志开始对我们解释反五次'围剿'中中央过去在军事领导上的错误。我很快地接受了他的意见，并且在政治局内开始反对李德、博古的斗争，一直到遵义会议。"②

湘江之战后，毛泽东明确表示不能让博古、李德再瞎指挥了，而王稼祥也开始与张闻天讨论更换中央军事领导的事。一天，王问张，红军最后目标，中央定在什么地方。张说，没有一个确定的目标。接着便说：这仗这样打看起来不行，还是要毛泽东同志出来，毛泽东同志打仗有办法，比我们有办法。张闻天说出这个想法后，王稼祥当天晚上就将他的话打电话告诉彭德怀，然后又告诉毛泽东。消息在刘伯承等几位将领中一传，大家都赞成要开个会，让毛泽东出来指挥。

---

① 《张闻天年谱》上卷，中共党史出版社 2000 年版，第 234 页。
② 同上。

遵义会议：实现伟大历史转折

渡过湘江后，博古、李德指挥中央红军沿着西延山脉继续西进，计划按原订方案北出湘西与红二、六军团会合。已经发现红军的战略方向的蒋介石，制定了《湘水以西地区剿匪计划大纲》，命令湖南军阀何键将5路"追剿军"改组成两个兵团，以刘建绪为第一兵团总指挥，以薛岳为第二兵团总指挥，分别由黄沙河、全州一带向新宁、城步、绥宁、靖县、会同、芷江地区开进，构筑工事，布置战场。同时，命令黔军王家烈部在锦屏、黎平一线堵击红军西进，令湘、桂军各一部在红军后面尾追。企图将中央红军消灭于黎平、锦屏、黔阳以东，武冈、宝庆以南，永州、桂林以西，龙胜、洪州以北地区。博古、李德发现这一情况后，仍不改变与红二、六军团会合的原订方案，令中央红军继续西进，于12月11日先头部队占领通道县城。

在这个危急关头，毛泽东向周恩来郑重建议：放弃原订计划，改向敌人力量薄弱的贵州前进。如果继续沿着与红二、六军团会合的方案走下去，无异于带领中央红军全部主力往敌人预先布好的口袋里钻。周恩来十分赞同这个意见。在毛泽东与周恩来直接交流之后，周恩来又陆陆续续听到张闻天、王稼祥、朱德、刘伯承、彭德怀、林彪等人的意见，他们不仅要求改变行军方向，而且对最高"三人团"的军事指挥提出尖锐批评，并要求召开会议加以研究。于是，在中央红军占领通道的第二天，中共中央负责人召开了临时紧急会议，讨论战略行动方针。参加会议的有博古、周恩来、张闻天、毛泽东、王稼祥和李德等。会上，博古、李德仍然坚持去湘西与红二、六军团会合的计划。毛泽东不同意他们的意见，认为国民党军队正以五六倍于我的兵力构筑起四道防御碉堡线，张网以待，"请君入瓮"！此时北上湘西，将会陷入重围，后果将不堪设想。对于毛泽东提出的西进贵州的意见，王稼祥、张闻天发言表示支持，周恩来等也赞成这个主张。于是，会议根据多数人的意见，通过了西进贵州的主张。

12月18日中共中央政治局又召开黎平会议，这次会议通过的《中央政治局关于战略方针之决定》，基本上是以毛泽东的意见为基础形成的，会议还作出了在遵义召开政治局扩大会议的决定。

1935年1月7日，中央红军突破乌江天险，9日，毛泽东、周恩来、朱德等进入贵州省北部重镇遵义城。

根据黎平会议决定，中共中央占领遵义后一项重要工作就是举行具有重要历史意义的政治局扩大会议，史称遵义会议。

这时，博古已产生取消遵义会议的念头。他认为通道、黎平、猴场三次会议已经解决了问题，不需要再开什么会议。李德压根就反对召开遵义会议，因为他知道毛泽东倡议开会是为了"讨论失败"，这将把他置于被告地位。在猴场会议后已经解除了他的军事指挥权，但顾问的头衔还保留着，如果继续讨论军事指挥的责任，恐怕连这顶帽子也保不住。

毛泽东抓住这一历史机遇，与王稼祥商议后，由他出面向周恩来提出迅速召开政治局扩大会议的建议。周恩来来到博古的住所，向他通报王稼祥、张闻天、朱德、陈云、毛泽东等多数政治局的同志要求召开会议的情况，申明他也力主召开会议。博古看到阻止执行黎平会议关于在遵义召开政治局扩大会议的决定已不可能，便同意了大家的建议，分工由周恩来负责会议的筹备工作，会上由博古作关于第五次反"围剿"的总结报告，由周恩来作关于军事问题的副报告。

1935年1月15日，决定党与红军命运的中央政治局扩大会议在遵义老城枇杷桥（现子尹路80号）举行。出席会议的政治局委员有毛泽东、张闻天、周恩来、朱德、陈云、博古，候补委员有王稼祥、刘少奇、邓发、何克全（凯丰），红军总部和各军团负责人刘伯承、李富春、林彪、聂荣臻、彭德怀、杨尚昆、李卓然，以及中央秘书长邓小平。李德及翻译伍修权也列席了会议。

会议的主要议题是，"检阅在反对五次'围剿'中与西征中军事指挥上的经验与教训"。首先由博古作第五次反"围剿"总结报告。博古认为，第五次反"围剿"失败的主要原因是：反动力量过于强大，敌人直接用于进攻中央苏区的兵力50万，还有帝国主义的经济援助和军事顾问帮助；苏区物质条件不好；白区广大工农群众反帝反国民党斗争与日常斗争的领导没有显著进步；游击战争的发展与瓦解白军工作依然薄弱，苏区周围的游击战争开展不够；各苏区红军呼应配合不够紧密。博古的分析，实际是用客观原因掩盖军事领导上战略战术错误造成的恶果。

周恩来接着作副报告，他没有把过错推给客观，着重就中央红军的军事战略和战术问题进行回顾、总结。他认为五次反"围剿"失利的主要原因是军事领导的战略战术的错误。并主动承担责任，作了自我批评，又批评了博古和李德。

听了博古的主报告、周恩来的副报告后，张闻天第一个发起了反对中央领导单纯防御军事路线的报告，也称"反报告"，张闻天尖锐地指出，前一段错误的军事指导思想主要表现在对待蒋介石的堡垒设防，采用堡垒对堡垒的错误战术；在反"围剿"战斗中，不应当与敌人进行主力抗击，而且作战分散兵力；不能够利用十九路军起义的有利时机，打击蒋介石，粉碎敌人的"围剿"战略；在部队突围的时候，张皇失措，犯了逃跑主义的错误；转移中明知敌人已经设好罗网，还坚持继续与二、六军团会合的错误主张等等。

下午开会，毛泽东首先作了长篇发言。他一开始就批评博古的总结报告说，这个报告不是实事求是的，而是在替自己的错误作辩护。他说，我认为，"三人团"在指挥红军对付敌人的第五次进攻时，不客气地说，是犯了军事路线上的错误。这个错误在整个战争中，归纳起来，表现为三个阶段：第一个阶段是进攻中的冒险主义，第二阶段是防御中的保守主义，第三个阶段则为退却中的逃跑主义。

接着，毛泽东对自己的论点一一展开，作了深入的说明。

毛泽东讲了大约一个小时，他的意见得到大多数与会者的支持。

这时，因负伤躺在藤椅上的王稼祥坐起来发言。他说："我同意毛泽东的发言。正如他所指出的那样，第五次反'围剿'战争之所以失败，我们在军事战略上犯了严重的错误，不能归咎于其他原因，客观因素有一点，但不是主要的。"他还说，这次反"围剿"失败的一个重要原因，是李德等一再地拒绝毛泽东等同志的正确意见，否定了他们和广大群众在长期斗争中共同创造并行之有效的实际经验，少数人甚至个别人实行脱离实际的瞎指挥。

王稼祥最后指出：事实证明，中国的红军和中国的革命战争，应该也必须由毛泽东这样的有实际经验的中国革命家来领导才能取得胜利。最后他郑重建议：立即改组中央的军事指挥机构，取消李德和博古同志的军事指挥权。

紧接着，周恩来、朱德、彭德怀、刘少奇、李富春等同志在会上发言，大多批评"左"倾冒险主义的错误领导，明确表示拥护毛泽东的领导。

会议留下的陈云关于《遵义政治局扩大会议传达提纲》显示，"扩大会议中恩来同志及其他同志完全同意洛甫（即张闻天——引者注）及毛王的提纲和意见，博古同志没有完全彻底的承认自己的错误，凯丰同志不同意毛张王的意见，A（即李德——引者注）同志完全坚决的不同意对他的批评。"①

陈云当年所作的这段权威性的评述，十分清楚地说明，张

---

① 《陈云文选》第一卷，人民出版社1995年版，第43页。

闻天代表毛泽东、王稼祥所作的反报告和毛泽东、王稼祥的发言，得到了除博古、李德、凯丰之外的其他同志的完全赞同，于是会议以毛、张、王三人的发言为基调，作出一系列决议：

一、对第五次反"围剿"以来军事指挥上的错误作出了结论。扩大会议认为，博古的总结报告"基本上是不正确的"，而我们在第五次反"围剿"斗争中没能胜利，"最主要的原因，由于我们在军事指挥上战略战术上基本是错误的"而导致军事指挥错误的原因，是"右倾机会主义的单纯防御路线"。表现在作战指挥上，一是"拒绝运动战与在敌人的侧翼的活动"；二是"企图以赤色堡垒的消耗战来保卫苏区"；三是"敌人分六路进攻，我们也分兵抵御。这样就不仅居于被动地位，而且使我们主力不集中，各个战线上力量薄弱而处处受敌打击"。

扩大会议指出，"军事上领导错误是 A、博、周三同志，而 A、博两同志是要负主要责任的。"

二、会议决定改组中央领导机构。取消"三人团"和博古、李德的军事指挥权，仍由最高军事首长朱德、周恩来为军事指挥者，而周恩来是党内委托的对于指挥军事上下最后决心的负责者；增选毛泽东为政治局常委，以"泽东同志为恩来同志的军事指挥上的帮助者。"

三、指定张闻天起草遵义会议决议，委托常委审查后，发到支部中去讨论。这项授权实际上明确了将由张闻天接替博古，负起中央总的责任。

遵义会议是中国共产党第一次在没有共产国际的干预下，独立自主地决定自己的命运，实际上确定了毛泽东在党和红军中的领导地位，自此，以毛泽东为代表的正确路线开始主导全党。他领导党和（中央）红军经过四渡赤水、巧渡金沙江、转战云贵、飞越六盘山，战胜张国焘的分裂主义，1935年10月19日胜利到达陕甘根据地吴起镇，完成了两万五千里长征，终于战胜了王明"左"倾教条主义给党和红军带来的又一次危机。

第四章

蒋介石成为"阶下囚"
周恩来赴西安和平解决
事变

西安事变爆发后，在民族危亡的关键时刻，周恩来根据党中央的既定方针，前往西安，在极端复杂而艰难的环境中推动西安事变和平解决，促成了国共合作、团结抗日的新局面。

——胡锦涛[①]

兵谏扣蒋，南京大乱，西安城风雨欲来

1936年12月12日清晨5点多钟，从南京飞来西安指挥东北军、西北军进行第六次"围剿"红军的国民党中央常务委

[①] 胡锦涛：《在纪念周恩来同志诞辰110周年座谈会上的讲话》，新华社2008年2月29日电。

员会副主席、军事委员会委员长、行政院长兼西北"剿总"总司令蒋介石，正在西安临潼华清池临时行辕里熟睡。

为了安全，蒋介石在这里部署了中央宪兵第二团的40多名宪兵和张学良卫队一营的官兵。在他住的内院"五间厅"的第3号房子外设有三道警戒线，第一道警戒线设在外院一道门，由中央宪兵第二团和张学良卫队负责；第二道警戒线，设在内院二道门；第三道警戒线设在蒋介石下榻的"五间厅"，由蒋介石的亲信侍卫把守。

朦胧的天色下，一队全副武装的部队悄悄地包围了这所神秘行辕。院内的卫兵听到响声，立刻鸣枪示警，战斗迅即从这所行辕的外围打响。进攻部队发起突击，击毙了守卫在第一道门的宪兵。当冲入二道门时，从"五间厅"方向射来密集的火力顽强抵抗，正面前行的道路被堵死，他们只得改换方向，沿着假山小道直上。

这时，从蒋介石的卧室闪现出一老一少两个身影，并有几名便衣紧随其后。他们越过五间厅后面的围墙逃向骊山。

一个小时后，在进攻部队的搜山行动中，逃向骊山的这位老者——蒋介石，被张学良的部队生擒了。

与蒋介石同时被捕的还有在西安的南京军政大员：陈诚、蒋鼎文、卫立煌、朱绍良、陈调元、陈继承、万耀煌、蒋作宾、邵元冲、蒋百里等 10 多人，以及他们的家眷、随从、卫士。

这就是震惊中外的西安事变。

西安事变是蒋介石逼张"剿共"的结果。

自 1927 年蒋介石发动四一二反革命政变，建都南京，成为国民党和国民政府最高领导人之后，在蒋介石看来，威胁他的政权的有两个敌人：一是日本，日军的侵华战争，使大片国土沦落敌手，脱离蒋介石的政权；二是中国共产党，这个集中了大批中国优秀知识分子和革命人民的年轻政党，不但快速发展壮大，而且建立了一个又一个与蒋介石政权相抗衡的根据地。为消除这两个心腹之患，蒋介石制定了"攘外必先安内"的方针。1931 年 7 月 23 日，他在《告全国一致安内攘外》中说："惟攘外必先安内……如无粤中叛变，则朝鲜惨案，必无由而生，法权收回问题亦早已解决，不平等条约，取消自无疑义。故不先消灭赤匪，恢复民族之元气，则不能御侮；不先削平粤逆，完成国家之统一，则不能攘外。"[1]

蒋介石认为，抗御日本侵略乃是手足捍卫头脑，"围剿"红军则是拔出"心腹疽毒"。按照他的理解，日本虽然掠我国

---

[1] 王相坤著：《1936：历史在这里拐弯——西安事变始末纪实》，华文出版社 2007 年版，第 44 页。

土，杀我子民，但他还可以卖国求荣，苟且偷生的继续掌权，而共产党就不同了，共产党的目标是要推翻国民党蒋介石的统治的，因此，共产党才是蒋氏政权的最大威胁。蒋介石公开说：中国亡于帝国主义，我们还能当亡国奴，尚可苟延残喘；若亡于共产党，则纵肯为奴隶而不得。一言以蔽之，蒋介石制定政策，考虑的不是民族的兴衰、国家的利益，而是怎样保住自己的权位，延续其统治。

这种在民族危亡关头，不思抗日、热衷于打内战的做法，受到全国各界包括国民党及其政府、军队内部的普遍反对，终于在1936年发生了影响很大的两广事变。6月间，广东的陈济棠和广西的李宗仁、白崇禧等在广州召开会议，发表通电，成立军事委员会和抗日救国军，宣布要北上抗日反蒋。抗日反蒋的大旗一打出，很快把国民党内主张抗日的地方实力派团结起来，7月底，李济深、蔡廷锴、翁照垣、胡鄂公等相继来到广西。全国抗日组织救国会的杨东莼、何思敬，第三党的章伯钧以及国内各界名流邓初民、彭泽湘、刘芦隐等也应邀来桂。在"抗日图存"的口号下，桂省军民普遍发动起来，民团、学生大都动员起来，老百姓也纷纷订立了《抗日公约》，被激起来的民众热情持续高涨。

蒋介石依仗军权在握，企图使用武力，但国民党军队内部出现了反对对桂用兵的声音，驻扎在西北的东北军、西北军"已呈不稳"；四川刘湘、山东韩复榘、云南龙云等对"伐桂"态度暧昧。蒋介石不得不考虑改用和平手段，虽然这场危机后来得以化解，没有闹出大的乱子，但蒋介石也付出了代价，他以答应抗日为条件，换得李宗仁、白崇禧"通电服从中央领导"的承诺。两广事变的发生，使蒋介石逐渐认识到，中日民族矛盾已经成为中国社会的主要矛盾，如果继续对不断扩大的抗日诉求置之不理，将会导致国民党更大的分裂。于是，蒋介石开始调整"攘外必先安内"的政策，变对日不抵抗为准备抵抗。

这时，红军第二、第四方面军北上到达甘肃省会宁地区，至此，第一、第二、第四方面军三大主力红军会师陕北，从而结束了历时两年的全国红军的战略大转移——长征。

蒋介石看到，会合于陕甘宁边区的三大主力红军，经过长征人数减少到3万人，力量有限，这是消灭红军，取消革命根据地的极好机会。他打算在抗日前解决共产党的问题，于是，就在三大主力红军会师的十几天后，蒋介石偕宋美龄自南京飞抵西安，部署东北军、西北军对红军作战。

张学良率领的几十万东北军，是带着国仇家恨而离开东北进入关内的。当年，日本关东军制造皇姑屯事件，使张学良之父、东北军主帅张作霖命丧黄泉,这个"家仇"张学良发誓此生必报;1931年日军制造"九一八"事变,开始了长达14年的侵华战争,张学良在蒋介石一纸"力避冲突、以免事态扩大"的电令下,任日军长驱直入,被国人痛骂为"不抵抗将军",是为"国恨"。张学良之所以忍辱负重,是坚信终有一天能够亲率东北军奔赴抗日战场,打回东北老家。但是,蒋介石告诉他必须先消灭共产党。军人出身的少帅张学良,起初并没有在"是先抗日再对付共产党,还是先消灭共产党再抗日"的次序上多考虑,他考虑较多的是,在蒋介石"攘外必先安内"的国策下,先打共产党就必须做到以较少伤亡而取胜,如果实力不保,将来抗日则无本钱。于是,在1935年9月至11月间,张学良组织了进攻红军的三场战役,结果悉数皆败。第一场作战,使王以哲的一一〇师大部被徐海东指挥的红二十五军歼于甘泉,其师师长、参谋长毙命,两个团长一死一俘,3700人被俘;第二场作战,使东北军的主力之一一〇七师被红军全歼,还把王以哲的六十七军分割在洛川、甘泉、肤施三地;第三场作战,使董英斌的五十七军一〇九师在直罗镇被红军全歼。

与红军作战的三次惨败教育了张学良。张学良开始认识到,再继续"剿共",东北军就有全军覆没的危险,要抗日复土，必须另谋出路。此后，张学良开始与中共接触，共商联合抗日的问题，并于1936年9月实现了与周恩来的首次会晤。

在"剿共"问题上"急刹车"以后，张学良只有劝说蒋介石放弃"剿共"，举兵抗日。为说服蒋介石，张学良进行了一次又一次苦谏、哭谏，都未能动摇蒋介石的"剿共"决心，而蒋介石也逐渐对张学良失去信心，作好了撤换张学良、杨虎城职务的各项准备，并于12月11日晚宣布：蒋鼎文为西北剿匪军前敌总司令、卫立煌为晋陕绥宁边区总指挥等。忍无可忍的张学良、杨虎城终于发动了兵谏。

12月12日上午8时，张学良向外界发布了扣蒋的消息。由张学良、杨虎城领衔，张学良、杨虎城、朱绍良、马占山、于学忠、陈诚、邵力子、蒋鼎文、陈调元、卫立煌、钱大钧、何柱国、冯钦哉、孙蔚如、陈继承、王以哲、万耀煌、董英斌、缪澂流等共同提出的抗日救国八大主张的《通电》，发向国民党中央执委会、各省当局和各新闻机构。《通电》主张：

一、改组南京政府，容纳各党各派共同负责救国。

二、停止一切内战。

三、立即释放上海被捕之爱国领袖。

四、释放全国一切政治犯。

五、开放民众爱国运动。

六、保障人民集会结社一切政治自由。

七、确实遵行总理遗嘱。

八、立即召开救国会议。①

4个小时后,南京政府军政部长何应钦最先得知此讯。他首先请来了考试院院长戴季陶、国民党中央政治委员会委员吴稚晖、军政部次长熊斌,一起商讨对策。

午夜11时半,国民党中央常务委员会和政治委员会召开紧急联席会议,研究如何对事变作出反应。与会者的态度集中在两个问题上:一是立即派兵讨伐西安;二是主张不要匆忙作出惩罚张、杨的决定。两种意见互不相让,最后,讨伐派占据上风,于是,会议决定由何应钦负责指挥调动军队讨伐西安。

得到授权后,何应钦连夜拟定了组织东路军和西路军等两路大军,从东西两面进攻西安的军事计划。部署如下:

一、东路军由豫皖绥靖主任刘峙坐镇开封,潼关前线由徐庭瑶任总指挥。

正面由樊崧甫的七十九师、董钊的二十八师、阮肇昌的五

---

① 西安《解放日报》,1936年12月13日。

十七师、宋希濂的三十六师、桂永清的中央军校教导总队等部队沿陇海路两侧进攻。

右翼由陈沛的六十师、陈杰安的七十九师、黄杰的税警总团、冯钦哉的四十二师等部队迅速开进。

左翼由李默庵指挥第十师和八十三师从商洛向蓝田前进。

第二师、二十三师为东路总预备队，集结潼关附近。

二、西路军由胡宗南指挥他的第一军、曾万钟的第三军、毛炳文的三十七军、关麟征的二十五师、李及兰的四十九师、王耀武的五十一师等共约11个师，由甘宁边南下，向天水、宝鸡前进；驻宁夏的关麟征部、驻兰州以东的毛炳文部等向甘肃平凉、固原跟进；王耀武、李及兰两师由汉中出子午谷，进击西安以南。

三、空军集中洛阳，轰炸西安，协助东路正面部队作战。

何应钦在部署军事的同时，对取代蒋介石的政治格局亦作出安排。他计划由汪精卫领导党务工作，并任行政院长；张群任行政院副院长，孙科任立法院长，于右任任监察院长，宋子文任财政部长，白崇禧任军政部长，林森留任国府主席；何应钦任军事委员会委员长。

蒋介石在西安被扣时，蒋系一派的主要人物均不在南京，孔祥熙、宋美龄在上海治病，宋子文正在从香港返回的途中。蒋所器重的将领多数随蒋在西安被扣。

宋美龄得知其夫被困于西安的消息，当场昏厥过去。13日清晨7点多钟，孔祥熙、宋美龄和端纳回到南京。她当即表示，不赞成联席会议对张学良的处置和武力讨伐西安的决定。她认为，"中央诸要人于真相未全明了之前，遽于数小时内决定张学良之处罚，余殊觉其措置太骤，而军事方面，复以此时以立即动员军队讨伐西安……余更不能不臆断其为非健全之行动。"于是，她"立下决心，愿竭我全力，以求不流血的和平与迅速之解决。"

讨伐西安的决定，在国民党内部引起了不同反应。四川省政府主席兼"剿匪"总司令刘湘、绥远省政府主席傅作义、山东省政府主席韩复榘、新疆军阀盛世才这时表示支持张学良、杨虎城发动西安事变；广西桂系的李宗仁和白崇禧、福建的李济深则反对动武，主张和平解决事变；事变前张学良寄予很大期望的山西省政府主席阎锡山、冀察政务委员会委员长兼冀察绥绥靖主任宋哲元则支持政府的主张。

国际上，美、苏、英、日等国也展开了角逐。美、苏、英支持和平营救蒋介石的努力，日本则希望何应钦讨伐西安，引发新内战，其从中渔利。

此时，南京政府内部围绕如何解救蒋介石乱成了一锅粥。

应邀赴西安，协调各方，定下和平处变方针

张学良在西安事变发生后的第一时间向中共中央通报了扣蒋成功的信息。1936年12月12日《张学良致中共中央电》指出："蒋之反革命面目已毕现，吾等为中华民族及抗日前途利益计，不顾一切，今已将蒋及重要将领陈诚、朱绍良、蒋鼎文、卫立煌等扣留，迫其释放爱国分子，改组南京政府。兄等有何高见，速复，并望红军全部速集于环县，以便共同行动，以防敌北进。弟毅文寅。"稍后，张学良、杨虎城联名电邀中共中央派人来西安共商大计。

中共中央于12月12日上午8时许收到了张学良的电报。此时，习惯于夜里工作的毛泽东还在睡梦之中。中共中央军委机要科译电员朱志良将中共派驻东北军联络代表刘鼎，从西安接连发回的几份关于张、杨扣蒋的秘密电报译出后，交给该科科长、毛泽东的秘书叶子龙。叶迅即到毛泽东住所将毛叫醒，把几份译电稿呈送给毛泽东。毛泽东看完电报后不久，中央其他领导人，周恩来、张闻天、博古、朱德、张国焘等，应邀陆

续来到毛泽东的窑洞,传阅电报内容,商量研讨对策。

这时,中共中央包括根据地的军民第一反应都是:罢免蒋介石,交付国人审判。

是啊,蒋介石1927年公开背叛革命以后,疯狂推行法西斯独裁统治和反共政策,整整打了10年内战,屠杀了数不清的共产党人和革命人民,给我们党造成了多大损失;九一八事变后,蒋介石的对日不抵抗政策,又使我们大片国土沦入敌手,中华民族面临着亡国的危险。如今,抓住了蒋介石,这是多么一件大快人心的事啊!

事实上,西安事变的发生,也潜藏着一场危机。事变发生后,国民党军几十个师的部队迅速向西安集结,军政部长何应钦很快作出讨伐西安的部署。而此时经过两万五千里长征胜利会师的工农红军大都聚集在陕北一带。如果西安事变处理不好,爆发新的内战,那么刚刚冲出国民党军封锁的红军,有可能陷入新的包围。

要化危机为良机,制定正确的我党对西安事变的方针十分重要。13日凌晨,中共中央召开政治局常委扩大会议,研究我党对于西安事变的方针。出席会议的有张闻天、毛泽东、周恩来、博古、朱德、凯丰、张国焘、林彪等。会议由党的总负责人张闻天主持,中央军委主席、负责对国民党做统战工作的毛泽东首先提出报告，然后进行讨论，最后再作出结论。

毛泽东在发言中提出了一个必须首先回答的问题，即中共以什么态度对待西安事变。他说："这次事变是革命的，是抗日反卖国贼的，它的行动，它的纲领，都有积极的意义。它没有任何帝国主义背景，完全是站在抗日和反对'剿匪'的立场上。因而，中国共产党对事变是应该拥护的。"

关于这次事变对蒋介石的影响毛泽东也进行了分析。他说：这一事变的影响很大，打破了以前完全被蒋介石控制的局面，有可能使他部下分化转到西安方面来，同时也要估计到他的嫡系胡宗南、刘峙等进攻潼关。毛泽东最初的设想是："以西安为中心来领导全国，影响全国，召集救国大会，成立实质上是政府、名义上叫做抗日援绥委员会的机构。"[①] 他还"要求罢免蒋介石，交人民公审"，[②]这是西安事变发生后中共中央最初的反应。

这一天，毛泽东、周恩来致电张学良，对事变后防止南京政府对西安动武提出意见，同时通报中共中央决定派周恩来即

[①] 《毛泽东年谱（1893～1949）》上卷，中央文献出版社1993年版，第621页。

[②] 《挽危救亡的史诗——西安事变》，广西师范大学出版社1994年版，第264～265页。

赴西安，协助处理事变。12月15日，周恩来率罗瑞卿等18人离开保安于17日晚到达西安。

在周恩来离开保安的这段时间，国际国内形势围绕西安事变出现了许多新情况新变化。

（1）南京方面孔祥熙接受宋美龄建议，召集高级会议，决定在"讨伐"之前先进行和平营救蒋介石。原张学良的顾问、现服务于蒋介石的端纳由南京飞抵西安，在张学良陪同下会见蒋介石，劝蒋介石接受停止内战，一致抗日的主张。蒋为求得恢复自由，态度已由强硬转取调和。

（2）12月16日，南京下达讨伐令。南京亲日派目的在造成内战，不在救蒋，宋美龄函蒋"宁抗日勿死敌手"（指何应钦、汪精卫）。

（3）一度积极支持张、杨的国民党左派爱国人士宋庆龄，此时改变态度。事变当天，南京政府曾派人与宋庆龄会面，要求宋在谴责张学良逮捕蒋介石的声明上签字，宋庆龄不仅没有签字，还说："张学良做得对，如果我处在他的地位，我也会这样做，只是我会做得更甚于此。"

（4）周恩来向中共中央报告说，张学良并没有杀蒋的想法。张学良多次告诉周恩来："只要蒋介石答应我们抗日，还继续拥护他做领袖。"

（5）日本外相声言，南京若与张、杨妥协，日本将不能坐视。日本关东军发表声明，要求南京"反共防共"。

鉴于客观形势的变化，毛泽东经过反复考虑，决定改变原来"审蒋"的主张，倡导有条件地"释蒋"，和平解决西安事变。12月16日，毛泽东致电阎锡山，首次提出"时局应和平解决，万不宜再起内战，自速覆亡"的主张，并请阎锡山"周旋宁、陕之间，先停军事行动，再议时局善后。"

19日，中共中央召开扩大会议，系统讨论和平解决西安事变的方针，确定党的策略是：和平调停，使内战结束。毛泽东提出，我们应采取"两手"的办法，争取和帮助西安方面，一手是"反对内战，要求和平"，另一手是"把阵线整理好，打击讨伐派"。毛泽东还改变了此前要"审蒋"的主张，他说：对蒋介石处置有上、中、下三策："杀"是下策，"不杀不放是中策"，"放"则是上策。中央的方针是采取"放"这个上策。

赴西安肩负协助张学良、杨虎城应对危局使命的周恩来，认真贯彻了党中央这一和平处变方针。

首先，与张学良在和平处理西安事变上达成共识。

17日夜，周恩来与张学良彻夜长谈。张学良首先通报了西安事变发生6天来各方面的情况，特别是蒋介石被扣后的表现、南京的动态及国际国内的反应。然后，张学良说：争取蒋介石抗日，现在最有可能。只要蒋答应停止内战，一致抗日，应该放蒋，并拥护他继续做全国抗日的领袖。

张学良的态度与中共中央的主张不谋而合，周恩来听后立即表示赞成。周恩来说：西安事变是一件震惊中外的大事。现在的蒋介石，既不同于十月革命后被捉住的沙皇尼古拉二世，也不同于滑铁卢战役后被捉住的拿破仑——前者是革命胜利的结果，后者是军事失利的必然。这次所不同的是，依靠张、杨两位将军的抗日热忱和牺牲精神，以武装要求的方式捉住了蒋介石。他本人被捉了，但他的军事实力并没有受到任何损失。所以在这种条件下如何处理蒋介石，就要非常谨慎。

周恩来分析了对蒋介石的不同处置，可以导致事变有两种截然不同的前途：如果能说服蒋介石停止内战，一致抗日，就会使中国免于被日寇灭亡，争取一个好的前途；如果宣布他的罪状，交付人民审判，并在最后把他杀掉，不仅不能停止内战，而且还会给日本帝国主义造成进一步灭亡中国的便利条件。历史的责任要求我们争取中国走一个更好的前途，这就要力争说服蒋介石，只要他答应停止内战、一致抗日的条件，就释放他回去。

张学良非常赞赏周恩来的分析。虽然他本人在东北军中是主张释放蒋介石的，但他的释蒋基础是出于一种义气，是一种退路罢了，而没有周恩来想得那样深刻和富于远见。他充满感激地对周恩来说："说心里话，我张学良对您和毛先生的意见一直是尊重的，'兵谏'是天大的事，你们中共都主张和平解决，我张学良还有什么话可说呢！""有了共产党的支持，我发动'兵谏'的初衷也就一定能够实现……共产党是站在国家和民族的利益上，为未来考虑的。"

其次，争取杨虎城的支持。

西安事变是由张、杨两将军共同发起的，怎样解决事变，杨虎城的态度也很重要。杨虎城坚决主张联共、反蒋和抗日。这一态度与张学良的主张显然是有距离的。事变之后，张学良向他谈及放蒋的问题时，他虽然没有反对，但心中总是有疑虑的，一是怀疑蒋介石是不是会抗日，二是担心放蒋后遭到蒋的打击报复。张学良了解杨虎城的这一想法，他希望周恩来能够说服杨虎城。

18日上午，周恩来亲往九府街芷园拜访杨虎城。周恩来先把前一天与张学良会谈的情况向杨作了介绍。杨虎城听了，很感意外。他一直认为，自1927年以来，蒋介石搞了十年"剿共"内战，双手沾满共产党人鲜血，共产党与蒋介石有着不共戴天的血海深仇，现在捉到了蒋介石，别人或许能够饶过蒋，共产党却绝对不会饶过蒋。而今，共产党为何采取此种态度呢？

他很想知道中共为何也同意放蒋？实际上中共从"审蒋"到有条件"放蒋"的政策转变，已经说明：中共考虑的不是中共一党之利，而是民族大义，为了促成全民抗日的实现，共产党可以不计前嫌、"党恨"，愿意团结蒋介石一道抗日。

中国共产党为了中华民族的解放事业而不计本党利益得失的广阔胸怀，令杨虎城动容，他也向周恩来袒露心迹，说道："蒋介石这个人……在这十多年的军阀混战中，所有的军阀包括我在内，都拧不过他，斗不过他。贵党和他是敌对党，长期分庭抗礼，地位上是平等的，可以和他平起平坐，要打就打，不打则罢。可我和张副司令是他的部下，轻易地把他放了，他一旦失信，一旦翻脸，我们的处境就很危险。"

周恩来对杨虎城的顾虑深表理解，他说："我要是处在杨先生这个位置，也会这么想的。不过，说到蒋介石守不守信用，我认为信义问题在目前关系着蒋介石个人的政治生命，他倘若失信，更便于我们向全国人民揭露他，他在道义上必然是一败涂地。可话又说回来，蒋介石现在还是中国的实际统治者，他不但统治着全国大部分地区，而且还掌握着全国大部分的武装力量……在这种情况下无论是提'反蒋'口号或者把他杀掉，都不利于发动全面的抗日民族解放战争。"

周恩来又说："今天，不只是全国各阶层人民一致呼吁，逼迫蒋介石抗日，国际反法西斯阵线也在争取他抗日，就连英、美等国也不得不从自身的利益考虑，促使他遏制日本独占中国，蒋介石现在的处境是抗日则生，不抗日则死。因此，借着他被捉的机会，逼迫他改变对内压迫、对外妥协的政策，参加抗日的可能性是存在的。如果能够这样，总比杀了他而引起一场大规模内战对国家、对民族有利得多。至于蒋介石会不会报复，这也不完全取决蒋介石个人，只要东北军、十七路军和红军三方面团结一致，进而团结全国人民，形成强大的力量，老蒋就是想报复，也报复不了。当然，我们放蒋是有条件的，否则也不能轻易放他走。"

这时，杨虎城如释重负。他对周恩来说："你们共产党置血海深仇于不计，以国家民族利益为重，我杨某人还有什么顾虑呢?！我完全赞成你的放蒋是有条件的，决不能轻易放他走的提法。""我是追随张副司令而扣蒋，现在更愿意倾听和尊重中共方面的意见。既然张副司令同中共一致，我无不乐从。"

杨虎城的此番表示，改变了他在此前对处置蒋介石问题上的态度，从而使张、杨和中共对于和平解决西安事变达成一致。

再次，努力促成南京方面由武力讨伐变为和平处变。

在周恩来到达西安的前一天，南京政府召开国民党中央政治会议第30次会议，讨论处置西安事变问题。会上，"讨伐派"人多势众，何应钦等人一致主战、主快，主张一直围到西安城下。主和派冯玉祥、孔祥熙虽然人少，但此前蒋介石的顾问端纳亲赴西安，面会蒋介石和张、杨，已了解西安事变真相，他在返回途中打电话将"委员长并未受苛刻待遇，张学良没有杀蒋的想法，并表示决随委员长入京"的消息告诉了宋美龄。这一消息帮助主和派赢得了一定支持，于是，两派达成妥协，决定采取"军事政治，同时并举"的策略，通过了3项决议：一、推何应钦为讨逆军总司令，迅速指挥中央军进攻西安。二、由国民政府下令"讨伐"张、杨。三、推于右任为"西北宣慰使"，北上进行孤立张、杨的分化瓦解活动。

会后，何应钦共调动了十几个师的兵力，正面沿陇海路两侧，进攻西安。侧面分别由潼关开进商洛，夺取蓝田；由天水向宝鸡、凤翔推进；由宁夏吴忠市向固原、平凉一带移动。总预备队在潼关附近集结。为配合陆军行动，何应钦命令空军从洛阳机场起飞，轰炸西安。

面对如此严峻的军事形势，宋美龄急令端纳再次飞往西安，请蒋介石下令停止进攻和轰炸西安。此时，蒋介石也害怕了，求生的本能促使他于17日上午9时给何应钦写下如下命令：

> 敬之吾兄：闻昨日空军在渭南轰炸，望即令停止。以近情观察，中正于本星期六日以前可以回京。故星期六日以前，万不可冲突，并即停止轰炸为要。顺颂戎祉。中正手启。①

这一手令使主和派受到鼓舞，它传出的信息是蒋介石也反对动武。同时又给和平谈判争得了宝贵的3天时间。于是，主和派加快行动，决定派宋美龄之兄宋子文担任和平使者再赴西安。宋家的这个意见得到19日下午召开的由何应钦、居正、孙科、叶楚伧、宋子文、王宠惠、宋美龄等人参加的会议的确认。这次会议作出了两项决定：一、准宋子文以私人身份即日飞赴西安，营救"蒋公"；二、准许至12月22日暂行停止轰炸，但张杨部队在此间不得向南移动，此为最后之容忍。

这个结果说明，和平处理西安事变在南京也逐渐取得共识。为了促成南京政府坚定和平处理西安事变的决心，17日

---

① 《挽危救亡的史诗——西安事变》，广西师范大学出版社1994年版，第258页。

晚,周恩来即与张学良商定了同南京政府进行和平谈判的五项条件:"一、停止内战,中央军全部开出潼关。二、下令全国援绥抗战。三、宋子文负责成立南京过渡政府,肃清一切亲日派。四、成立抗日联军。五、释放政治犯,实现民主,武装群众,开救国会议,先在西安开筹备会。"[①] 这五项条件得到毛泽东的赞同。

宋子文一行于20日上午飞抵西安。

他首先向张学良了解了西安事变的意图和事变后的一些情况。张学良明确地向宋声明:东北军、十七路军和红军已经决定了采取和平解决的方针,只要蒋介石答应"双十二"通电所要求的八项主张,三方面一致同意放蒋归京。张学良还告诉宋子文,西安方面已经拟好与南京谈判的条件,希望宋劝说蒋介石停止内战、团结抗日。

之后,宋子文又了解了杨虎城的十七路军和中共的态度。杨虎城转达口信说:"兵谏只是要停止内战,领导抗日,不会杀害他的。"周恩来明确表示中共力主和平解决西安事变。在同蒋介石晤谈之后,宋子文对西安局势作出了如下判断:

[①] 《周恩来传 1898—1949》,中央文献出版社、人民出版社 1989 年版,第 331 页。

一、此次运动不仅系由张、杨二人所发动，而且亦得到全体官兵上下一致之支持。张、杨至为团结，南京方面许多人计划并希望彼二人分裂，此不仅不可能，且充满严重危险。

二、张、杨与中共两方军队联合一起，将成一令人生畏之集团，以现有之兵力，加之有利之地形，在目标一致之条件下，他们完全可固守战场数月。

三、中共已毫无保留地将其命运与张、杨维系在一起。

这一判断，使得对西安动武的可能性大为减弱，而和平解决的可能性加大了。于是，宋子文在西安仅逗留一天，即于21日中午提前返回南京，筹划实施和平营救计划。

群雄纷起，斗智斗勇，抗日放蒋协议终于敲定

在西安方面、中共、南京政府就和平解决西安事变达成共识后，如何才能达成各方均能接受的协议提上了日程。

12月20日，共产国际致电中共中央，提出了中共应坚守的基本条件。电文说："中国共产党在下列条件基础上，坚决主张用和平方法解决这一冲突。一、用吸收几个反日运动的代表即赞成中国统一和独立的分子参加政府的方法来改组政府。二、保障人民的民主权利。三、停止消灭红军政策，并与红军联合抗日。四、与同情中国人民反抗日本进攻的国家建立合作关系……"[①]

21日，中共中央书记处致电周恩来，以共产国际给中共中央指示电提出的4项条件为基础，提出了中共的六项和平条件。

这时，南京政府把和平救蒋的权力授予宋美龄、宋子文、

[①]《毛泽东传1893－1949》，中央文献出版社1996年版，第420页。

戴笠等。在南京召开的高级会议上，宋子文汇报了西安之行的情况，提出和平解决事变的设想。宋美龄赞同宋子文的建议，她认为：最危机的一关已经渡过，现在是她涉足于对立双方进行调解的时候了。宋美龄说道：西安事变发生以来，其形势，譬如造屋，端纳的西安之行为造屋打下了地基，宋子文的西安之行垒起了墙壁，现在需要我的西安之行，为这座新屋上梁盖顶，完成最后一道工序，这是我无可旁贷的责任。会议采纳宋子文的建议，决定于12月22日，由宋美龄携宋子文、蒋鼎文、端纳、戴笠赴西安与张学良等进行谈判。期限还是3天。

宋美龄一行分乘两架飞机于22日上午飞赴洛阳，之后转飞西安。在洛阳机场，亲眼看到轰炸机群罗列停放，战斗部队整装待发，宋美龄心中无形笼罩着战争的阴云。她单独召见了驻洛阳的中央军将领，命令陆军停止向西安进攻，坚嘱洛阳空军司令毛邦初："未得委员长命令，切勿派飞机飞近西安。"

下午3时，座机飞抵西安上空。停机后，张学良首先登上飞机迎接。此时，南京参加谈判的人马悉数到齐。宋美龄走在前面，为了抵御蒙古刮来的寒风，她从头到脚穿戴得严严实实，只露出两只大而明亮的眼睛。宋子文头戴一顶有帽耳的黑色熊皮帽子，胖乎乎的脸上充满了倦意。在他旁边，站着满头灰发，神情忧郁的端纳。其后是穿着讲究、令人生畏的戴笠。

在谈判代表后面，跟着一批侍卫官，他们手提着大小不一的皮箱。最后走下飞机的两个人是宋美龄的女仆和厨师。

宋美龄到张公馆稍作休息，即来到近在咫尺的玄风桥高桂滋公馆见蒋。宋美龄给蒋介石带来了大批食物、用品和一副假牙，还带来一个服侍他的女佣蔡妈。宋美龄的突然出现，使蒋介石颇感意外。几句短短的开场白过后，其他人皆退出，蒋介石、宋美龄和宋子文的谈话转入了此行的主题。

他们认真讨论了如何与西安方面谈判。蒋介石说："对日抗战我口头上已经答应，明天他们也一定召集会议，你们在会议中算是见证人好了。"接着，蒋介石又问宋子文："据你看，明天我们答应了这些，还有没有问题？"宋子文答："我想不会有。"

"那好。"蒋介石说："我们首先讨论一下，如果他们有条件，我们该答应到什么程度？"

在接下来的讨论中，蒋介石提出了两点：一是不对西安方面妥协，也不让宋美龄勉强地妥协；二是不能留下任何文字的东西。还强调宁可以身殉国。宋美龄尽力使他镇静下来，向他介绍了外面的各种反应。劝他："不应轻言殉国，你的责任是完成革命以救国，你更应该珍惜你的生命。希望你要想得开，上帝常伴我们左右。我这次来，是为了和你一起分担苦厄；上帝愿我们死，死而无悔；若上帝愿我们生，我们应当保持好生命。"

宋美龄还谈了对张学良的看法。她劝蒋克制自己的感情："我感觉汉卿他们已经萌生了悔过的意思，倘若处理得宜，或许可以很快得到解决。我们目前应该尽力克制自己，应该忍耐。"

蒋介石接受了夫人的劝说，他表示："改组政府，3个月后开救国会议，改组国民党，联俄联共。"蒋介石还对谈判提出了两个条件：一、他本人不出头，由宋美龄、宋子文代表他谈判；二、商定的条件，他以"领袖的人格"作保证，而不作任何书面签字。[①]

12月23日，备受国际国内关注的历史性的谈判正式开始了。

地点：西安金家巷张公馆西楼二层。

参加人员：

张学良：西安事变发动方的代表（南京国民政府军事委员会委员、西北"剿总"副总司令、西安事变的主角）

杨虎城：西安事变发动方的代表（国民政府军第十七路

[①]《周恩来传1898-1949》中央文献出版社1989年版，第336页。

军军长、西安绥靖公署主任、西安事变的领导者之一）

周恩来：中国共产党的代表（中央革命军事委员会副主席）

当天上午的谈判是分头进行的，先由宋子文与张、杨两人谈；然后张学良陪同宋子文与周恩来谈。

首先进行的宋子文与张、杨的谈判，在八项主张的基础上，张、杨提出了四项条件：一、改组国府，采纳抗日分子。二、废除塘沽何梅察北协定。三、发动抗日运动。四、释放被捕7人。这四项条件实际上是对此前张、杨、周三方共同商议的五项条件的浓缩。为保证上述条款的落实，张、杨建议：由蒋介石出面，即刻在西安召集由朝野各界官员名流出席的大会，这些人应包括：陈果夫、李宗仁、白崇禧、李济深、冯玉祥、宋庆龄、韩复榘、宋哲元、刘湘、宋子文、张学良等。俟大会作出决议，蒋介石可离开西安。也可以作另一种选择，即大会在太原召开，但在此期间蒋介石要留在西安。

宋子文对张、杨所提条件"甚感失望"，他与戴笠、蒋鼎文讨论后提出了如下"反建议"：一、不召开名流与政府官员参加之大会。二、改组政府，排除亲日派。三、释放在上海被捕之7人。四、强力保护国家利益之政府一旦组成，中日战争将很快爆发，只要战争爆发，将自动废除塘沽何梅察北协定。

蒋介石批准宋子文的"反建议",并令宋、张一道与周恩来谈:"主要听周(恩来)讲。"然后再与夫人商量。

随后,宋子文与周恩来进行了谈判。周代表中共提出了和平解决西安事变的六项主张:一、双方停止内战,中央军撤至潼关以东;二、改组南京政府,肃清亲日派,加入抗日分子;三、释放政治犯,保障民主权利;四、停止"剿共",联合红军抗日,共产党公开活动(红军保存独立组织领导,在召开民主国会前,苏区仍旧,名称可冠抗日或救国字样);五、召开各党各派各界各军救国会议;六、与同情抗日的国家合作。①

周恩来这六项主张,是对此前中共中央电报精神的概括和浓缩,贯彻了共产国际的指示精神,同时得到张学良、杨虎城的赞同,并认为应以此作为进一步谈判的基础。宋子文亦表示:他个人完全同意周恩来的意见,但需要呈报蒋介石。当天下午,三方围绕周恩来提出的6项主张,就组织过渡政府、释放"七君子"爱国领袖、放蒋等问题进行讨论。

宋子文首先提出:(一)先组织过渡政府,3个月后再改造成抗日政府。目前先将何应钦、张群、张嘉璈、蒋鼎文、吴鼎昌、陈绍宽赶走。推荐孔祥熙为行政院院长,宋子文为副院

---

① 《西安事变前后的周恩来》,中央文献出版社2004年版,第240页。

长兼长财政，徐新六或颜惠庆长外交，赵戴文或邵力子（张、杨推荐）长内政，严重或胡宗南长军政，陈季良或沈鸿烈长海军。张、杨、周表示原则同意，提出要宋子文负责改组政府事项，并推荐宋美龄、杜重远、沈钧儒、章乃器等入行政院，沈、杜、章等任次长。（二）由蒋介石下令撤兵，然后放他回南京；蒋回南京后再释放爱国"七领袖"。张、杨、周坚持中央军先撤走，爱国领袖先释放，然后蒋回南京。

接着，西安方面提议：在过渡政府时期，西北联军先成立，以东北军、十七路军、红军成立联合委员会，受张领导，进行抗日准备，实行训练补充，由南京负责接济。宋说此事可转报蒋介石。

第一天谈判结束后，周恩来当晚即致电中共中央，报告谈判情况，提出："如果你们同意这些原则，我即以全权与蒋谈判，但要告我，你们决心在何种条件实现下许蒋回京，请即复。"①

蒋介石躺在高桂滋公馆，焦急地等待着谈判消息。宋子文向他报告第一天的谈判情况后，他答复道：

一、他将不再担任行政院长，拟命孔（祥熙）博士担任。

---

① 《周恩来选集》上卷，人民出版社1980年版，第70~72页。

新内阁决不会再有亲日派。二、返回南京后,他将释放在上海被捕之7人。三、设立西北行营主任,由张负责。同意将中央军撤离陕甘。中共军队应当易帜,改编为正规军某师之番号。中日一旦爆发战争,所有军队一视同仁。四、派蒋鼎文将军去命令"中央"军停止进军。将与汉卿(即张学良)讨论双方共同撤军,在离开西安后,他将发布手令。①

24日上午,谈判继续进行。与首次谈判不同的是,蒋方增加了宋美龄。宋美龄首先表示同意孔、宋组阁,同时提出:待蒋下令停战撤兵后放蒋回南京。张学良表示同意,周恩来、杨虎城认为需要再考虑。

宋氏兄妹在这次谈判中,还对谈判所涉及的问题作出10项保证:

一、孔、宋组行政院,宋负绝对责任保证组织满人意的政府,肃清亲日派。

二、撤兵及调胡宗南等中央军离西北,两宋负绝对责任。蒋鼎文已携蒋手令停战撤兵(现前线已退)。

三、蒋允许归后释放爱国领袖,我们可先发表,宋负

---

① 《毛泽东在历史转折关头》,中国社会出版社2005年版,第168页。

责释放。

四、目前苏维埃、红军仍旧。两宋担保蒋确停止剿共，并可经张手接济（宋担保我与张商定多少即给多少）。三个月后抗战发动，红军再改番号，统一指挥，联合行动。

五、宋表示不开国民代表大会，先开国民党会，开放政权，然后再召集各党各派救国会议。蒋表示三个月后改组国民党。

六、宋答应一切政治犯分批释放，与孙夫人商办法。

七、抗战发动，共产党公开。

八、外交政策：联俄，与英、美、法联络。

九、蒋回后发表通电自责，辞行政院长。

十、宋表示要我们为他抗日反亲日派后盾，并派专人驻沪与他秘密接洽。①

这10项成果经周恩来概括、蒋介石同意，形成了"六项承诺"：

---

① 《周恩来选集》上卷，人民出版社1980年版，第70~73页。

（一）改组国民党与国民政府，驱逐亲日派，容纳抗日分子；

（二）释放上海爱国领袖，释放一切政治犯，保障人民的自由权利；

（三）停止"剿共"政策，联合红军抗日；

（四）召集各党各派各界各军的救国会议，决定抗日救亡方针；

（五）与同情中国抗日的国家建立合作关系；

（六）其他具体的救国办法。①

在谈判达成上述协议的同时，蒋介石亲口向张学良表示了他的6项意见：一、下令东路军退出潼关以东，"中央"军决离开西北。二、委托孔、宋为行政院正副院长，责（成）孔、宋与张商组府名单，蒋决令何应钦出洋，朱绍良及中央人员离开陕甘。三、蒋允回京后释爱国七领袖。四、联红容共。蒋主张为对外，现在红军、苏区仍不变，经过张暗中接济红军，俟抗战起，再联合行动，改番号。五、蒋意开国民大会。六、他

---

① 毛泽东：《关于蒋介石声明的声明》，1936年12月28日。

主张联俄联英美。①

周恩来得知这一消息后，迅速电告了中共中央。至此，谈判基本达成协议。

对于谈判结果，宋子文在与周恩来会晤时说：他本人对谈判的结果很满意，并希望中共派人常驻上海，与他保持经常联系。

张学良对谈判的结果也是满意的。因为，谈判本身是在他的主导下进行的，谈判条件是他与杨、周一起商定的，谈判中基本是按照他们设定的方案而展开的。原先发动事变是为了抗日，现在抗日的条件蒋介石同意了，他认为应该放蒋了。

杨虎城却没有张学良想得那样简单。谈判结果虽然在抗日这个重大问题上形成了一致，但是，他与张学良在谈判一开始共同提出的"两项建议"一条也没有落实。杨虎城认为，谈判的最后成果蒋介石不签字，而以"领袖的人格"作担保，将来一旦反悔，就太被动了。杨虎城的考虑是不无道理的，后来的事实证明，杨的担心是正确的。为了消除杨虎城的疑虑，周恩来决定面见蒋介石，以确定是否接受已经谈成的条件。

当晚10点，周恩来在张学良、宋子文的陪同下去见蒋介

---

① 《周恩来传》（1898～1949），中央文献出版社、人民出版社1989年版，第338页。

石。对于刚刚达成的六项协议，蒋介石表示完全接受，并作了3点承诺：

一、停止剿共，联红抗日，统一中国，受他指挥。二、由宋（美龄）、宋（子文）、张（学良）全权代表他与我，解决一切（所谈如前）。三、他回南京后，我可直接去谈判。①

周恩来夜访蒋介石，进一步验证了蒋介石的和平意愿，和平协议终于最后敲定。

虽然张学良未同周恩来和杨虎城商量，就仓促决定于12月25日亲送蒋介石赴南京，酿成了他个人的历史悲剧，但西安事变的发生与和平处理，却成为中国由内战转向准备抗战的历史转折，最终促使国民党实行重大政策的转变，不仅结束了持续10年的"剿共"内战，成功地化解了中国共产党的又一次危机，而且使国民党随着团结一致共御外侮新政策的实施，拉开了国共两党第二次合作、取得抗日战争最后胜利的序幕！

---

① 《周恩来选集》上卷，人民出版社1980年版，第73页。

第五章

蒋介石亲手导演皖南事变
中共中央审时度势粉碎
第二次反共高潮

我党在这次反共高潮开始时采取顾全大局委曲求全的退让政策……取得了广大人民的同情，在皖南事变后转入猛烈的反攻……也为全国人民所赞助。我们这种有理、有利、有节的政策，对于打退这次反共高潮，是完全必要的，且已收到成效。

——毛泽东①

蒋介石下令：围歼新四军于皖南

从 1937 年中国抗日战争全面爆发后开始的国共第二次合

---

① 《毛泽东选集》第二卷，人民出版社 1991 年版，第 779 页。

作，仅仅一年多之后，蒋介石就又改变了对中国共产党的合作方针，重回将共产党赶尽杀绝政策的老路。1939年1月，国民党召开五届五次全会，决定对中国共产党采取"溶共""防共""限共"的方针，并设置了专门的"防共委员会"。会后陆续秘密颁发了《防制异党活动办法》、《共党问题处置办法》、《沦陷区防止共产党办法》等反共文件，从此开始了对中国共产党的新的迫害。

蒋介石这时对付共产党的战略重点是：在华北地区，企图逐步削弱、消灭共产党的力量，夺回在华北敌后的控制权；在华中地区，企图切断新四军与八路军之间的联系，并消灭新四军。根据上述反共政策，山东的国民党顽固派提出"宁亡于日，勿亡于共"，"日可以不抗，共不可不打"的口号，对共产党和革命人民采取"见人就捉、见枪就下、见干部就杀"[①]的办法。

经过一番策划、准备，1939年12月至1940年3月，国民党军向中共中央所在地陕甘宁边区的延安和山西、河北等地的八路军发动了大规模的军事进攻。八路军在忍无可忍的情况下被迫自卫还击，打退了胡宗南部对陕甘宁边区的进攻和阎锡山

---

① 苗建寅主编：《中国国民党史（1894 – 1988）》西安交通大学出版社1990年版，第349页。

对八路军和抗日根据地的进攻。

蒋介石在华北向中共发动进攻的同时,开始部署对华中地区新四军的进攻。1940年3月22日,国民党在其秘密颁发的《剿办淮河流域及陇海路东段以南附近地区非法活动之异党指导方案》中,明确提出要将新四军"压迫于大江以南或相机剿灭之",特别强调"务须截断新四军与十八集团军南北之连系"[①]。28日,蒋介石发布"密令",责成各军"剿办"苏、鲁、皖、豫边的八路军、新四军,令韩德勤(国民党江苏省政府主席、国民党军苏鲁战区副总司令)"先肃清运河以东"的新四军各部,尔后与李品仙(国民党军第五战区副司令长官兼第二十一集团军总司令)一起协力将新四军"压迫大江以南或一举歼灭之","或将其向倭寇较多之地区压迫"[②]。4月初,第三战区司令长官顾祝同开始实施把新四军全部赶到长江以南,以便切断与八路军联系的计划,他一再电令新四军江北部队迅速调至长江以南,"否则以违抗命令,破坏抗战论处"。

此时,蒋介石在华中共有50多万军队:在淮北、豫东、鄂豫地区,有汤恩伯的第三十一集团军,约20万人;在淮南、

[①] 《中共中央南方局史》,中共党史出版社2009年版,第72页。
[②] 《陈毅传》,当代中国出版社1991年版,第221页。

皖中地区有李品仙的第二十一集团军，约10万人；在皖南有唐式遵的第二十三集团军，约10万人；在苏南、苏中、苏北有韩德勤的鲁苏战区部队和冷欣的游击区部队约10万人。而新四军只有约10万人。一部分在江北，大部分在江南，被国民党军事当局限定在一个狭小的作战区域内。

对蒋介石阴谋围歼新四军的企图，中共中央洞若观火。在蒋介石发布"密令"的第二天，毛泽东即致电朱德、彭德怀、刘少奇、项英，对处在国民党军三面包围下的新四军军部发出预警，指出：国民党军"有可能利用其优势兵力向新四军军部地区进攻，因此军部及皖南部队应预先有所准备，以免遭袭击，万不得已时可向苏南陈支队靠拢，再向苏北转移。"①

江南是蒋介石为消灭新四军而设的陷阱，向苏北发展成为新四军发展的必由之路。还在几个月前，中原局书记刘少奇就致电中共中央，指出目前整个华中可能大发展的地区有3处：一是豫鄂边区李先念活动区；二是豫东彭雪枫部活动区；三是苏北地区。其中最有希望发展的地区是苏北。他认为豫皖苏边和皖东地区都背靠国民党统治地区，如果向西发展，将同国民党第一、第五战区发生冲突，受到他们的限制，而且不易取得

---

① 《毛泽东传1893–1949》，中央文献出版社1996年版，第576页。

中间势力的同情。而东面的苏北地域辽阔，全属敌后，有驰骋回旋的广大地盘。国民党江苏省政府代主席韩德勤暗中勾结日伪，欺压百姓，受到人民痛恨。苏北又靠近山东，可以同八路军相互依托，相互策应。因此，苏北是我们的战略突击方向，应集中力量向这一地区发展。

中共中央复电同意刘少奇的意见，并于 1940 年 1 月 19 日以中央书记处的名义向东南局和中原局发出对新四军发展方针的指示，要求新四军大江南北部队应从现地区力求发展，江南陈毅处应努力向苏北发展。

对如何发展苏北，毛泽东在 3 月底给刘少奇、朱德的电报中提出应采取的军事策略是："以淮北、淮南铁路为界，在此线以西避免武装斗争，在此线以东地区则应坚决控制在我手中，先肃清地方顽固派，对桂军力求缓和，对韩德勤部……坚决消灭之。将来八路军到达华中后，则应坚决争取全部苏北在我手中。对陈毅部队，应当加紧向苏北发展。"[①]

为贯彻毛泽东关于发展苏北，"争取全部苏北"的任务和设想，刘少奇决定首先消灭与驱逐韩德勤部，控制淮河一段，保持与苏北的联系。为配合刘少奇实施解决苏北问题的计划，

---

① 毛泽东、王稼祥致朱德、彭德怀、刘少奇、项英电，1940 年 3 月 29 日。

4月15日，毛泽东、王稼祥致电刘少奇、项英，指出：（一）为对付韩德勤的进攻，八路军第一一五师彭明治、吴法宪部约1.2万人，不日从鲁苏边出动，向苏北前进，估计3个星期左右可与刘少奇方面配合夹击韩德勤。（二）左权、黄克诚率八路军第一一五师第三四四旅1.2万人，已从太行山出动，不日到达冀鲁边界，随时可调至陇海路南与彭雪枫配合作战。5月5日，毛泽东就八路军南下问题致电彭德怀、刘少奇等，指出："整个苏北、皖东、淮北为我必争之地。凡扬子江以北，淮南路以东，淮河以北，开封以东，陇海路以南，大海以西，统须在一年之内造成民主的抗日根据地。责成三四四旅、彭吴支队、雪枫支队、罗戴支队、陈毅之叶飞部，配合地方党负起全责，凡军事行动统归朱、彭两总及胡服（刘少奇化名——引者注）同志指挥之。一切具体部署，政治口号，政权建设，发展计划及统一战线方针，统由胡服负责"①。到6月，各路人马已经到达指定地域，实现对苏北国民党军韩德勤部从北、西、南三面包围之势。北面是八路军第五纵队黄克诚部，西面是新四军第四、第五支队徐海东、罗炳辉部，南面是新四军江南指挥部陈毅部，东面是大海。在豫皖苏，还有八路军第四纵

---

① 《刘少奇年谱（1898—1969）》上卷，中央文献出版社1996年版，第284页。

队彭雪枫部，可以阻止西面敌人援军。

6月28日，战斗从苏北郭村打响。执行固守待援任务的新四军挺进纵队与国民党军韩德勤的李长江部10个团的兵力展开激战。但是，战斗并没有像刘少奇预想的那样进行。当敌我双方激烈拼杀之时，在敌李明扬、李长江部担任支队长的陈玉生、担任大队长的王澄和担任连长的姚力等3名共产党员，率领所部阵前起义，掉转枪口协同新四军挺进纵队。此举使战场形势陡然大变。我军转守为攻，击溃敌之进攻，7月2日即取得了郭村保卫战的决定性胜利。

郭村保卫战结束后，韩德勤进攻叶飞部已不可能。相反，新四军第五纵队黄克诚部东渡运河，开辟淮海根据地，沟通了华中与华北的战略联系后，等于在韩德勤部侧背插上一刀。同时，陈毅、粟裕率新四军江南部队主力取得郭村初战胜利后，乘胜东进，开展了黄桥根据地。我军从西北面和南面对韩德勤部重又形成战略包围，而韩德勤部在苏北被我围困的态势并没有改变。使得韩德勤部必须在要么把新四军逐出苏北，要么自己离开苏北中作出选择。

8月底，韩德勤作出了要在黄桥地区进攻陈毅所部的选择。刘少奇认真计算了敌我力量对比，从敌人来看，韩德勤部号称出动20多个团，实际总兵力3万余人，且增援部队迟迟不能到来。从我军来看，集结在华中的新四军、八路军部队已经有 46 个团，4 个独立营，6.62 万余人，还不包括新四军江北指挥部 2500 余人，以及李先念部和华中各部队行政机关武装。中共中央、中原局和苏北指挥部都认为这是一举解决苏北问题的良机。刘少奇电告陈毅："军事上是有把握的。"果然，黄桥之役，陈毅、粟裕率所部以 7000 人的劣势，出色地粉碎了韩德勤部的进攻，歼敌 1 万余人。

黄桥决战的胜利，使中国共产党领导下的苏北敌后抗日根据地连成一片，八路军和新四军连成一片，开辟了华中最大一块抗日根据地。它使东进的战略方针基本实现，八路军南下，新四军北上，共同开辟苏北的任务基本完成。

蒋介石全歼新四军于江南的阴谋破产后，加快了消灭驻扎在江南新四军的步伐。10 月初，周恩来获悉情报说，国民党第三战区司令长官顾祝同与部属秘密策划袭击皖南新四军，企图采取各个击破的办法消灭共产党领导的抗日武装。中旬，蒋介石密令"监视周恩来、叶剑英，不得让他们离开重庆"。19 日，国民党以国民政府军政部长、军事委员会参谋总长何应钦、国民政府军事委员会副参谋总长白崇禧的名义，致电（即"皓电"）八路军总司令朱德、副总司令彭德怀、新四军军长叶挺，指责"八路军、新四军不受战区范围自由行动"

等，限令黄河以南的八路军、新四军于一个月内全部开到黄河以北地区，从现有50万人缩编为10万人。"皓电"的发表，标志着国民党发动的第二次反共高潮的开始。

11月9日，毛泽东为中共中央起草以朱德、彭德怀、叶挺、项英名义复何应钦、白崇禧"佳电"，驳斥对八路军、新四军的诬蔑，但答应江南部队北移，要求"对于江北部队，则暂时拟请免调"。

尽管毛泽东希望以此让步延缓国民党反共战争爆发的时间，但他还是做了最坏的打算。当天，他在给周恩来的电报中说："我们现在是两面政策，一面极力争取好转避免内战，一面准备应付投降应付内战，而把重点放在准备应付投降应付内战方面，方不吃亏，方不上蒋的当。立即准备应付黑暗局面，这是全党的中心任务。"① 他还要求苏北的新四军"积极整军，沉机观察"；要求皖南的新四军"认真准备北移"，于12月底全部开动完毕。

11月14日，国民政府军事委员会军令部完成拟定《剿灭黄河以南匪军作战计划》，规定：以第三、第五战区主力避免与日军作战，集中力量，分期迫使新四军撤至黄河以北。第一

---

① 《毛泽东传1893－1949》，中央文献出版社1996年版，第588页。

步，以第三战区司令长官顾祝同所属兵力于 1941 年 1 月底以前"肃清"江南新四军，然后转兵"肃清"苏北新四军。第二步，以第五战区司令长官李宗仁所属之李品仙、冯治安、王仲廉各部及由平汉路以西调来的汤恩伯部，分为鄂中、淮南、襄西、淮北四区，限 1941 年 2 月 28 日前"肃清"黄河以南新四军。

从 11 月中旬起，国民党当局已经完全停止了对八路军、新四军的粮饷、经费、弹药的供应。12 月 9 日，蒋介石下达手令，命令"凡在长江以南之新四军，全部限本年 12 月 31 日前开到长江以北地区，明年 1 月 30 日以前开到黄河以北地区作战"，"现在黄河以南之第十八集团军所有部队，限本年 12 月 31 日止开到黄河以北地区"。10 日，蒋介石秘密下达了作战命令。

面对严峻形势，新四军的主要领导人项英却犹豫不决，行动迟缓。到 11 月 22 日，叶挺、项英致电中共中央和毛泽东、朱德，仍在强调"困难"：

一、皖南部队开动需要数月时间……如无相当之教育与政治的巩固工作，无法消除大批逃亡的严重现象。二、由苏南北移之交通布置，须费相当时间才有保证。三、移至苏南溧武路以南地区……反不如停留皖南胜利把握较多。四、皖南很多工作人员男男女女约近千人……也必须争取短时期使其分批先行，安全转移。五、军部在皖南足足两年半，不仅在各种建设上，就是各种工作转变与问题处理也非数日或半月所能解决……①

毛泽东见项英并不急于率部离开皖南，即于11月24日复电叶挺、项英："（一）你们必须准备于12月底全部开动完毕；（二）希夷（即叶挺——引者注）率一部分必须立即出发；（三）一切问题须于20天内处理完毕。"② 在毛泽东的严令下，新四军军部才决定非战斗人员与资材开始分批向苏南转移。而整个军部离开驻地云岭是1941年1月4日晚。这天与蒋介石规定的北移期限已过了4天，本来计划1月2日出发，由于下大雨又推迟了两天时间。临行时新四军领导人还向上官云相致电告别。这一次又一次的迟缓行动，使新四军逐渐丧失了脱离危险的机会。到5日起，上官云相开始指挥国民党军收缩对新四军的包围圈。也就是说，此时新四军军部已经很难突

---

① 房列曙著：《皖南1941》，中国青年出版社1999年版，第95~96页。
② 《毛泽东军事文集》第二卷，军事科学出版社、中央文献出版社1993年版，第585页。

出重围了。

新四军军部9000余人出发时分为三个纵队：第一纵队为左路纵队，约3000人，傅秋涛为司令员兼政委；第二纵队为中路纵队，2000多人，司令员周桂生、政委黄火星；军部、教导总队及军直机关2000余人，随二纵行动；第三纵队为右路纵队，2000余人，司令员张正坤、政委胡荣。

5日，新四军北移部队到达茂林。6日晨，遭到国民党顽军的袭击。于是，军部当日下午在潘村潘家祠堂召开由各纵队领导参加的军事会议，决定走茂林、出三溪，经旌德、宁国到苏南，然后待机渡江到苏北，其行动方案是：

以一纵队全部出球岭；二纵队4个营（应为3个营）出丕岭，2个营出博刀岭；三纵队出高岭，五团为全军后卫，随二纵队行动。要求各部队6日黄昏开始行动，7日拂晓占领各岭，正午前会攻星潭；攻下星潭后分二路攻三溪顽敌四十四师师部。

三路纵队攻击球岭、丕岭、高岭的计划如期完成，但会攻星潭的计划没有实现。于是，7日夜又开会决定：部队撤回丕岭以西，由高岭翻出，与三纵队会合，转战至太平、洋溪间丘陵地带。但是，在高岭又遭遇敌七十九师的阻击，翻越高岭的目标不能实现。8日下午，项英主持召开军委新四军军分会，决定从原路返回，向茂林打通一条路，采取以游击战争保存主力赴苏北的方针，具体部署是：特务团留原地坚持，三团为前卫，五团为后卫，当即向茂林方向前进。8日夜，叶挺、项英率部到达回茂林的必经之地高坦，又遇到敌一四四师一个团的阻击。战斗中，地下党派人前来报告：茂林已被国民党军一四四师占领。此时，敌人对新四军北移部队的包围圈不断缩小：南面，敌七十九师正向我坚守高岭的三团和担任后卫的五团发动进攻；东面，敌四十师正向牛栏岭至坦里口一带的我军进攻；东北面，我第一纵队也遭到敌五十二师的阻击。

在战斗最激烈、形势最严峻的时刻，作为新四军政委、副军长、东南局书记的项英、新四军政治部主任袁国平、副参谋长周子昆等却带着少部分人于9日晨不知去向。留下军长叶挺在最险恶的局面下，主持召开了高坦会议，决定由黄序周率一路通过茂林、青弋江到铜陵、繁昌一带，北渡长江到无为地区与江北游击纵队会合；叶挺率一路转战石井坑，经泾县渡青弋江，从铜陵、繁昌一带渡江。叶挺的这一计划取得了一半成功，由黄序周率领的特务团后来突出重围，但叶挺率领的一路战至10日清晨在石井坑遇阻。他迅速致电毛泽东、朱德，报告："我全军被围于泾县、茂林以南，准备固守，可支持一星期……

一周后如无转机,则将全军覆没。盼立示。"① 12 日,中共中央政治局召开会议,研究北移新四军突围的问题。下午以毛泽东、朱德、王稼祥名义致电叶挺等,提出应分散突围,尽可能减少损失;也可与敌谈判,争取时间等。同时决定:"一切军事、政治行动均由叶军长、饶漱石二人负责,一切行动决心由叶军长下。"于是,当晚 8 点之后突围战斗打响了。由于力量过于悬殊,寡不敌众,除 2000 余人突出重围外,大部弹尽粮绝,壮烈牺牲和被捕。军长叶挺在谈判中被扣,项英、袁国平、周子昆在突围中牺牲。这就是震惊中外的皖南事变。

---

① 《皖南事变》,中共党史出版社 1990 年版,第 109 页。

刘少奇向中央建言：
采取政治上攻势、军事上守势方针

面对国民党的倒行逆施，中国大地出现一片谴责之声。1月14日，中共中央发出指示："在政治上军事上迅即准备作全面大反攻，援救新四军，粉碎反共高潮。"① 15日，消息已经证实新四军军部已全军覆灭，中共中央召开政治局会议检讨新四军失败的原因，同时重申"中央决定发动政治上的全面反攻，军事上准备一切必要力量粉碎其进攻"。并且认为"只有猛烈坚决的全面反攻，方能打退蒋介石的挑衅与进攻，必须不怕决裂，猛烈反击之，我们《佳电》的温和态度须立即终结。"②

这个指示所透出的信息是：中共要在政治上彻底揭露国民党制造皖南事变的真相，赢得社会舆论同情，把国民党搞臭；

---

① 《毛泽东年谱（1893-1949）》中卷，人民出版社、中央文献出版社1993年版，第257页。
② 《毛泽东年谱（1893-1949）》中卷，人民出版社、中央文献出版社1993年版，第257页。

在军事上要同国民党硬拼，报复国民党。作为皖南事变爆发后的最初反应，可以看做这既是全党此时激愤心情的表露，也是向国民党施加压力，以求把已经被包围而尚未牺牲的部队解救出来，使皖南事变的损失降低到最低限度的一种策略。如果真的要从军事上向国民党大反攻则是危险的。因为抗战正在进行，"同室操戈"，渔利者只能是日本侵略者。何况此时中共的力量还很弱，与国民党军队硬拼，不仅不能营救新四军，还会使革命力量遭受更惨重的损失。

中共中央在华中地区的最高领导人刘少奇此时表现出少有的清醒。他认真分析了敌我形势特别是抗战形势，认为在政治上、军事上向国民党发动全面反攻于我不利。1月15日，刘少奇致电中共中央，提出在政治上进行反攻，在军事上暂不进行反攻的主张。他指出：

> "全国局面，国民党尚未投降，仍继续抗战，对共产党仍不敢分裂，且怕影响对苏联的关系，在皖南消灭我军，蒋曾下令制止，即证明蒋生怕乱子闹大。在此时，我党亦不宜借皖南事件与国民党分裂。"目前华中新四军占领地区很大，兵力不够，根据地仍不能巩固，我们的部队尚须休整补充。而韩德勤现正在利用水网，加筑工事，深

沟高垒，我军彻底消灭韩部甚为困难。根据这些情况，提议"拟在全国主要的实行政治上全面大反攻，但在军事上除个别地区外，以暂时不实行反攻为妥"，"如此我在政治上有利，在军事上稳健"。为在政治上反击顽固派，建议采取如下措施：

（一）向国民党提出严重抗议，并发宣言，提出立即释放叶挺、项英及所有被捕人员、全国所有被捕的共产党员，赔偿所有损失，抚恤死伤等条件。

（二）上述各条要是国民党不能完全答复，我即宣布在皖南事件未彻底解决前，华中我军决不再考虑北移之命令，新四军全部除叶、项命令外，不听任何其他人的命令。并宣布如国民党再向我华中进攻，即认为国民党正式与我党破裂。

（三）在全国、全世界实行大的政治反攻，宣传抗议皖南事件，揭破国民党的分裂行为，以孤立顽固派，并在全国造成我实行军事反攻之理由。①

刘少奇提出的处理皖南事变的方针优点在于：既达到了政

---

① 《刘少奇年谱（1898－1969）》上卷，中央文献出版社1996年版，第325～326页。

治上反击国民党的目的，又在军事上避免了冒险。事实上凭当时我军的实力，是很难实施军事上大反攻的。更何况大敌当前，我们最大的敌人是日本侵略者。在民族矛盾与阶级矛盾的处理上，我党的一贯策略是以民族大义为重，此时如果与国民党恶斗，势必分散抗日的力量。而把反击的重点放在政治上，不仅孤立了国民党，容易赢得中外正义力量的同情与支持，而且会使国民党顾忌中共的军事反击，达到教训蒋介石的目的。事实也是如此，实施这一斗争策略后，在抗日战争后几年中，国民党顽固派虽也制造了不少摩擦，但其规模明显小了。

毛泽东和中共中央认真研究了刘少奇的建议，同时分析国内外形势，觉得军事上暂不反攻对我们是有利的。但是，毛泽东并没有马上全面采纳刘少奇的建议。因为，他对蒋介石是否决心国共全面破裂还需要再看一看，如果国共全面破裂的话，军事上的对抗是不可回避的。

1月17日，蒋介石发布《国民政府军事委员会关于解散新四军的通电》，采取恶人先告状的手法，把国民党军事当局预谋已久的围歼新四军军部的罪责，颠倒黑白地说成是新四军"进攻前方抗日军队阵地……被袭部队……不得不为紧急处置"，诬蔑新四军的北移行动为"叛变"，宣布撤销新四军番号，对军长叶挺"军法审判"。

毛泽东认为："这表明国民党准备与共产党大破裂的决心……国民党'皓电'、'齐电'是准备破裂的具体步骤，我们去'佳电'也还不转变态度，这就证明下了决心反共。"①因此，在国民党军准备大举进攻华中八路军、新四军时，毛泽东要求中共驻各地办事处"实行自卫式的撤退"。

1月18日，在中共中央发出的关于皖南事变的指示中，毛泽东的上述看法被概括为：皖南事变"是抗战以来国共两党间，也是抗日民族统一战线内部空前的严重事变"，国民党1月17日反动命令，表示"已在准备着与我党决裂，这是七七抗战以来国民党第一次重大政治变化的表现"。这个指示对于政治上、军事上的反击问题，没有采纳刘少奇的建议，而仍然沿着原来的思路，指出：八路军、新四军在政治上、军事上应充分提高警惕性和作战的充分准备。②

1月19日，毛泽东、朱德、王稼祥致电彭德怀、刘少奇，再谈向国民党反击的问题，仍然怀疑蒋介石"似有与我党决裂决心"，并按照"彻底破裂"的思路提出了我党应该采取的

---

① 《毛泽东年谱（1893－1949）》中卷，人民出版社、中央文献出版社1993年版，第257页。

② 《毛泽东年谱（1893－1949）》中卷，人民出版社、中央文献出版社1993年版，第258页。

对策。指出：我们决定在政治上军事上组织上采取必要步骤。在政治上全面揭破蒋之阴谋……惟仍取防御态势，在"坚持抗日，反对内战"口号下动员群众。在军事上先取防御战。在组织上拟准备撤销各办事处。①

1月20日，中共中央召开政治局会议，再次讨论我党处理皖南事变的方针和策略。毛泽东在会议上的报告比前几天的说法又前进了一步，提出了"目前事态的发展，我们要从根本考虑了"这样一个宏观视野，从这样的宏观视野出发，他考虑的重点从如何应对国共关系的全面破裂，转向挽救局势，实现局势的好转上。为了实现局势的好转，毛泽东一方面坚持"在政治上进行大反攻"，另一方面，接受刘少奇的建议，"在军事上暂不反攻"，提出了"政治上取全面攻势，军事上取守势"的方针。在当日给周恩来、彭德怀、刘少奇的电报中，毛泽东对军事上由原来的"大反攻"改为"守势"作了一番解释。指出："在军事上暂还只能取守势，惟须做攻势的积极准备，以便在4个月或6个月后能够有力地转入攻势。在准备时期边区及晋西北方面不作大的军事调动，以免震动。八路人

---

① 《毛泽东年谱（1893－1949）》中卷，人民出版社、中央文献出版社1993年版，第258页。

员暂时亦不发表反蒋言论。"①

从毛泽东这段话可以看出,"军事上暂取守势"并不是军事不反攻,而是等待时机,进行有力的反攻。实行"政治上取全面攻势,军事上取守势"的方针,实际上是应对国共关系全面破裂的两手准备和正确策略,"如蒋业已准备全面破裂,我们便以破裂对付破裂,如蒋并未准备全面破裂,我们便以尖锐对立求得暂时缓和。"

---

① 《毛泽东年谱(1893 – 1949)》中卷,人民出版社、中央文献出版社 1993 年版,第 260 页。

国民党政府被迫让步：
"以后再亦决无'剿共'的军事"

中共中央确定实行"政治上取全面攻势，军事上取守势"的方针后，毛泽东带领全党率先打响政治上全面反攻的第一仗。

1月20日，根据政治局会议决定，毛泽东以中共中央军事委员会发言人的身份，对新华社记者发表关于皖南事变的谈话，揭露日本对蒋介石的诱降与蒋介石策划皖南事变惨案的内在联系，指出皖南事变是国民党亲日派与日寇合伙制订的镇压中国抗日运动的计划之一，严正警告蒋介石："中国共产党已非1927年那样容易受人欺骗和容易受人摧毁。中国共产党已是一个屹然独立的大政党了。"

毛泽东向国民党当局提出了解决皖南事变的12个条件："（一）悬崖勒马，停止挑衅；（二）取消1月17日的反动命令，并宣布自己是完全错了；（三）惩办皖南事变的祸首何应钦、顾祝同、上官云相三人；（四）恢复叶挺自由，继续充当新四军军长；（五）交还皖南新四军全部人枪；（六）抚恤皖南新四军全部伤亡将士；（七）撤退华中的'剿共'军；（八）平毁西北的封锁线；（九）释放全国一切被捕的爱国政治犯；（十）废止一党专政，实行民主政治；（十一）实行三民主义，服从《总理遗嘱》；（十二）逮捕各亲日派首领，交付国法审判。"①

毛泽东这个谈话和他提出的解决办法，表明了中国共产党的严正立场和不妥协态度，它有力回击了1月17日《国民政府军事委员会关于解散新四军的通电》和《国民政府军事委员会发言人谈话》对新四军的诬蔑，揭穿了蒋介石的反共阴谋，提出了皖南事变的善后办法，引起了各界强烈反响。国民党军事委员会副委员长冯玉祥称："只有共产党的12条，国事才能解决。"② 国民党政府军委会政治部部长张治中，给蒋介石上万言书，痛陈对中共问题处理的失策，尤其认为"皖南事件是招致两党破裂的开始，关系至大。"

与蒋介石围歼新四军、取消新四军番号的另一个针锋相对的重大举措是重建新四军。在江南新四军部队遭到重大损失的情况下，江北的新四军今后怎么办？蒋介石发动皖南事变，就是要消灭新四军，削弱中共实力。那么，粉碎蒋介石针对新四

---

① 《毛泽东选集》第二卷，人民出版社1991年版，第775页。
② 《毛泽东传1893－1949》，中央文献出版社1996年版，第596页。

军的阴谋就是要重建新四军。它的政治意义是重大的，它传出的是新四军不会被消灭、共产党的力量不会被削弱的政治信号，从而增强了人们对中国革命胜利的信心。它的军事意义同样是重大的，利用国民党发动皖南事变理亏的尴尬处境，利用新四军的番号来扩大和发展中共的武装力量，是国民党不得不接受的。于是，1月20日，中共中央军事委员会发布命令："任命陈毅为国民革命军新编第四军代理军长，张云逸为副军长，刘少奇为政治委员，赖传珠为参谋长，邓子恢为政治部主任。"重建后的新四军编7个师和一个独立旅。第一师，师长粟裕，政治委员刘炎；第二师，师长张云逸，政治委员郑位三；第三师，师长兼政治委员黄克诚；第四师，师长兼政治委员彭雪枫；第五师，师长兼政治委员李先念；第六师，师长兼政治委员谭震林；第七师，师长张鼎丞，政治委员曾希圣。重建后的新四军近10万之众，队伍不仅没少，反而扩大了。

与此相联系，鉴于皖南事变对中共中央东南局、新四军军分会的破坏，中共中央决定：东南局与中原局合并，改称中共中央华中局，同时成立中共中央军事委员会新四军军分会，刘少奇为华中局书记兼军分会书记，饶漱石为华中局副书记兼宣传部长，委员有刘少奇、饶漱石、陈毅、曾山。新四军军分会成员为陈毅、饶漱石、赖传珠、邓子恢。

为推进政治上的大反攻，毛泽东以中共中央书记处名义迅速致电周恩来，通报中央的最新决定，并指出："为了对抗蒋介石1月17日的步骤，我们必须采取尖锐对立的步骤回答他，否则不但不能团结全国人民，不能团结我党我军，而且会正中蒋之诡计。"并强调，应该抓住蒋介石1月17日命令的错误，"坚决反攻，跟踪追击，绝不游移，绝不妥协"；"你们须立即向国民党表示，如果他们不能实行我们所提的12条……你们应要求发护照立即回延。"① 周恩来当即将中共中央解决皖南事变的12条办法面交国民党代表张冲转国民党中央。

其实，政治反击在皖南事变发生之时就已经开始了。1月7日，接到新四军军部在北移途中被围的告急电后，周恩来立即向国民党代表张冲提出了严重抗议。此后几天，他又分别向顾祝同、蒋介石、何应钦、白崇禧、刘斐提出抗议，严正声明：如不制止对新四军的包围、袭击，"新四军只有突围四出，散于民间，战于敌后"。11日，新四军北移中被国民党军包围袭击已经六天，突不出去，伤亡惨重。周恩来在出席《新华日报》创刊三周年的庆祝晚会上宣布皖南事变的消息，谴责国民党顽固派的阴谋，并紧急会见国民党代表张冲，要求他急报蒋介石，

---

① 《毛泽东年谱（1893－1949）》中卷，人民出版社、中央文献出版社1993年版，第260页。

速令包围新四军的国民党部队立即撤围、让路。在周恩来的努力下，蒋介石12日晚下令停打，但已经过迟了。

皖南事变发生后，周恩来遵照中共中央关于政治上大反攻的新方针，采取进一步的措施，展开政治攻势：

第一，揭露皖南事变真相，坚守国民党统治区的革命阵地。

皖南事变发生之初，国民党当局为掩盖真相，实行新闻封锁。为了把这一消息透露出去，周恩来动员中共南方局、办事处和《新华日报》的干部出动，四处向国民党元老和抗战派、国共以外各党派、文化界、外交界和新闻界揭发何应钦、白崇禧的反共阴谋。

1月17日，周恩来得知国民党军事委员会宣布新四军为"叛军"，取消番号，"革职"叶挺后，立刻打电话给何应钦，怒斥："你们的行为，使亲者痛，仇者快，你们做了日寇想做而做不到的事。"当《新华日报》关于揭露事变真相的报道和社论被国民党当局扣压后，周恩来立即题写"为江南死难者志哀！"和"千古奇冤，江南一叶；同室操戈，相煎何急?!"的题词，登在被扣稿件的位置上。

周恩来的题词和挽诗躲过国民党的新闻检查而公开见报，产生了震撼人心的强大力量。蒋介石看到报纸后，大发雷霆，痛骂陈布雷、戴笠无能,说周恩来的题词和挽诗比一篇社论更重要。① 毛泽东得知此事后亦致电周恩来:"收到来示,欣慰之至。报纸题字亦看到,为之神往。"②

19日,南方局印发了《新四军皖南部队惨被围歼真相》传单,随后通过各种方式,送到中外各界人士、广大普通群众及国民党军政要员的手中,甚至邮寄给欧美、东南亚各国的朋友和广大侨胞。

当皖南事变的真相大白于天下后,世界舆论纷纷谴责国民党军对新四军的暴行。马来西亚《现代日报》同人致电蒋介石,表示解散新四军事件发生后诚恐统一战线分裂,要求蒋介石慎重措施,务使全国枪口一致对外;菲律宾6个华侨团体致电蒋介石,反对分裂,呼吁迅速释放叶挺。

第二,向国民党顽固派发动强大政治攻势。

周恩来领导南方局,一方面冲破国民党的新闻封锁,通过《新华日报》发表揭露国民党暴行的文章,另一方面,通过发动境外进步舆论向顽固派施压。最早就皖南事变揭露国民党当局的,是居留香港的在国民党内具有很高威望的孙中山夫人宋庆龄和柳亚子、何香凝、彭泽民。他们于1941年1月12日,即联合致函蒋

---

① 《中共中央南方局史》,中共党史出版社2009年版,第93页。
② 《中共中央南方局史》,中共党史出版社2009年版,第93页。

介石和国民党中央执行委员与监察委员,指出:"最近讨伐共军之声甚嚣尘上,中外视听为之一变,国人既惶惶深忧兄弟阋墙之重见天日,友邦亦窃窃私议中国抗战之势能保持……"因此要求国民党当局"慎守总理遗训","撤销剿共部署,解决联共议案,发展各种抗日实力,保障各种抗日党派"[①]。宋庆龄的联名信通过中外新闻媒体宣传后,使南京政府十分被动。

第三,借助反法西斯国家对国民党顽固派施压。

1月,周恩来、叶剑英会见了苏联驻华使馆武官崔可夫,就皖南事变问题进行了商谈。崔可夫是奉斯大林之命,带着援助中国抗战的150架战斗机、100架轰炸机、近300门炮、500辆吉斯-5型汽车等大批物资来到中国的。当听到周恩来介绍的情况后,崔可夫当即表示,如果国民党继续内战,他有权暂停援华军火于途中。蒋介石得知这一情况后,立即派王世杰宴请崔可夫进行解释。2月间,周恩来再次约见崔可夫,向他转达中共中央请苏联停止对国民党军队军事援助的意见。崔可夫立即拜会何应钦和白崇禧,当面谴责国民党军队蓄意进攻抗日的新四军,残杀自己的骨肉同胞,乃是咄咄怪事。表示国民党军队"对共产党军队采取的行动,并非没有引起苏联方面的

---

① 《中国共产党历史》第一卷下册,中共党史出版社2002年版,第728页。

注意"，如一意孤行，继续内战，则可能导致苏联方面停止对国民党军队的军事援助。

2月14日，周恩来会见来华访问的美国总统罗斯福的代表居里。他针对美国急盼中国内部团结抗日、以牵制日本兵力使其无法南进的心理，向居里提供了国民党制造摩擦的材料，说明蒋介石如不改变反共政策，势将导致中国内战，使抗战受挫，日本南进。居里表示赞同周恩来的看法。在随后与蒋介石的会见中，居里正式声明：美国在国共纠纷未解决前，无法大量援华，中美间的经济、财政等各问题不可能有任何进展。国际舆论普遍反对中国内战、对中共表示支持和同情、对国民党施加强大压力，这是蒋介石所没有预料到的。

第四，利用召开国民参政会向蒋介石施压。

中共中央成功地组织政治上的大反击，使国民党陷入被动局面，蒋介石不得不寻求与中共的暂时妥协。1月27日，蒋介石在重庆中央纪念周发表演说，改变在皖南事变问题上的进攻态度，称：皖南事变"只限于军令、军纪，不涉及党派和政治问题"[1]。在皖南事变问题定性上降低调子，缩小范围，反映出蒋介石急于寻求解决办法，把皖南事变对他的不利影响减少到

---

[1] 张勇等编：《蒋介石年谱》，中共党史出版社1995年版，第287页。

最低限度。此后，蒋介石多次派张冲、张治中找周恩来商量妥协办法，希望恢复两党谈判，并以允许中共在江南部队集中展期北移，新四军归入八路军扩大其编制为条件。周恩来等答复说：不实行12条，无谈判可能。

这时，国民参政会二届一次大会即将召开。各民主党派和无党派人士表示，国民参政会开会，中共参政员的出席是必不可少的。美国总统罗斯福的代表居里也表示，留在重庆，专等观光国民参政会。这给蒋介石带来很大压力，美国政府对他处置新四军的做法已经十分不满。2月1日，蒋介石在日记中写道："新四军问题，余波未平，美国因受共产党蛊惑，援华政策，几乎动摇。"① 如果中共参政员拒绝出席参政会，那么由皖南事变引发的国内外对他的指责就不会减弱，特别是美国对他的态度就不会改变。但是，身为参政员的毛泽东、董必武、邓颖超等七名中共重要人物也不是轻易就能与会的。为把共产党人拉进国民参政会来，蒋介石采取了多种措施。

中国共产党自然不能无条件地出席会议。2月10日，周恩来约同黄炎培、沈钧儒、邹韬奋、章伯钧等商讨对出席国民参政会的态度，根据聚谈情况，当日即致电毛泽东，主张以中

---

① 张勇等编：《蒋介石年谱》，中共党史出版社1995年版，第287页。

共方面七位参政员的名义，将中共处理皖南事变 12 条要求提交国民参政会讨论，并以接受 12 条作为出席参政会的条件。同时成立各党派委员会，讨论国共关系和民主问题。这一建议得到毛泽东的赞赏。2 月 14 日，在为中共中央书记处起草致周恩来的电报中，毛泽东明确指出：蒋介石"从来没有如现在受内外责难之甚……目前形势是有了变化的，1 月 17 日以前，他是进攻的，我是防御的，17 日以后反过来了，他已处于防御地位，我之最大胜利在此……目前是迫蒋对我让步时期，非我对蒋让步时期，熬过目前一关，就好办了"[①]。

2 月 18 日，周恩来将七位参政员致国民参政会的公函送交参政会秘书长王世杰，声明在中共所提 12 条善后办法未得裁夺以前，中共参政员碍难出席。同时将这封公函抄送各党派和有正义感的参政员 20 余人。这是一个爆炸性的消息。王世杰接到公函后，认为这是中共表示决裂，立刻找张冲商讨对策。张冲接连找周恩来要求暂时收回公函，以便他从中奔走，寻找圆转之法，被周恩来回绝。几天后，张冲又找到周恩来，提出请周恩来与蒋介石当面商谈，再次被周恩来回绝。无奈，张冲提出了三条解决办法：一、军事上，十八集团军以正规军开到黄河

---

① 毛泽东致周恩来的电报，1941 年 2 月 14 日。

以北，其他游击部队完全留华中，再归还一军的番号，以补新四军的缺，归还叶挺和其他干部，边区或冀察政权照前议；二、参政会改请董必武、邓颖超出席；三、军事进攻停止，政治压迫要总解决，请蒋负责纠正，再不许发生新事件。①周恩来答复马上报告中共中央。第二天，周恩来再次会见张冲，向他展示了中共中央对其所提三项办法的答复："（一）非12条有满意解决并办理完毕确有保证之后，决定不出席参政会。（二）张冲所提条件不能接受，七参政员公函不能撤回。（三）如彼方有诚意解决问题应（甲）参政会延期两个月开会，（乙）在两个月内解决12条及一切悬案，（丙）派机送恩来回延开会以便讨论彼方意见。"② 张冲看完这个答复说："漾电等于破裂。"

因国民党的三项条件遭到中共中央拒绝，蒋介石又作出了一点让步，即以同意七参政员公函所提成立各党派委员会为条件，换取中共参政员出席国民参政会。毛泽东仍不满足于蒋介石的这点让步，因为皖南事变的根本问题没有解决。为了化解在皖南事变善后问题上国共两党的僵局，2月28日，毛泽东

---

① 《周恩来传1898－1949》，人民出版社、中央文献出版社1989年版，第496页。

② 《毛泽东年谱1893－1949》中卷，人民出版社、中央文献出版社1993年版，第276页。

在原来 12 条的基础上，修改提出了临时解决办法新 12 条。这 12 条以周恩来的名义，致函张冲并由张冲转报蒋介石。但蒋介石仍不肯接受中共已经作出了让步的解决办法，这样就关上了中共出席参政会的大门。

3 月 1 日，国民参政会二届一次会议在重庆开幕。中外各界都在关注着中国共产党参政员是否出席的消息。此前一天，国民党当局仍寄希望于中共能够出席。蒋介石的侍从室从晚上到清晨不断打电话向王世杰询问消息；开幕那天清晨，张冲等又奉蒋介石之命来请董必武、邓颖超出席，遭到拒绝。

中共参政员拒不出席国民参政会二届一次会议，使中外各界对蒋介石的责难继续升温。就在参政会召开期间，美国国务院、英国外交部又致函蒋介石，强烈要求他不要同共产党人全面决裂。无奈之下，蒋介石只好在没有中共参政员参加的二届一次参政会上，对中共提出的 12 条善后办法和 12 条临时办法进行公开答复，同时表示："以后再亦决无剿共的军事，这是本人可负责声明而向贵会保证的"。[1] 这一承诺实际上标志着蒋介石发动的第二次反共高潮被击退了。此后，国共关系又逐渐走向一定程度的缓和。

---

[1] 《中国共产党历史》第一卷下册，中共党史出版社 2002 年版，第 729 页。

第六章

国民党留下"烂摊子"
陈云主持破解经济难题

新中国成立初期，陈云同志受命主持领导全国财政经济工作，只用不到一年时间，就迅速实现了全国财政经济统一，稳定了金融物价。

——习近平：《在纪念陈云同志诞辰110周年座谈会上的讲话》[①]

蒋介石退出大陆的最后一招：
让共产党背上沉重的经济包袱

国民党无法解决中国的经济问题，在逃离大陆前，蒋介石

[①] 习近平：《在纪念陈云同志诞辰110周年座谈会上的讲话》，（2015年6月12日），新华网北京2015年6月12日电。

鉴于国民党失败的教训，也制定了一套企图使中共重蹈国民党覆辙的"经济拖垮"战略。为实现这一计划，蒋介石下令采取一切手段掠夺和破坏大陆的经济基础。

一是把国库大量资金运往台湾。

据当时国民党监察院财政委员会秘密会议报告，国库库存金钞共值33.5亿美元。分别为：390万盎司黄金、7000万美元外汇和价值7000万美元的白银。各项总计约在美金50亿元左右。从1948年12月1日起，国库的这些黄金白银根据蒋介石密令被分批运去台湾。第一批，也是主要的一批，当日午夜由上海装运，由海关缉私舰"海星"号装载，并由海军总部派"美盛"号护送，运至基隆登陆，数额为200.4万余两。第二批运走57.3万余两，仍由"海星"号装载，"美盛"号护送，在厦门登陆。第三批运走黄金19.8万余两、银圆120万元，于1949年5月17日，汤恩伯遵照蒋介石命令亲自派人用武力从中央银行运往台湾。三批共运走黄金277.5万余两、银圆1520万元。北平和平解放时，市军管会从全市全部银行里，仅发现有几百两黄金，几千元美钞，不够全城百万居民一小时的开销。

二是将有价值的工厂、设备拆卸迁移运往台湾。

在全国大中城市中，国民党军把大工厂里能拆卸的机器设备尽量拆卸运走；全国所有的飞机和华北的全部海轮也劫至台湾。

三是不能拆卸搬走的如发电厂、水泥厂、钢铁厂等，则全部炸毁或破坏。

国民党撤走时，炸毁了许多工厂和交通设施。人民政府接管的国家基础设施遭到了严重破坏，特别是全国重要港口、码头、车站、铁路、公路等遭损毁程度极其严重。

蒋介石还给新生的人民政权留下了安置大量"旧人员"的沉重负担。国民党败退大陆时，有几百万旧政府和军政公职人员，人民政府对这批人员采取"包下来"的政策，使军队从470万增加到550万，全国公教人员从200万增加到350万，总计增加了900万人。[①]

在国民党的"人祸"给人民政权平添巨大经济困难的同时，不幸的"天灾"接踵而来。1949年，中国自然灾害频发。7月间，南方部分地区暴雨成灾。四川境内长江、沱江、岷江、涪江等江水暴涨，成都等低洼地区全部被淹，受灾面积达77个县。湖南资、沅、澧流域及滨湖地区52个县被淹，冲毁农田500万余亩，房屋5000余栋，受灾人口达200万，死亡2

---

① 周恩来：《当前财经形势和新中国经济的几种关系》，(1949年12月22日、23日)

万人。两广地区柳州、桂林洪水泛滥，西江、高要、三水、清远、河源、东莞围堤决口，死亡人数在 7 万以上。湖南、广西、广东三省灾区已达百县，灾民千万以上。[①] 8 月，河北省连续发生水灾、风灾和虫灾，据统计，受灾 44 个县，受淹 3288 个村庄；淹没土地 1000 余万亩，受灾人口 300 万左右。

一个又一个灾情，使全国城市失业人员一度高达 400 万，相当于 1949 年底在业职工人数的一半，农村需要救济的灾民达 4000 万人。1949 年 7 月 16 日，新华社发表题为《全力与洪水作斗争》的短评，指出：目前洪水已经威胁着数万人民的生命，救灾治水已成为沿江、沿河和受灾地区人民的最急迫要求，也是对于当地共产党和人民政府的严峻考验。

此时，旧中国几十年积累的固定资本仅剩 100 多亿元，当年全国粮食产量只有 1.08 亿吨，棉花 44.45 万吨，原煤 3243 万吨，钢 15.8 万吨（仅相当于英国 19 世纪初的水平），而财政赤字却占到总支出的 2/3。

这种情况，加重了人民政府制止国民党政府遗留下来的恶性通货膨胀的困难。一些投机商人则乘机兴风作浪，于 1949 年 4 月、7 月、11 月，先后多次在全国各地刮起涨价风。

---

① 《中华人民共和国编年史》1949 年卷，当代中国出版社 2004 年版，第 424 页。

第一次物价波动，发生在 1949 年 4 月。

从平津开始蔓延到华北和西北解放区。不法商人乘机抢购囤积，哄抬物价，导致以粮食、纱布带头的物价大幅度上涨。5 月份，天津市综合物价指数比 3 月份上涨 1.32 倍，北平上涨 1.55 倍，张家口上涨 1.49 倍，石家庄上涨 1.34 倍。平津的物价形势又很快波及各地，并通过物价指标传导到经济领域的各个方面。4 月，兰州市的所有工厂，除了省属的制革厂、化工厂、水泥厂等不足 10 家工厂情形较好外，其余的 226 家工厂有 1/3 已经准备关门。成都市的物价从 4 月 7 日至 11 日猛涨 4 天，导致几十家商行倒闭。

第二次物价波动发生在上海。

人民政府接管上海不满 10 天，不法商人便与人民政府展开了一场银圆大战，导致又一个严重危机——通货膨胀向上海逼近。接管上海的当天，市军管会发布《关于使用人民币及限期禁用金圆券的规定》，以人民币 1 元收兑金圆券 10 万元，7 天内共收兑 35.9 万亿元，约占国民党政府全部金圆券发行额的 53%。一些投机资本不满意于人民币控制上海市场，他们利用人们长期以来形成的对钞票贬值的担忧心理，掀起银圆投机风潮，企图把人民币"挤"出上海市场。掌握着大量银圆的投机商人，任意提高价格，转手之间，一块银圆竟然可以获得人民币 150 多元。结果原本 1 块银圆值 100 元人民币，一星期就涨到 1400 元。一时间，银圆成了市面上流通的主要货币，而人民币早晨发出去多少，晚上基本上又都回到了人民银行。更有甚者，南京四大私营百货公司开始用银圆标价，拒用人民币。

银圆暴涨导致了物价急剧上涨，工厂难以经营，许多产业资本转化为投机资本，反过来更加剧通货膨胀。在上海解放后的 13 天内，批发物价指数上涨两倍多，人民生活的必需品粮食和棉花也上涨了 1 到 2 倍。一场严重冲击金融市场的银圆投机风潮愈演愈烈！

类似上海情况的还有武汉、南昌等地。武汉出现了人民币浮在市面上却买不到东西的现象，银圆与人民币的比价曾经到达 1∶4500。在南昌，银圆与人民币的比价更高达 1∶6000！

对严峻的经济形势，中国共产党人有足够的估计。刘少奇坦言："1949 年是中国人民胜利最大的一年，也是困难最大的一年。""最大的问题，还是恢复经济，克服困难，医治战争创伤。"[①]

克服经济困难，稳定物价，考验着新生的人民政权。

---

① 《刘少奇年谱（1898－1969）》下卷，中央文献出版社 1996 年版，第 236 页。

陈云执掌中财委：
打响遏制上海通货膨胀第一仗

1949年3月5日至13日，中共中央在河北省平山县西柏坡村召开了七届二中全会。全会提出了促进革命迅速取得全国胜利和组织这个胜利的各项方针，包括在政治、经济、外交方面应当采取的基本政策。

在会议第一天的报告中，毛泽东明确要求全党："一步一步地学会管理城市，恢复和发展城市中的生产事业……从我们接管城市的第一天起，我们的眼睛就要向着这个城市的生产事业的恢复和发展。务须避免盲目地乱抓乱碰，把中心任务忘记了，以至于占领一个城市好几个月，生产建设的工作还没有上轨道，甚至许多工业陷于停顿状态，引起工人失业，工人生活降低，不满意共产党。这种状态是完全不能容许的。为了这一点，我们的同志必须用极大的努力去学习生产的技术和管理生产的方法，必须去学习同生产有密切联系的商业工作、银行工作和其他工作。只有将城市的生产恢复起来和发展起来了，将消费的城市变成生产的城市了，人民政权才能巩固起来。"①

12 日，刘少奇在会上作了《关于城市工作的几个问题》的发言，主题也是围绕经济工作。他认为：城市的接管问题还有两个问题需要解决：一个是私人企业的复工问题。北平许多私人企业至今未开工。私人企业不开工，有的是确有困难，但是有些资本家想捣蛋、怠工，企图削弱党在工人中的影响。另一个是企业接收后应迅速安排，交给适当机关去经营，以便进行正常的生产。

为了尽快把经济工作抓起来，这次全会决定，建立中央财经委员会，统一领导全国财经工作。5 月 31 日，中共中央发出《关于建立中央财政经济机构大纲草案》，进一步明确了中央财政经济委员会的隶属关系和组成部门。规定：

（1）在中国人民革命军事委员会之下，立即建立中央财政经济委员会，并陆续建立若干中央财政经济部门，作为目前中央的财政经济机构。

（2）中央财政经济委员会应陆续建立中央计划局、中央财经人事局、中央技术管理局、私营企业中央事务

---

① 《毛泽东选集》第四卷，人民出版社 1991 年版，第 1428 页。

局、合作事业中央管理局、外资企业中央事务局等工作机构。

（3）在东北、西北、华中、华东等区域及各省各大中城市，均应建立财政经济委员会，各级人民政府委员会的若干财政经济委员会及各级人民政府委员会的若干财政经济部门，并在中央与上级财政经济机关的领导之下进行工作。①

6月4日下午，周恩来在北京饭店主持召开会议，宣布：中央军委决定派陈云、薄一波负责筹备组织中央财政经济委员会。财政经济委员会暂时属中央军委领导，中央政府成立后由中央政府领导。7月12日，中央财经委员会宣布成立。陈云任主任，薄一波任副主任。

陈云在20世纪二三十年代，就受党的指派开办商业机构，为党中央的活动筹集经费，其出色的经营受到党中央和共产国际的表扬。到1948年，陈云已经开始考虑在苏联的帮助下拟订东北经济建设的计划。三大战役结束前，陈云就提出："我们已觉悟到在目前情况下，需要把财经工作放在不次于军事或

---

① 聂锦芳著：《周恩来经济评传》，中国经济出版社2000年版，第145～146页。

仅次于军事的重要位置上。"① 陈云领导财经工作的经验和才能深受毛泽东和中共中央的赏识，因此，选定由他主掌全国财经工作。

陈云走马上任，开始筹建中央财经委员会的当天，华东局财委致电中共中央再一次报告了上海银圆发行的严峻情况，并建议采取发动舆论攻势、抛售银圆、禁止银圆流通、严惩银圆贩子、举办折实存款、抛售各种实物等6项办法打击银圆投机。

让人民币进入上海，是陈云的主意。他原来设想，通过发行人民币，用人民币兑换金圆券，购买上海的物资，人民币很快就会占领上海，最终成为上海的权威货币，人民政权就掌握了经济工作的命脉。为此，中央通过上海军管会发布命令：从上海解放之日起，以人民币为计算单位。在人民币进入上海之初，暂时准许金圆券在上海市面上流通。同时，中国银行上海分行宣告成立，它在最初的主要任务是用人民币兑换金圆券。但是，不法商人在美、蒋支持下公开向人民政权挑衅，与人民政权争夺货币主导权，狂妄宣称：解放军进得了上海，人民币进不了上海。这是陈云没有预料到的。

---

① 孙业礼等著：《共和国经济风云中的陈云》，中央文献出版社1996年版，第9页。

6月5日，上海市委致电中共中央，提出采取严厉打击银圆投机的方针，具体办法有5条："一、宣告我们对银圆的态度。二、抛出银圆（我们约有500万元），三四天内把银圆价格不断降低到600元上下，然后在京沪杭地区同时宣布禁用银圆（希望武汉亦采取共同行动）。动员上海群众及军警来全面取缔银圆贩子活动，公安局主要选择一二个最大的银圆投机家，给以最严厉的处分（如逮捕及没收）。三、人民银行所管辖和领导下的各银行一面收兑银圆，一面举办折实存款，以解除小市民对纸币的顾虑。四、贸易处出售米、煤、盐、油，并抛出人民币吸收工业品，以解决工厂资金困难，并使工业品缓慢上涨……五、对失业工人及贫民进行必要的救济工作。"[①]

这一新政实行的当天，上海市政府开始抛售银圆。然而，当天抛售的10万银圆被投机分子一吸而空，不仅没能促使银圆价格的回落，反而出现了急剧飙涨的严峻形势。6月7日，银圆价格涨到每元兑1800元人民币。

次日，陈云致电华东、华中局，决定先用强硬手段查封银圆投机的大本营上海证券交易所。当时中财委尚未成立、中财部即将撤销，因此，电报署名："中财"。

---

① 上海市委禁止银圆在市场流通办法，1949年6月5日。

6月10日上午8时，200多名公安干警按预定部署化装秘密进入证券大楼，控制了各活动场所和进出通道。两个小时后，宋时轮警卫部队一个营到达证券大楼，对整个大楼实行军事包围。此后，公安人员分头搜查了各个投机字号，当场扣压了238名严重违法奸商。

这一举措立刻震动了全上海。重拳打击金融投机的第二天，银圆价格开始大幅下跌，粮油价格也开始下降。一个月后，银圆投机风波被平息下去。

"银圆之战"的告胜，上海市场的物价只平静了十几天。

6月23日，蒋介石对大陆实行海上封锁。这一来，各国商船开往上海的航道被完全切断。上海的投机资本乘国民党实施海上封锁和华东、华北一些地区遭受水灾、风灾之机，操纵市场，以米价带头，纱布跟进，带动物价全面上涨。

蒋介石实行海上封锁的当日，上海物价开始波动。这一天，上海每石大米的价格是人民币1.17万元，7月16日升至5.9万元，7月18日更高达6.5万元。7月平均物价比6月上涨1.8倍。上海物价的暴涨导致平津物价急速抬高，物价风潮骤然蔓延到全国。

7月3日，华中局急电中央，谋求对策。中共华东局第一书记邓小平向党中央报告：上海煤粮两荒，情况严重，因学校多，又接收旧人员 15 万，开支甚大，工厂原料缺乏，运输费昂贵，开工困难，提出对厂矿和人员进行疏散，向各解放区求援。①

中共中央认真研究了上海的形势，决定在上海召开金融贸易会议，研究解决上海和全国财政经济问题。同时委派陈云带领东北财委和铁道部负责人出席会议，"希望会议能找出一些支援战争与稳定沪、汉经济阵地的办法"。

7 月 22 日，陈云抵达上海，下榻于百老汇大厦。他不顾上海刚刚遭遇的台风袭击和资本家的不友善态度，走街串巷了解情况。经过充分准备，由中财委召集的华东、华北、华中、东北、西北五大区财经领导干部会议于 7 月 27 日至 8 月 15 日在上海开幕（即上海财经会议）。

陈云主持了这次会议。会议的第一周，主要由各解放区和上海汇报情况；从 8 月 1 日起，分综合、财政、金融、贸易 4 个组进行讨论，并形成了《关于若干问题的共同意见》草稿，提交大会；会议的最后一周，先由陈云就初步形成的《共同意见》向大会讲话，尔后组织讨论，最后由陈云进行会议总结。

---

① 《陈云年谱（1905—1995）》上卷，中央文献出版社 2000 年版，第 569~570 页。

8月8日，陈云在会上作了《克服财政经济的严重困难》的报告，详细分析研究了上海当时的各种经济困难，对7个方面的问题提出了解决办法。

一、敌人封锁问题。陈云认为，我们要准备帝国主义的长期封锁，不仅是目前的军舰、飞机、水雷的封锁，在经济上也要准备他们不买我国出口的货物，不卖给我们需要的东西。但是，我们有办法打破封锁，第一，从香港多少可以进出一些……第二，北方也有通路，天津可以出，大连可以出，满洲里也可以出。有些东西可以让外商代销。

二、工厂搬家问题。上海曾向中央提出进行疏散的意见，陈云通过调查研究改变了原有设想，决定立足于恢复与发展生产来解决问题。他说：这件事情要慎重。应将解决目前困难与全国长期建设看成两回事，分开来处理。不能因为目前有困难，就把许多工厂搬走了事。要完全具备搬厂的经济条件并不容易。

三、粮食问题。陈云认为，粮食价格上涨，影响工业生产的成本，也影响其他商品的价格。维持上海的大米供应，每天至少需400万斤，现在只有约260万斤，尚差

140万斤。不足部分，要通过开放各地粮运，将常州、芜湖及皖北早稻运来，并从东北、华中、华东调粮解决。

四、棉花问题。陈云认为，纱厂所需棉花，可通过调集原中国纺织建设公司在各地存棉及中财委组织各地公私企业收购来解决。

五、运输问题。运来上海的东西主要是煤、粮、棉，从上海运出去的东西主要是纱布、纸烟等。最大宗的，是煤炭的运输。华东财办要把运输看成一个重要问题，好好组织，设一个专门机构来管理……总之，运输问题不解决，上海煤、粮、棉的供应都会很困难。

六、工业生产问题。陈云说，改造旧上海，主要的是使生产事业得到恢复和稳步发展。要力争上海主要行业纺织、印染、纸烟等开工率维持到2/3。

七、金融问题。陈云强调，处理金融问题，必须有全局观点。一个地方物价上涨，必然会影响其他地方……个别地方采取"自卫"办法，即用提高价格来限制物资外流的办法，是用不得的。只有让物资自由流通，物价保持平稳才行。在财政上，一定时期内还有比较大的地方性，但地方如果都各自打算，分散使用力量，就不能应付目前这个局面。现在把所有后备力量统统集中也不可能，但主要的后备力量，必须有步骤地合理地统一使用。为了满足军费、修复铁路、工业投资、农产品收购，政府必须有较大开支。如果继续发票子，势必通货膨胀；而少发票子，就得发公债。只要每月发行的现钞不超过公债收回的钞票，就不会使工商业因筹码少而受到太大影响。①

为保证上述措施的落实，8月4日，陈云致电时任中共中央华中局第一书记的林彪、第三书记的邓子恢，"务请华中自8月至10月筹集2万吨大米运沪"，因"上海附近地区早稻歉收，外米不能进口，米价突出，影响整个财政金融"。5日，又致电周恩来，建议用苏联航行于大连与香港间的班轮运回上海厂商存在香港的10余万担棉花，以维持上海纺织工业生产。

上海财经会议整整开了20天。会议结束时，陈云再次发表讲话，对当前财经工作中需要注意的问题提出了明确要求，对急需做好的发行公债、开展国内汇兑、统一管理税收、实行国内贸易自由等12项工作一一作了部署。

---

① 《陈云年谱（1905—1995）》上卷，中央文献出版社2000年版，第573页。

用经济手段管理经济：
打赢"不下于淮海战役"的经济战

1949 年 10 月 15 日，新中国成立仅仅半月，蔓延全国的物价上涨潮又一次发生。据天津、西安、上海、汉口四大城市统计，在 1949 年 10 月 10 日到 11 月 20 日的 40 天中：

天津：面粉价格上涨 2.4 倍，大米上涨 3 倍，白布上涨 3.6 倍，纱上涨 3.8 倍；

西安：面粉上涨 3.6 倍，大米上涨 3 倍，白布上涨 2.5 倍，纱上涨 2.1 倍；

上海：面粉（至 11 月 10 日）上涨 1.5 倍，大米上涨 1.7 倍，白布上涨 2.6 倍，纱上涨 3.6 倍；

汉口：面粉上涨 2.1 倍，大米上涨 2 倍，白布上涨 2.3 倍，纱上涨 2.5 倍。

从全国看，1949 年一年之内，物价指数平均上涨 19 倍。"这期间整个物价每天要上涨 10% ~ 30%，在 10 月份一个月内，全国平均物价上涨 44.9%；11 月全国平均物价比 9 月上涨 3.5 倍！"

这是继 6 月份上海发生"银圆之战"、7 月份几个大中城市发生"粮米之战"以来的又一次"棉纱之战"。

为解决全国出现的棉纱危机，11 月 1 日和 5 日，陈云在"北京"主持召开中财委第一次委务会议、第二次委务会议。认真讨论了如何应对物价风波的问题，决定采取 6 项稳定物价的紧急措施：一、冻结未入市场的货币 10 天，以稳定人心；二、各贸易机关抛售物资 10 天，以收回货币；三、停止各机关购存物资；四、检查各银行存款；五、收回货款；六、加强市场管理。[①]

但是，这些措施对于庞大的投机资本而言则是杯水车薪，有的资本家宁可借高利贷发工资，也不抛出囤货。

11 月 8 日，中共中央华东局就上海金融物价问题致电中央并中财委：

> 上海物价自上月 10 日至今日止，纱布已涨 110%，大米涨 60%，上涨幅度与范围日益扩大到全面。我国营公司自上月 10 日以来，每日皆有一二十亿至三四十亿之

---

① 熊亮华著：《红色掌柜陈云》，湖北人民出版社 2005 年版，第 86 页。

纱布粮食抛出，今昨两日每日抛六七十亿物资，但涨风仍旧……

上海目前仍为全国金融贸易斗争之中心，私营工商业及游资力量特别庞大，斗争方式极端复杂多变，如处理适当，则对全国有利，否则对全国有害，请中央在沪设立统一指挥全国市场的经常机构，同时为应付此次市场波动，请中央即派一位负责同志，最好请陈云同志来沪主持一个时期。[①]

陈云领导中财委密切关注着各地的动态和反应，到11月中旬，物价涨势开始趋缓。陈云判断这是物价上涨到达高峰的征兆。11日，陈云、薄一波致电东北局李富春、叶季壮：

根据关内8月初以来及今后两月发行指数的估计，目前物价指数的涨度将达顶点。因此，我们正准备各项措施及实力，计划在不损实力以便应付明年2月涨风的原则下，于12月初顶住此次涨风……为此目的务请设法从11月15日起，由东北保证每日运1000万至1200万斤粮食

---

① 熊亮华著：《红色掌柜陈云》，湖北人民出版社2005年版，第86页。

进关，我们则保证卸车及空车回运。此项进关粮之作用，估计除平日应市需要外，其他粮食不敢卖出，但必须进关才能压台。①

为保证东北粮食进关，陈云派曹菊如坐镇沈阳，指挥调度。亲自交代曹菊如："你坐镇沈阳，东北必须每天发一个列车的粮食到北京，由北京市在天坛打席囤存粮，必须每天增加存粮席囤，要给粮贩子看到，国家手上真有粮食，粮价不能涨，使奸商无隙可乘！"②

在稳住北方之后，陈云集中全力打击上海的投机势力。11月13日，陈云为中财委起草致各地指示电，连续发出了12道指令：

1. 以沪津两地7月底物价平均指数为基准，力求只涨2倍或2.2倍。

2. 东北自11月15日至30日，须每日运粮1000万至1200万斤入关，以应付京津需要。

3. 为保证汉口及湘粤纱布供应，派钱之光先到上海，

---

① 《陈云传》上，中央文献出版社2005年版，第643页。
② 《陈云与新中国经济建设》，中央文献出版社1991年版，第177页。

后去汉口，适当调整两地纱布存量，以便行动。

4. 由西北财委派员将陇海路沿线积存之纱布，尽速运到西安。

5. 财政部须自11月16日至30日于德石路北及平原省，拨贸易部2.1亿斤公粮，以应付产棉区粮食销售。

6. 人民银行总行及各主要分行自电到日起，除中财委及各大区财委认为特殊需要而批准者外，其他贷款一律暂停。

7. 各大城市应将几种能起到收缩银根作用之税收，于11月25日左右开征。

8. 工矿投资及收购资金，除中财委认可者外，由各大区财委负责，自此电到达日起一律暂停支付。

9. 中财委及各大区财委对各地军费应全部拨付，不得扣压。但请当地党政军当局叮嘱部队后勤负责同志，不得投入商业活动。

10. 地方经费中，凡属可以迟发半月或20天者，均应延缓半月或20天。

11. 目前各地贸易公司，除必须应付门市售者外，暂时不宜将主要物资大量抛售，应从各方调集主要物资于主要地点，并力争于11月25日（至迟30日）完成；预定

11月底至12月初于全国各主要城市一齐抛售……

12. 对于投机商人，应在此次行动中给以适当教训。为此：（甲）目前抢购风盛时，我应乘机将冷货呆货抛给投机商，但不要给其主要物资。（乙）等到收紧银根、物价平衡，商人吐出主要物资时，我应乘机买进。①

电报起草之后，当晚即报周恩来。周恩来阅后迅速批示："如主席未睡，请即送阅。如睡，望先发，发后送阅。"电报送到毛泽东处，毛泽东当即批示："即刻发，发后再送刘、朱。"②

一场全国范围稳定物价，打击投机势力的战斗打响了。

不多久，中央人民政府已掌握了商品粮50亿斤和全国70%的煤炭供应量、40%的棉纱和50%的布匹、60%的食盐。同时加强了对京、津、沪等大城市的物资调拨工作。在很短的时间里，天津从东北调运粮食6000万斤，储备了35万匹棉布和5000件棉纱；上海储备了110万匹棉布，28000件棉纱，调储大米4亿斤；西安储备了40万匹棉布和大量粮食。

---

① 孙业礼等著：《共和国经济风云中的陈云》，中央文献出版社1996年版，第34~35页。

② 孙业礼等著：《共和国经济风云中的陈云》，中央文献出版社1996年版，第35页。

11月25日,陈云命令全国统一行动,在上海、北京、天津、武汉、沈阳、西安等大城市采取统一步骤,大量抛售纱布。上海等地的资本家和投机势力一看有纱布抛售,立即拿出全部力量争相抢购,甚至不惜借高利贷。他们盘算,纱布价格一天之内能涨好几次,"吃"进之后,当天转手,除了应付日拆,还可以获得高额利润。谁知,上海等地的国营花布公司,源源不断地抛售花布,而且一边抛售,一边降低牌价,连续抛售了10天。投机商们见大事不妙,赶紧抛售自己手中的纱布,但他们抛得越多,市场行情跌得越快。上海的纱布价格一天之内下降了一半投机分子叫苦不迭。

而此时,我们则紧缩银根,穷追不舍。一是规定所有国有企业的资金一律存入银行,不向私营银行和资本家企业贷款;二是规定私营工厂不准关门,而且要照发工人工资;三是加紧征税,规定税金不得迟交,否则,迟交一天罚税金额3%。如此一来,投机分子撑不住了,不得不要求人民政府买回他们"吃"进的棉纱,而人民政府则以极低的价格买回了大量棉纱。

这场战役,使投机分子受到严厉打击。有的资本家血本无归,有的卷铺盖逃往香港。上海和全国的物价迅速稳定下来。当时担任上海申新纺织公司总管理处总经理的荣毅仁说:"中共此次不用政治力量,而能稳住物价,给上海工商界一个教训。"他说,"6月银圆风潮,中共是用政治力量压下去的,此次则用经济力量就能稳住,是上海工商界所料不到的。"

平息物价上涨风潮的胜利,还不足以消除通货膨胀的威胁。当时,导致通货膨胀的"主要原因,是政府的财政赤字庞大,因而钞票发行过多"。而"财政赤字庞大"的主要原因又是"支出很大"、"收入很小"。陈云分析说:

我们"支出很大",主要表现为:其一,解放战争还在华南、西南等大片地方进行,军费开支浩大。1949年军费支出占全年财政总收入的一半以上。其二,我们对于一切不愿抵抗的旧军队与旧人员采取一律包下来的政策,连同我们自己的军政公教人员,国家需要供给的脱产人员达900万人,行政费用也很大。其三,政府还要支出相当数量的现金和物资去救济失业工人和灾民;以及重点恢复交通和其他生产事业。因此整个国家开支浩大。

我们的税收却很少。这是因为:第一,老解放区人民10多年来为抗日战争和解放战争已付出巨大的人力物力,解放后上交的公粮约占其总收入的19%强,已不能再增加他们的负担。第二,在广大的新解放区,其税收或者是因战争而陷于停顿,尚待整理与恢复,或者是受季节的限制,暂时不能征收。

第三，用于恢复生产和交通的投资，短时间不能收回成本，更说不上得到利润。这样，国家财政收入与支出差距很大，1949年国家支出中财政赤字达到2/3。为了弥补庞大的财政赤字，人民政府不得不暂时依靠银行透支，发行钞票。人民币的发行额，以1948年为基数，到1949年11月增加约100倍。其结果，一方面解决了解放战争和恢复国民经济的需要，但另一方面又不可避免地出现通货膨胀、物价波动的局面。

解决通货膨胀问题的根本办法，周恩来说："第一，恢复生产、开源节流"；"第二，新解放区的城市在安定后，就应收税"；"第三，发行公债"；"第四，借外债"。这些办法，陈云在上海全国财经会议上已经提出来了，只是有的办法中央没有马上实行。

首先，下决心发行公债。

8月11日，陈云在上海致电中共中央，建议发行公债。他说：为了在8月至10月青黄不接之际紧缩一部分货币，使物价不过分波动，并在冬季发行更多票子，收购棉花和土产出口，经与会同志同意，准备用各区名义分别发行折实公债。计划年底前发行2400亿元，利息4厘。发行对象主要是城市工商业家及未经土改的新解放区地主。国家从明年起分3年摊还。①

这个办法可以起到回笼货币、筹集资金、控制通货膨胀、发展生产的作用，但对于刚刚执政的中国共产党来说，还是一个新事物。对此，毛泽东采取了谨慎的态度。

8月14日，毛泽东复电陈云，希望就下列各点加以说明："（一）2400亿的用途；（二）为什么需要2400亿之多，是否可以减少；（三）估计城市工商业家对此项公债的态度将如何，是否会拥护或不拥护，是否有失败之可能；（四）利息4厘是否适当，为什么是适当的；（五）为什么规定明年11月起还本付息，3年还清，期限是否太促，为什么要如何（此）规定，以上请答复。"②

15日，陈云又致电中共中央，对发行公债的理由进一步陈述，指出：（一）为利于战争，保证收购棉花的农副产品，需发行货币9300亿元。目前米价高涨，对工业生产十分不利。改变的办法在于争取物价的相对平稳，缩小工农业产品的剪刀差。发行公债2400亿元只占货币发行额的1/4，但对保证上述开支作用很大。（二）8月、9月、10月的财政发行数约6000

---

① 《陈云年谱（1905—1995）》上卷，中央文献出版社2000年版，第573页。
② 《毛泽东经济年谱》，中央党校出版社1993年版，第268~269页。

亿元，公债届时收回 2100 亿元，放多收少，银根不至过紧。（三）公债以劝购派购形式推销，工商业家内心不拥护，但公开反对者为少数。大中城市游资很多，公债为数不多，有利于物资交流和刺激工业恢复，对工业资本家是有利的。（四）公债用折实方法，利率 4 厘相当于半年定期折实储蓄利率，是合适的。（五）解决财政问题，各国一般均用征税、借债、发行三种办法，我们长期处于农村，对发公债办法用得少。其实，此办法比单纯发行货币好。[①]

毛泽东似乎还不放心，他于 8 月 17 日再次致电陈云：公债问题关系重大，请陈云立即回来向中央报告，加以讨论然后决定。

讨论的结果，由于顾虑资本家的反对而推迟实行。但几个月的反通货膨胀斗争实践，使发行公债的问题得到包括毛泽东在内的越来越多的中共领导人的支持。在 11 月 18 日的政务院第六次政务会议上，周恩来总理采纳陈云的建议，并委托陈云主持研究起草关于发行人民胜利折实公债的决定草案，由政务院提案，建议中央人民政府决定发行一次公债。

毛泽东十分重视发行公债的提案，他专门征询黄炎培等经

[①] 《陈云年谱（1905—1995）》上卷，中央文献出版社 2000 年版，第 575 页。

济专家的意见。11月28日,毛泽东主持召开中共中央政治局会议,研究发行人民胜利折实公债问题。29日上午,毛泽东又主持政协第一届全国委员会第二次(扩大)会议,讨论《1950年度全国财政收支概算(草案)》和《关于发行人民胜利折实公债的决定(草案)》。30日晚7点半,在颐年堂毛泽东住处,毛泽东与周恩来、陈云、黄炎培、薄一波、马寅初、施复亮、章乃器等继续开会讨论概算和公债问题。经过充分讨论研究,1949年12月2日,在中央人民政府委员会第四次会议上,通过了关于发行人民胜利折实公债的决定。

第一期公债3个月就全部售完,这期公债的发行对稳定物价起到了很好的作用。第二期公债由于国家财政经济状况已经基本好转,没有再度发行。

其次,增加税收。

陈云在提出发行公债的同时,提出了抓好税收的问题。他在上海财经会议上说:目前最要紧的有两件事:一是公粮要征得好,二是税收要整顿好。他还说:"宁缺一个县委组织部长,也不能缺一个县税务局长。"[①] 对陈云关于加强税收的主张,毛泽东十分赞同,并要求各大区的领导"着重整顿税收,

---

① 金冲及、陈群主编:《陈云传》(上),中央文献出版社2005年版,第660页。

以增加收入"。

一个多月后，一份英国侨民致英国政府的备忘录里谈到了对中国地方政府税收政策的感受。备忘录称："英侨情况，现亦略好转。对深受政府一视同仁之待遇，无不感激。唯对某些税收制度及劳资问题，尚有意见。例如，税收方法，税率入制度，全国应一致。在天津之合并征收亦不科学，对工商业均有严重不良影响。唯上海之营业税法及印花税法，系参酌本市实际情况而定，人民无不称善。"① 11月4日，毛泽东得到这个情况后，立即作出指示，要求政务院财政经济委员会副主任薄一波：收集上海的税收办法加以研究，并将此情况告知天津市市长黄敬。

毛泽东的批示，引起了陈云的极大重视。他特意到财政部视察工作，研究税收问题。视察中，陈云详细了解了税收工作存在的问题。他指出，解决当前国家的财政困难，"摆在我们面前的只有两条道路，一为增加税收，二为多发票子。发行票子太多会导致通货膨胀、物价上涨，老百姓叫苦；另一方面，票子（价值）下跌，就要老是紧跟着发票子，物价就不平稳，因此，票子多发也不能解决根本问题。"

---

① 《毛泽东经济年谱》，中央党校出版社1993年版，第272页。

陈云认为，根本的出路在于税收。税收"不仅是一个财政任务和经济任务，而且是个严重的政治任务"。陈云严肃批评了在税收问题上的片面群众观点与仁政观点，对于农业税与城市的负担不平衡的问题，陈云指出，"首先应该取得城乡负担平衡，然后城市要超过农村。""但目前不是减低农业税，而是要通过增加城市负担来取得平衡。农业税的减低是将来的问题，在财政赤字消灭前是不能减的。目前一切主张减税的思想都是错误的。"[①] 陈云的这次讲话，为全国的税收工作定下了基调。

1949年11月24日至12月9日，中央财政部在北京召开全国第一次税务会议，重点研究了统一全国税政、加强工商税收管理问题，部署了1950年的工商税收任务。12月8日，陈云到会讲话，重申上述观点：要解决财政困难，单靠多发票子不行，主要应靠增加税收。12月19日，中财委召开第8次委务会议讨论弥补赤字的办法，在究竟是多发票子还是多收税的问题上，权衡的结果，都不赞成多发票子，而主张用多收税的办法争取收支的平衡。陈云风趣地说："世上没有点金术，也没有摇钱树，又要养活900万人（指吃公家饭的人——引者

---

① 《陈云传》上，中央文献出版社2005年版，第658页。

注）吃饭，所以路只有两条，印钞票和增税。靠印钞票的路我们不能走，稳妥的办法是在税收上多想办法，打主意。"①

于是，陈云起草致毛泽东并中共中央的《财经旬报》，提出了健全税务机关，配备得力税务干部、大力推进税务工作的意见。在中共中央的大力支持下，税务工作得到加强。到1950年，税收工作的成效逐渐显现出来，国家决算中，城市税收占总收入的45.8%，超过占总收入29.3%的公粮收入。

反对通货膨胀斗争的胜利，极大地提高了党和人民政府在广大群众中的威信，它向全世界表明共产党领导下的中国人民军事上能打100分，经济上同样能打100分；它使旧中国留下的全国经济混乱的局面就此终结，使共产党的"天下""大定"。陈云总结中国共产党扭转通货膨胀局面的经验时说："我们是税收、公债、货币回笼、收购四路'进兵'，一下子把通货膨胀制止了。"毛泽东更给予高度评价，指出：它的意义"不下于淮海战役"。

---

① 薄一波著：《若干重大决策与事件的回顾（修订本）》，人民出版社1997年版，第94页。

第七章

美在鸭绿江畔燃战火

中国出兵抗美援朝

在此危急关头，应朝鲜党和政府的请求，中共中央和毛泽东同志高瞻远瞩，审时度势，毅然作出了抗美援朝、保家卫国的历史性决策，以大无畏的英雄气概果敢承担起保卫和平的历史使命。1950年10月19日，我英雄的中国人民志愿军将士，在司令员兼政治委员彭德怀同志率领下，肩负民族的期望，高举保卫和平、反对侵略的正义旗帜，雄赳赳，气昂昂，跨过鸭绿江，同朝鲜人民和军队一道，历经两年零九个月舍生忘死的浴血奋战，赢得了抗美援朝战争的伟大胜利。这是中朝两国人民和军队团结战斗的伟大胜利，维护世界和平与人类进步事业的伟大胜利。

——习近平：《在纪念中国人民志愿军抗美援朝出国作战60周年座谈会上的讲话》[1]

---

[1] 习近平：《在纪念中国人民志愿军抗美援朝出国作战六十周年座谈会上的讲话（2010年10月25日）》，新华社北京2010年10月25日电。

兵发朝鲜、威胁中国：杜鲁门错估了毛泽东

　　1950年6月，与中国一衣带水的邻邦朝鲜发生内战。随着美国出兵朝鲜，帮助南朝鲜的李承晚政权进攻北朝鲜的劳动政权后，战争迅速蔓延到中国边境的鸭绿江畔，把中国卷入朝鲜战争，导致了中国出兵抗美援朝，由此开始了中美间的第一场直接军事较量。

　　朝鲜内战的爆发与美、苏两大国角力有关。

　　1904年的日俄战争，使日本取得了东北亚地区的霸主地位，并占领全朝鲜。40年后，在第二次世界大战中战败，使日本在朝鲜的既得利益拱手让于战胜国美国和苏联。杜鲁门与斯大林达成协议：以地图上北纬38度（统称"三八线"）即朝鲜半岛南北中央，西自黄海岸边瓮津半岛上的闲洞里，东至襄阳以南的日本海边北盆里为分界线，此线以北为苏军控制区，此线以南为美军控制区。后来，苏、美两国军队相继撤出朝鲜半岛，在原苏军控制区建立了共产党执政的朝鲜民主主义人民共和国——北朝鲜，在原美军控制区建立了忠于美

国的大韩民国政府——南朝鲜。两个政权都对国家的统一充满梦想。

1949年1月21日,李承晚总统在记者招待会上宣称:我希望"国军北进"。此后,他又在国会发表演讲,称:"南北分裂是必须用战争来解决的",并声称在1950年实现南北统一。

美国对李承晚的战争叫嚣推波助澜。首先,1950年1月,美国与南朝鲜政府签订军事援助协定,向南朝鲜提供军事援助价值1097万美元、经济援助1.1亿美元;其次,美军协助南朝鲜进行战争筹划。双方多次召开"高级将校会议",详细讨论"有关完成战斗准备的问题"和"北伐计划",并调整部署,将南朝鲜陆军部队8个师分为两个梯队,计划第一梯队投入5个师在三八线沿线展开,第二梯队投入3个师集中于汉城附近;再次,美国派高官视察南朝鲜敏感地区,进行战争调唆。1950年6月中旬,美国国务院顾问约翰·福斯特·杜勒斯到南朝鲜活动,视察了三八线,并鼓动说:"没有任何敌人,能够挡得住你们,不论它多么强大。"还说,"美国准备给予正在如此英勇与共产主义作斗争的南朝鲜以一切必要的精神上和物质上的援助。"① 美国国防部长路易斯·约翰逊、参谋长联席会议主席奥马尔·布莱德雷到日本活动,并同麦克阿瑟讨论了朝鲜问题。

在美国国防部长路易斯·约翰逊离开日本回国的第二天,朝鲜内战全面爆发。

朝鲜内战爆发后,北朝鲜军队展示了很强的战斗力。被美国军方称为"亚洲之雄"的南朝鲜军,在北朝鲜人民军的猛烈攻势下,迅速土崩瓦解。大肆叫嚣"武力统一"的李承晚惊慌失措,于6月26日带着高级幕僚仓皇逃离汉城,在大田设立了临时政府;其陆军总部也丢下部队,撤往始兴;失去统一指挥的部队毫无斗志,纷纷南逃。1950年6月28日,北朝鲜人民军解放了南朝鲜首都汉城。

美国把南朝鲜的失败归结为以苏联为首的社会主义阵营向"自由世界"的挑战,杜鲁门作出了如下判断:"如果听任南朝鲜沦丧,那么共产党的领袖们就会越发狂妄地向更靠近我们的国家进行侵略。如果容忍共产党人以武力侵入大韩民国,而不遭到自由世界的反对,那么,就没有哪一个小国会有勇气来抵抗来自较为强大的共产主义邻邦的威胁和侵略。"② 这就导

---

① 《抗美援朝战争史》第一卷,军事科学出版社2000年版,第25页。
② 《抗美援朝战争史》第一卷,军事科学出版社2000年版,第32页。

致出兵朝鲜、解大韩之围成为美国执政当局的必然选择。

6月26日，杜鲁门召开会议研究朝鲜战争局势，决定马上命令美国海军和空军部队向朝鲜出动，"毫无限制"地攻击三八线以南的朝鲜人民军，支援南朝鲜军作战；批准派遣第七舰队进入台湾海峡。27日上午，杜鲁门在与美国国会领袖会晤之后，发表总统声明，宣布："我已命令美国的海陆空军部队给予朝鲜政府部队以掩护及支持。"并称："我已命令第七舰队阻止对福摩萨（美国称台湾为福摩萨——引者注）的任何进攻……福摩萨地位的决定，必须等待太平洋安全的恢复、对日本的和平解决、或联合国的审议。"①

这一声明不仅标志着美国正式介入朝鲜内战，而且把中国也牵连进来。因为，1950年1月5日，杜鲁门发表声明，承认中国对台湾的主权，声言美国目前无意在台湾获取特权，也不打算使用武装部队干预中国现在的局势。

6月29日，美军参谋长联席会议向美国远东军总司令麦克阿瑟发出指令：

1. 以远东军总部所属的一切海空军部队对南朝鲜部

---

① 《抗美援朝战争史》第一卷，军事科学出版社2000年版，第35页。

队实施充分的支援，肃清在南朝鲜的北朝鲜军队；

2. 派遣有限的陆军部队保护南朝鲜的交通线和其他基础设施，并授权麦克阿瑟派遣一支团级战斗队保护釜山和镇海地区的港口和空军基地；

3. 将第七舰队的作战指挥权转归麦克阿瑟；

4. 授权麦克阿瑟将空中行动扩大到北朝鲜。

这样，美军的干涉行动进一步升级，由海、空支援到投入地面部队，从南朝鲜扩大到全朝鲜，从朝鲜半岛又到干涉中国台湾。美国全面入侵朝鲜的行动由此展开。

毛泽东这时开始考虑，一旦美军在朝鲜得胜，将对中国东北构成安全威胁。7月2日，毛泽东、刘少奇、周恩来、朱德为此讨论了整整一个下午。之后，周恩来约见苏联大使罗申。周恩来说，毛主席在与北朝鲜领导人的几次谈话中，都谈到了美国干涉的可能性，可惜没有引起朝鲜同志的重视。美国的军事干涉看来有进一步扩大的趋势，人民军能否挫败美国的干涉，令人担心。毛主席希望朝鲜同志能够加强他们在仁川地区的防御线，因为美国人可能会在那里登陆，当然，这种登陆战也可能发生在半岛的其他地方。考虑到种种可能的情况，为防备万一，中国政府准备在中朝边境集中9个师的兵力，美国军队不过三八线则罢，一旦越过了三八线，中国人民解放军便以志愿军的形式入朝协助人民军抗击美国军队。①

一周后，中共中央军委决定：把驻河南等地的战略预备队第十三兵团调往东北，组成5个军、25.5万人的东北边防军，部署在鸭绿江边，加强东北边防。

从8月27日起，美军飞机不断侵入中国领空，进行侦察并对我境内目标进行轰炸和扫射，造成我财产损失、人员伤亡。中国政府认为，美军此举意在对中国边境的防备力量进行试探和侦察，这是美国准备扩大侵朝战争的一个信号。周恩来代表中国政府致电美国国务卿艾奇逊，就美军飞机侵入中国领空挑衅和残暴行动向美国政府提出了严重抗议。但是，美军飞机入侵中国领空的问题并未停止，8月29日上午又有4架美军飞机在我领空作恶并造成多人伤亡。中国政府遂将这一问题诉诸联合国。美军飞机不仅不加收敛，反而制造了9月22日轰炸中国城市东安的严重事件，中国的安全受到越来越严重的威胁。

9月中旬，大批美军在朝鲜半岛西海岸仁川登陆，截断朝鲜人民军南进部队的后路，战局急骤逆转。9月28日，美军占领汉城；30日，又全线进抵三八线。

---

① 杨奎松著《毛泽东与莫斯科的恩恩怨怨》，江西人民出版社1999年版，第319~320页。

三八线，这是中国所能承受的底线。越过三八线，意味着北朝鲜政权将不保，这是中国领导人所不愿看到的。边境被美军不断侵扰，台湾被第七舰队控制，如果美国再控制了朝鲜，中国的国家安全将置于美军的两面夹击之中。

9月9日，美国国家安全委员会第81/1号文件，已决定美军越过三八线，把战争扩大到整个朝鲜。文件在谈到如果遇到苏联军队或中国军队的策略时指出："一旦发生苏联军队或中国军队进入北朝鲜的情况，联合国军司令官不得下令进入北朝鲜进行地面作战，但应指挥部队重新占领三八线，并可继续在北朝鲜的海空军行动。""如果苏联军队在三八线以南公开或秘密参战，麦克阿瑟应尽可能守住防线，但不得采取使局势进一步严重的行动，并迅速报告华盛顿。""一旦中国的主力部队在三八线以南公开或秘密参战，美国不应使自己陷入同共产党中国的全面战争，但如果在朝鲜的美军部队有成功的机会，则应继续作战"[①]。

由此可见，美军对苏军是有所顾虑的，但并不怕中国军队参战。美国最高当局的判断是：中国没有能力单独与美国对抗，只要苏联不采取军事行动，中国作为苏联的盟国也不会出

[①] 《抗美援朝战争史》第一卷，军事科学出版社2000年版，第131页。

兵援朝。英国政府也作出了中国不会出兵的判断。

在得知美军企图占领全朝鲜的计划后，中国人民解放军代总参谋长聂荣臻在会见印度驻华大使潘尼迦时明确指出："如果帝国主义者真要发动战争，那么，我们也只有起而抵抗。"这一信息很快通过印度政府通报给英国和美国政府。美国国务院对这一消息不屑一顾，认为中国方面的警告，不过是恫吓威胁的宣传。

1950年9月30日，周恩来在庆祝中华人民共和国建国一周年大会上的报告中，公开向美国发出警告："美国的武力侵略已经侵入中华人民共和国的版图，并且随时有扩大这种侵略的可能……中国人民密切地关心着朝鲜被美国侵略后的形势。""美国侵略者如果以为这是中国人民软弱的表示，那都要重犯与国民党反动派同样严重的错误了。中国人民热爱和平，但是为了保卫和平，从不也永远不害怕反抗侵略战争。中国人民决不能容忍外国的侵略，也不能听任帝国主义者对自己的邻人肆行侵略而置之不理。"[①]

这是中国政府向美国发出的第一个明确的警告。

10月3日凌晨1时，周恩来总理又向美国发出第二个警

---

① 《周恩来外交文选》，中央文献出版社1990年版，第23~24页。

告。他紧急召见印度驻华大使潘尼迦,告之"美国军队正企图越过三八线,扩大战争。美国军队果真如此做的话,我们不能坐视不管,我们要管。"两个小时后,美国国务院收到美国驻印度大使发回的急电,称:周恩来已经明白无误地表示,如果美军越过三八线,中国就会出兵朝鲜。

美国政府则再一次误读中国发出的信息,认为,中国仍是虚张声势,是"为挽救北朝鲜政权而进行的外交努力的一部分"。他们认定:"俄国人或中共干涉朝鲜,要冒世界大战的风险;俄国人尚未作好为了朝鲜而冒险发动世界大战的准备;中国在军事上不具备单独进行干涉的能力。"此外,中国如果单独出兵朝鲜,也将不会给战局造成决定性的变化,实际上反而可能遭到惨重的失败。更不要说中国出兵的最好时机是美军退守釜山环形防御阵地的时候,而现在这种时机已经丧失。[①]

这样,美军越过三八线的计划不可改变。毛泽东的意志同样不可改变。

10月4日,毛泽东主持召开中共中央政治局会议,讨论出兵援助朝鲜问题。出席会议的有:毛泽东、朱德、刘少奇、周恩来、任弼时、陈云、高岗、彭真、董必武、林伯渠、彭德

---

① 《抗美援朝战争史》第一卷,军事科学出版社2000年版,第141页。

怀、张闻天、李富春等。会议对中国和朝鲜的形势进行了全面分析，围绕出兵或不出兵，会议出现了两种意见：一种意见主张暂不出兵。主要的顾虑是国内困难太多，如，战争创伤还没有医治，土改工作尚未完成，军队的装备和训练尚不充分，没有制海权和制空权等。另一种意见主张出兵。理由是我们准备不够，帝国主义国家的准备也不够。如果让美国占领朝鲜，他们就会把兵力转向越南、缅甸，到处搞鬼，我们将陷入更大的被动，美国将会成为我们的直接威胁。所以迟打不如早打。

出现两种意见，是党内民主的体现。毛泽东虽然已经有了主张，但他必须集中集体的智慧。10月5日政治局会议继续进行。4日的会议上，由于彭德怀从西北赶回北京迟了没有发言，毛泽东很想听听他的意见。

彭德怀坚决主张出兵援助朝鲜。他认为："美国占领朝鲜与我隔江相望，威胁我东北；又控制我台湾，威胁我上海、华东。它要发动侵华战争，随时都可以找到借口。老虎是要吃人的，什么时候吃，决定于它的肠胃，向它让步是不行的。它既要来侵略，我就要反侵略。不同美帝国主义见过高低，我们要建设社会主义是困难的。"不论从国家建设的前途考虑，还是从援助朝鲜考虑，以及从社会主义阵营的影响考虑，都应出兵援朝。如果美国决心同我们作战，我有全国政权，有苏联援助，比抗日战争时期的条件要有利得多。因此，彭德怀在发言中说："出兵援朝是必要的，打烂了，等于解放战争晚胜利几年。如美军摆在鸭绿江岸和台湾，它要发动侵略战争，随时都可以找到借口。"①

这次会议根据多数同志的意见，作出了立即组成中国人民志愿军赴朝参战的决定。

10月8日，在美军越过三八线的第二天，中国人民解放军军事委员会主席毛泽东发布命令：任命彭德怀为中国人民志愿军司令员兼政委，着将东北边防军改为中国人民志愿军，迅即向朝鲜境内出动，协助朝鲜同志向侵略者作战并争取光荣的胜利。

---

① 《彭德怀自述》，人民出版社1981年版，第257~258页。

毛彭联手、两战皆捷：中国军力震惊美国高层

1950年10月19日夜，第十三兵团4个军及3个炮兵师在司令员兼政委邓华率领下秘密进入朝鲜。25日，打响了入朝第一仗。

对入朝初期的战略和战役指导方针，毛泽东早已胸有成竹。他指出："目前正在部署的战役是否能利用敌人完全没有料到的突然性全歼两个、三个甚至四个伪军师。此战如果是一个大胜仗，则敌人将作重新部署……立即处于被动地位；如果这次突然性的作战胜利不大……使我不得不于阵前撤退，则形势将改到于敌有利。"[1]

就在志愿军入朝之际，由美国拉拢一些国家拼凑起来的"联合国军"占领平壤，北朝鲜人民军在美军登陆仁川后遭到重创，仅剩3个师。此时，"联合国军"在朝鲜的总兵力达到42万人，拥有作战飞机1100余架，各型舰艇300余艘，地面

---

[1]《建国以来毛泽东军事文稿》上卷，军事科学出版社，中央文献出版社2010年版，第278页。

部队兵力为5个军15个师另2个旅计23万人，其中，美军3个军6个师12万人，南朝鲜军2个军9个师，另有英国、土耳其、澳大利亚、泰国、菲律宾等国军队1.2万人。

10月15日，美国总统杜鲁门飞抵太平洋上的威克岛，与"联合国军"总司令麦克阿瑟会面，麦克阿瑟向杜鲁门报告了朝鲜战场的战况。他说：北朝鲜军队无法抵挡"联合国军"，更无力转入反攻，他们目前只剩下10万人，而且部队缺乏训练，装备不足，北朝鲜军队现在不过是在为了保全面子而战。美军越过三八线后，进展顺利。一旦东西两线的美军部队在平壤、元山一线会师，那么朝鲜人民军将再次像在朝鲜南方那样陷入重围。

麦克阿瑟断言：朝鲜战争将在感恩节（11月23日）前全部结束。美第八集团军和第十军主力部队可以在圣诞节（12月25日）时撤回日本，届时将在朝鲜只留下美第二师和第三师以及由其他国家的部队组成的第十军，完成占领任务。

与杜鲁门的会见，使麦克阿瑟受到鼓舞。为了兑现他对杜鲁门总统作出的承诺，麦克阿瑟于17日发布新的作战命令，改变美第八集团军和第十军在平壤－元山一线会合的计划，命令两军继续向北推进到距中朝边境40英里的宣川－青山场市－古仁洞－坪员－德实里－丰山－城津一线。他要求：美第八集团军指挥西线部队，美第十军指挥东线部队，分头向朝鲜北部边境快速推进，"连续突破敌阵，将敌人抛在后面，继续北进，北进！"

根据麦克阿瑟的命令，"联合国军"东西两个战线以团和营为单位，乘汽车沿公路长驱直入，放胆分兵冒进，特别是西线南朝鲜军第六、第七、第八师，贪功心切，推进速度不断加快，与美国部队脱离了联系。

毛泽东由此看到了麦克阿瑟的错误判断给志愿军提供了一次歼敌机会。他决定志愿军放弃原定第一期的防御作战设想，立即改取在运动中各个歼敌的方针。并提出志愿军第一次战役的基本原则是：先打南朝鲜军，再打美英军。"首先歼灭伪一、伪六、伪八等师，然后再打美英军。"[①]

根据毛泽东的多次指示，彭德怀、邓华最终决定：以第四十二军主力位于东线黄草岭、赴战岭地区阻击向江界方向推进的敌军，钳东线之敌，保护西线主力的侧后安全；集中第三十八、第三十九、第四十军和第四十二军第一二五师于西线，在云山、温井、熙川地区，各个歼灭南朝鲜第一、第六、第八师。

---

① 《抗美援朝战争史》第二卷，军事科学出版社2000年版，第20页。

10月25日，南朝鲜军第一师进至云山。上午8时30分，该师第十五团以坦克为先导开始沿公路向北推进，当进至云山城北玉女峰、朝阳洞一线时，早已在此设伏的志愿军第一二〇师第三六〇团突然开火，双方随即展开激战。此后，南朝鲜军第一师在密集炮火的支援下，向第三六〇团阵地展开轮番攻击。第三六〇团官兵依托野战工事，顽强抗击，坚守阵地两天三夜，使云山之敌未能北进一步，有力地保障了在温井方向的作战。

此时，志愿军第一一八师在温井以北地区同南朝鲜军第六师战斗正酣。

25日上午，占领温井的南朝鲜军第六师第二团以汽车搭载步兵开路的方式向鸭绿江畔冒进。乘坐汽车的先头第三营推进速度很快，把徒步跟进的第一、第二营甩在后面。10时20分左右，该营进入志愿军一一八师预设的伏击圈。第一一八师主力立即采取拦头、截尾、斩腰的战法，对敌发起攻击。第三五四团依托有利地形，对敌行军纵队侧翼展开猛烈攻击；第三五三团主力从第三五四团右翼出击。在该营敌军企图逃跑时，志愿军两团部队冲下公路，穿插分割，将敌截成三段，予以围歼。这是志愿军出国作战取得的第一个歼灭战斗的胜利。至此，抗美援朝战争序幕拉开。到10月31日，志愿军西线主力已歼灭南朝鲜军第六师大部和第八师一部。

这时，美第八集团军情报部门已发现南朝鲜军在温井和熙川地区遇到了强大的对手，但宣称可能只有2个团的中国军队入朝参战。错误的判断导致"联合国军"继续冒进。10月28日，美第八集团军司令沃克调整部署，令南朝鲜军转入防御或保护翼侧安全，而将预备队美骑兵第一师编入第一军，由平壤北上进入云山、龙山洞地区。

美军不知道，志愿军在该地区已集结10个师至12个师，达12万至15万人，而美第八集团军可投入兵力只有6万至7万人，志愿军在兵力上占有2:1的优势。10月30日，志愿军第三十九军完成了对云山的三面包围。11月1日下午5时，开始向云山发起总攻。担任主攻任务的第一一六师，沿三滩川东西两岸向云山猛攻。右翼第三四七团先头部队率先突入云山街区；左翼第三四八团攻占朝阳洞后，主力向云山城攻击，在云山东街口截住了正要外撤的敌军。志愿军第一一七师在攻占三居里后，协同第一一六师向云山发起进攻。作战中，指战员发现面前的敌人均为美军，经审讯俘虏后方得知美骑兵第一师已在云山布防。美陆军骑兵第一师，创建于美国独立战争期间，号称"开国元勋师"，参加过第二次世界大战，是美军的"王牌师"，此次作战其一部编入美第八团。

与美军"王牌师"交手，使第三十九军指战员更加斗志旺盛。第一一六师第三四七团二营在云山街发现3辆坦克引导载满步兵的10余辆汽车向城外逃窜，立即发起冲击，将其冲散，迫其弃车逃命，随即攻占了城南无名高地，切断了城内美军向南的退路；第三营则一举歼灭美军一个榴弹炮兵连。战至11月2日3时30分左右，第一一六师胜利攻占云山城。

遭受云山一役的重创，美第八团已无力组织防御，企图逃窜。第三十九军指战员对逃窜之敌展开了阻击和追击战。经过3个小时的战斗，美第八团和南朝鲜军第十五团大部被歼，剩下的美第八团指挥机构和第三营被志愿军第三四五团压缩包围于云山城南的河滩开阔地，固守待援。

天亮之后，美骑兵第一师主力在美第一军军长米尔本的指挥下，向龙头洞的志愿军阵地发起猛攻，企图打开通道，接应第八团余部突围。志愿军第三四三团坚决死守，击退了美军多次进攻。救援美军伤亡400余人，最终放弃北援云山的企图。而美第八团指挥机构和第三营则在突围无望的情况下，向志愿军投降。

云山战斗，是志愿军与美军在朝鲜战场的首次交锋。此役重创美骑兵第一师，歼灭南朝鲜军第十五团大部，毙伤俘虏美军1800余人，缴获飞机4架。至此，第一次战役结束。

志愿军突然出现在朝鲜战场上，令美国当局决策者和麦克阿瑟大吃一惊。他们百思不解的是，中国出兵朝鲜的目的是什么？是局部参战还是全面参战？杜鲁门要求麦克阿瑟就中国出兵的意图作出判断，麦克阿瑟提出了"4种猜测"，其中第一种可能就是："中国共产党政府打算以其全部强大的军事力量进行干涉"，但是他却说这种可能性最小。他认为中国不敢也没有能力与美国较量，即使出兵也不过是为保卫边防安全和中朝边界的电力设备。

麦克阿瑟的错误判断导致他又作出一个更大的冒险举动：展开全面总攻势。其计划是：先以地面部队进行试探性进攻，查明中国人民志愿军在朝鲜的实力和企图，同时以远东空军摧毁鸭绿江上的所有桥梁，摧毁鸭绿江以南尚未占领地区所有交通运输设施、军事设施、工厂、城镇和乡村，阻止中国人民志愿军后续部队进入朝鲜，截断后勤供应渠道，使在朝鲜的志愿军和人民军部队无法生存。然后集中所有的"联合国军"部队，以美第八集团军在西线、美第十军在东线，发起钳形总攻，全面向中朝边境的鸭绿江和图们江推进，消灭在朝鲜境内的所有志愿军和人民军，在圣诞节前全部结束朝鲜战争。

针对麦克阿瑟的战略错误判断和恃强傲慢心理，毛泽东和彭德怀决定采取诱敌深入，集中优势兵力各个歼灭敌人的方针，发起了第二次战役。

11月5日，毛泽东致电彭德怀，对贯彻诱敌深入方针、扭转朝鲜战局提出了战略设想，强调指出："德川方面甚为重要，我军必须争取在元山、顺川铁路线以北区域创造一个战场，在该区域消耗敌人的兵力，把问题摆在元山、平壤线的正面，而以德川、球场、宁远以北以西区域为后方，对长期作战方为有利。目前是否能办到这一点，请依情况酌定。"①

为贯彻毛泽东的战略设想，13日，彭德怀主持召开志愿军党委扩大会议，分析朝鲜战场形势，研究第二次战役的部署。会议决定：主力后撤至第一次战役比较熟悉的地区休整和构筑反击阵地，以逸待劳；而以小部兵力与敌保持接触，故意示弱，骄纵敌军和诱敌深入，将西线之敌诱至大馆洞、温井、妙香山、平南镇一线地区，东线诱至长津水库地区，然后突然举行反击。

担负诱敌深入的部队，西线是第三十九军第一一七师、第四十军第一一九师、第三十八军和第四十二军第一二五师。他们采取节节阻击、边打边退的战法，到21日已把美第八集团军诱至我预定的总攻击开始线，25日，又将其各部分别诱至

---

① 《抗美援朝战争史》第二卷，军事科学出版社2000年版，第77页。

定州及其东北安心洞、泰川以东延兴洞、云山东南上九洞、球场以北新兴洞、德川以北牛岘洞、宁远以北丰田里等一线。

当日黄昏，志愿军第三十八军、第四十二军在西线正面各军的配合下，乘敌立足未稳，出敌不意地对德川、宁远地区之南朝鲜军第七、第八师发起反击。第三十八军负责歼灭德川之敌南朝鲜军第七师。该师本来企图沿三巨里、牛岘洞、百川岭向妙香山、熙川攻击志愿军，不想在牛岘洞即遭遇志愿军第一一二师阻击，后又陷入志愿军第三十八军的包围中。南朝鲜军第二军团发现这一情况后，急令第七师向顺川方向突围。这时，第三十八军发起总攻，战至26日19时，取得围歼南朝鲜军第七师大部的胜利。

志愿军第四十二军的任务是歼灭宁远地区之南朝鲜军第八师。他们的迂回包抄行动刚刚开始，即被南朝鲜军第八师觉察。侧后出现志愿军部队，极大地震撼了该师在宁远地区的整个布势。第八师马上收缩防御，以第十六团坚守侧翼防线，师主力则开始向孟山方向收缩。志愿军第四十二军不给敌人调整部署的时间，各路部队随即发起进攻，打乱了敌军的部署。26日拂晓，第四十二军攻占宁边，歼灭了南朝鲜军第八师大部。

志愿军在德川、宁远地区的反击行动，使美第八集团军受到震动，但沃克司令并未判定志愿军的真实意图，他以为志愿军下一步行动是进行有力的局部反击。如果是这样的话，最为担忧的就是南朝鲜军第七、第八师溃败留下的战线缺口。于是，他紧急调整部署，重点保护右翼的安全。

这时，一张更大的网向美第八集团军围了过来。

27日，沃克司令终于明白志愿军的进攻不是局部反击，而是一次大规模的全线反击行动。他立即训令部队停止进攻，收缩战线，全线转入防御。彭德怀敏锐地觉察到沃克的企图，他迅即作出新的部署，以侧后迂回和正面突击并用，向美第八集团军发起全线进攻。

至28日，正面第四十军逼近球场；第三十九军进至平洞、石城洞、立石，逼近宁远；第六十六军进至古城洞、龙山洞；第五十军进至五龙洞。担负侧后迂回任务的第四十二军攻占北仓里，突破南朝鲜军第六师的防御。这样，志愿军西线部队已经开始对美第九军形成了三面包围之势，特别是第三十八军一一三师抢占三所里，切断美第九军退路，震撼了美第八集团军整个布势。

29日，志愿军在龙源里包围了美第九军第二师。该军军长库尔特急令英军第二十七旅北上接应。在三所里、龙源里，美英军南北夹击，向志愿军一一三师猛攻，企图从此突围。及时赶来的第三十八军主力，将南撤的美第二师和土耳其旅拦腰截成数断。此后，第四十军、第三十九军部队都加入到围歼美第二师的战斗中。

30日，志愿军向美第二师发起总攻，此后敌军建制被打乱，激战近30小时，歼灭美第二师主力、土耳其旅大部和美第二十五师、南朝鲜军第一师一部。据美国陆军官方战史记载，美第二师在清川江地区的战斗中，遭受歼灭性打击。至12月1日，该师按战时编制18000人，战后收拢人数时，只剩下8662人，重装备丢失殆尽，单兵装备丢失达40%。

志愿军在西线反击的同时，在东线也展开了反击作战。11月28日，第九兵团将美陆战第一师和步兵第七师一部分别包围于柳潭里、新兴里、下碣隅里等地，割断了美军之间的相互联系。

陆战第一师是美军最精锐的王牌部队，如果该师在长津湖地区全军覆没，对美军将是一个沉重打击。为挽救这支部队，美国参谋长联席会议直接干预指挥作战，于11月29日致电麦克阿瑟，要求他必须保持第十军与第八集团军的行动一致性，使两支部队连为一体。

但麦克阿瑟拒绝执行参谋长联席会议的命令，声称"第十军从地理上威胁着正向第八集团军右翼进攻的敌军部队主要补给线"，正是由于这种威胁，方迫使中共军队投入8个师的兵力来阻挡陆战第一师的进攻，自然就减轻了第八集团军的压力。他认为，只要第十军在目前的位置上，中共军队就不敢轻易向南推进。

根据麦克阿瑟的命令，美第十军军长阿尔蒙德决定将东线部队全部收缩于咸兴、兴南地区。

根据这一情况，志愿军总部修正预定作战方案，决定先集中绝对优势兵力歼灭新兴里之敌，然后再转兵逐个歼灭柳潭里、下碣隅里之敌。11月30日夜，新兴里进攻战斗打响。12月1日拂晓，敌军前沿阵地被攻克。在外援无望的情况下，美军第三十一团指挥官费斯上校命令毁掉所有火炮、卡车和补给品，率部向南突围，最终被围歼于后浦、泗水里地区。

12月7日，麦克阿瑟宣布"联合国军"实行总退却。

志愿军入朝以后发起两次战役皆获全胜，在美国朝野引起极大震撼。几天前还宣称"圣诞节"前结束朝鲜战争的麦克阿瑟，此时也软了下来，11月28日，他在给五角大楼的报告中写道："中国人在北朝鲜投入了大批军事力量，而且实力仍在增强……我们面对的是一场全新的战争。""显然，我们目前的实力不足以抗衡中国人发动的这场不宣而战的战争，他们在客观上拥有很多有利条件，促使形势发生了新的变化……本司令部已在职权范围内做了力所能及的一切，但它目前所面临的局面已超出了它的控制和它的能力所及"①。

麦克阿瑟的无奈,更使美国民众感到大难临头。新闻舆论不断报道的来自朝鲜战败的消息,加重了西方世界对战局的忧虑,从而使美国舆论和国际舆论开始指向美国总统。杜鲁门只得发表声明,承认失败,同时承诺继续打下去。他说:"中国人使用了大量的军队对我们进攻,而这种进攻仍然在继续进行。结果联合国部队大部分被迫撤退。目前,战场上的情况是不稳定的。我们可能要节节败退,就像我们前次所遭受的失败一样。但是联合国的部队不打算放弃他们在朝鲜的使命。"②

话虽这么说,但杜鲁门已经作了最坏的打算。他告诉军方,美军不主动撤出朝鲜,一旦被迫撤离,要带上南朝鲜军队一起走。就在麦克阿瑟宣布"联合国军"实行总退却的当天,东线美第十军也开始集结部队,准备从海上撤逃。

---

① 《抗美援朝战争史》第二卷,军事科学出版社 2000 年版,第 150 页。
② 《抗美援朝战争史》第二卷,军事科学出版社 2000 年版,第 151 页。

边打边谈、以打促和：
克拉克在停战协议上签字

遭受志愿军在朝鲜战场对"联合国军"的两次沉重打击，失败情绪已经笼罩着美国朝野。美军最高指挥官麦克阿瑟认为战争继续下去的唯一办法就是大量增兵，他在给杜鲁门的报告中称："如果没有最大数量的地面部队的增援，本军不是被迫节节后撤，抵抗力量不断削弱，就是被迫困守在滩头阵地里……除了防御外，没有任何希望……而实力不断地消耗，以至最后全军覆没，那是可以预期的。"① 不仅麦克阿瑟对战争前景表现绝望，杜鲁门派遣的美国陆军参谋长柯林斯到朝鲜战地当面征询美第八集团军司令沃克、第十军军长阿尔蒙德对军事形势的看法，结论也只是认为可以在釜山长期坚守。

看来，美国必须在继续增兵同中国打一场持久的战争，还是尽快结束朝鲜战争二者之间作出选择。美国人始终记得它的

---

① 《杜鲁门回忆录》，第二卷，第468~469页。

全球战略重点在欧洲，主要对手是苏联。它出兵朝鲜的一个重要考虑，就是与苏联的共产主义势力作战。然而，美国在朝鲜遇到的主要作战对手却是中国人民志愿军。美国军队被牵制在朝鲜战场不断消耗，而苏联则隔岸观火，养精蓄锐，连一个士兵也无须投入到战争中去。美国的主要军事力量长期陷在朝鲜而不是部署在欧洲，这些与美国以欧洲为重点、以苏联为主要对手的全球战略严重矛盾。杜鲁门在回忆录中说："我从来没有使自己忘记：美国的主要敌人正端坐在克里姆林宫里；或者忘记：只要这一敌人还没有卷入战场而只在幕后拉线，我就绝不能将我们再度动员起来的力量浪费掉。"

既然在亚洲、与中国军队作战不是美国的战略重点，那么剩下的选择就是尽快从朝鲜脱身。但是，要让美国这时候向中国求和，也是一件很没面子的事，于是，这一和平使命就交给了英国。1950年12月5日，阿富汗、缅甸、埃及、印度等13国向中国政府和朝鲜发出呼吁书，提出了《朝鲜和平方案》，主要内容是：立即在朝鲜停火；中国在朝鲜撤军并不再在边境集结军队；联合国部队中的美军撤出朝鲜；美军从台湾海峡撤出其舰队等10款。

美国只同意寻求在三八线停火，反对解决远东其他问题，即便实现停火，也不准备讨论停火以外的其他问题。这就暴露出美国并不愿在此刻和解，它只是想缓和气氛争取喘息时间。

对美国玩弄的"停火"阴谋，中共中央事先有所预料，也没有寄希望于美国马上就能坐到谈判桌上。12月3日，金日成来到北京，毛泽东在与他会谈时指出：战争有可能迅速结束，但也可能拖长……美帝和蒋介石一样，诺言协定都不可靠，故应从最坏方面着想。

针对美国围绕停火施展的阴谋，毛泽东决定发起第三次战役。12月8日，他复电彭德怀："（一）目前美英各国正要求我军停止于三八线以北，以利其整军再战。因此，我军必须越过三八线。如到三八线以北即停止，将给政治上以很大的不利。（二）此次南进，希望在开城南北地区，即离汉城不远的一带地区，寻歼几部分敌人……如果敌人放弃汉城，则我西线六个军在平壤、汉城间休整一时期。"①

10天后，志愿军党委下达了关于完成第三次战役任务的指示。

1950年12月31日17时，三八线附近寒风凛冽，大雪纷飞。志愿军和人民军在西起临津江口，东至麟蹄的200多公里宽大正面上，向"联合国军"的三八线防御阵地发起攻势。

---

① 《毛泽东军事文集》，第六卷，第239页。

志愿军右纵队第五十、第三十九、第四十、第三十八军，在高浪浦里至永平地段上突破临津江和汉滩川。此时，"联合国军"已成惊弓之鸟，对志愿军闻风丧胆，在志愿军和人民军发起攻击后，稍作抵抗，就撤退逃跑。不到1小时，第三十八、第三十九军就突破了"联合国军"的三八线阵地。

志愿军左路纵队第四十二军、第六十六军很快突破"联合国军"的三八线阵地。第四十二军主力经过一夜战斗，于1951年元旦推进到花岘里、中板里、赤木里地区；第六十六军在龙沼洞、马坪里、园坪里地段突破南朝鲜军第二师、第五师防御前沿后，与第四十二军一起将该两师包围于修德山、上南涂、下南涂地区，并展开攻击，重创该两师。

美联社记者报道了南朝鲜军争相南逃的情景：强大的中国军队今年元旦早晨在汉城以北和东北把"联合国军"击退了好几英里。汉城正北的盟军1个师已完全崩溃。记者曾看到该师的300余人在他们原来的阵地以东数英里的路上狼狈南行。

新任美第八集团军司令官李奇微在回忆录中也描写了他的部队从三八线向南撤退的狼狈相。他写道：元旦上午，我驱车向北面出了汉城，结果见到了一幅令人沮丧的景象。朝鲜士兵乘着一辆辆卡车，正川流不息地向南涌去。他们没有秩序，没有武器，没有领导，完全是在全面败退。有些士兵是依靠步行或者乘着各种征用的车辆逃到这里的。他们只有一个念头——逃得离中国军队愈远愈好。他们扔掉了自己的步枪和手枪，丢弃了所有的火炮、迫击炮、机枪以及数人操作的武器。我知道，要想制止这些连我的话都听不懂的吓破了胆的士兵大规模溃逃，那是枉费心机。①

鉴于这种情况，1951年1月3日，李奇微下令全线撤退到汉城以南组织防御。而志愿军乘胜追击，于4日下午占领汉城，后又逼近三七线。为防止向南战线过长造成志愿军和人民军侧后东北海岸防御空虚，不利日后作战，彭德怀宣布停止追击，结束战役，准备春季攻势。

第三次战役的结局，使美国当局对战争前景更感悲观。开战一年来，美军已付出10万余人的伤亡，运往朝鲜的军事装备达1500万吨，直接战争经费100多亿美元。这几项数字都比其在第二次世界大战中第一年的消耗多一倍。付出这样巨大的消耗和损失，并没有取得战争的胜利，特别是中国人民志愿军参战后，"联合国军"从鸭绿江被打回到三八线，一度被打退到三七线，只能在三八线地区与志愿军对峙，这使美国当局不得不考虑：这场战争还要打多久？美国还要付出多大的消耗

---

① 《抗美援朝战争史》第二卷，军事科学出版社2000年版，第181页。

才能结束这场战争？麦克阿瑟被解除一切职务后，从参议院到美国国家安全委员会，开始检讨美国的朝鲜战争政策，认为美国无法在朝鲜赢得一场决定性的胜利，仅凭军事手段不可能解决朝鲜问题。于是，经杜鲁门总统批准，美国国家安全委员会通过了一个有关朝鲜政策的备忘录，确定：美国在朝鲜当前的目标是在三八线地区建立一条有利的防线，寻求缔结停战协定，结束朝鲜战争。这是朝鲜战争爆发以来美国关于朝鲜战争政策的重大调整。

在美国当局作出愿意通过谈判沿三八线一带实现停战的表示后，6月3日，金日成也来到北京，与毛泽东共同分析了战争形势，讨论了战争方针问题。毛泽东、金日成研究决定，实行边打边谈的方针，政治斗争和军事斗争双管齐下：一方面准备同美国方面举行谈判，争取以三八线为界实现停战撤军；另一方面对谈判成功与否不抱幻想，在军事上必须作长期持久的打算，并以坚决的军事打击粉碎"联合国军"的任何进攻，以配合停战谈判的顺利进行。据此，中共中央确定了"充分准备持久作战和争取和谈达到结束战争"的指导方针。[①]

于是，1951年7月10日，朝鲜停战谈判拉开了序幕。当

---

① 《聂荣臻回忆录》，下册，解放军出版社1984年版，第741~742页。

日上午10时，停战谈判第一次会议在中朝军队控制区内的开城来凤庄举行。"联合国军"谈判代表乔埃、白善烨、霍治、克雷奇、勃克；朝中谈判代表南日、邓华、解方、李相朝、张平山等参加了会议。

经过10次会议，双方达成了停战谈判议程，主要内容有：（一）作为在朝鲜停止敌对行动的基本条件，确定双方军事分界线，以建立非军事地区；（二）在朝鲜境内实现停火与休战的具体安排，包括监察停火休战条款实施机构的组成、权力和职司；（三）安排俘虏问题；（四）向双方有关各国政府建议事项。

在谈判议程上的艰难进展，主要是美国坚决拒绝外国军队撤出朝鲜半岛所致。为打破僵局，金日成提出核心问题是解决以三八线为界停战的问题，这个问题解决了，撤退外国军队留待朝鲜停战后去解决。他以此让步谋求尽快在以三八线为界停战的问题上取得进展。但是，美方很快改变原来的承诺，不但坚决拒绝朝中方面提出的以三八线为军事分界线的建议，而且荒谬地要求将分界线划至朝中军队阵地的后方，以作为对美军海、空优势的补偿。对这一无理要求，朝中方面自然坚决拒绝，于是，谈判陷入僵局。

战争重又开始。1951年8月，美军在东线发起夏季攻势。

主要目标是：企图将从北汉江以东至东海岸朝鲜人民军防守的正面80公里宽的阵地向北推进12公里，切掉杨口以北人民军阵地的突出部，拉平战线，改善美第十军和南朝鲜第一军团的防御态势。从18日开始，"联合国军"平均每天以6个至13个营的兵力，在飞机、坦克和猛烈炮火的支援掩护下，向人民军3个军团防守的共80公里宽的阵地上，连续猛攻7昼夜，付出1.6万人的伤亡，也未能取得实质性进展。

在夏季攻势失败以后，"联合国军"于9月份又在西线发起秋季攻势。到10月底秋季攻势结束，"联合国军"以平均每天付出170人的伤亡，占去一平方公里的土地。美国参谋长联席会议主席布莱德雷评价这种攻势在战略上是失败的，他给杜鲁门的报告中说：李奇微"所实行的占领个别高地的战术，不符合美国在远东的全盘战略"，"用这种战法，李奇微至少要用20年的光景才能到达鸭绿江"①。

军事行动惨遭失败后，美国当局又回到谈判桌上。10月25日，停战谈判移至板门店举行。此时，美方的狂傲态度已有所收敛，不再炫耀其海空军优势，但其提出的军事分界线新方案，与以三八线为界停战仍有较大距离。如果同意这个方

---

① 《抗美援朝战争史》第三卷，军事科学出版社2000年版，第127页。

案，则意味着志愿军和人民军将退出约1500平方公里的地区，而美方却前进600公里的地区。朝中方面不满意这一结果。此后，经过研究，毛泽东接受李克农提出的以当前军队实际接触线为军事分界线，双方各后撤2公里作为非军事区的方案。对这一方案，美方再无话可说，遂于11月17日表示同意，这样最重要的军事分界线的谈判达成了协议。

此后，美国进入总统大选年。担任北大西洋公约组织盟军最高司令的美国五星上将艾森豪威尔，宣布退出现役，参加美国第34届总统大选。1952年4月，在朝鲜战场苦熬的李奇微有幸接替艾森豪威尔，离开了这个是非之地；而美国陆军野战部队司令马克·克拉克上将则成为朝鲜战场上"联合国军"最高指挥官——美国远东军总司令兼"联合国军"总司令。

中途易帅，停战谈判又一次被搁置。

1953年1月20日，艾森豪威尔入主白宫。他上台后，履行在竞选演说中的公开承诺，开始重新审查使朝鲜战争早日结束的可能的方针。2月22日，根据美国政府指令，克拉克以"联合国军"司令官的名义，致函金日成和彭德怀，建议双方派出联络官进行协商，按照日内瓦公约第109条的规定，先行遣返那些身体适于旅行的重病重伤被俘人员。这是一个和解的信号。

3月27日，毛泽东致电金日成，表示同意美方建议。次日，由周恩来起草的以朝鲜人民军最高司令官金日成、中国人民志愿军司令员彭德怀名义，向克拉克的复函送到美方。信函在同意美方建议的同时，提出："我们认为在战争期间交换双方病伤战俘的问题的合理解决，应当使之引导到全部战俘问题的顺利解决，使世界人民所渴望的朝鲜停战得以实现。"

对3月28日的复函，"联合国军"方面很快作出反应，于是，交换双方病伤战俘的谈判随即开始，并于4月11日签订了遣返病伤战俘协定。半月后，朝鲜停战谈判重又复会。谈判的主要问题是战俘问题。朝中首席代表为南日、志愿军代表为丁国钰等、朝鲜人民军代表为张春山；"联合国军"方面，首席代表哈里逊、"联合国军"代表为南朝鲜军少将崔德新。

这次谈判，双方的主要分歧是：一、朝中方面要求将不直接遣返的战俘送往中立国家，而美方主张在朝鲜交由中立国接收和看管；二、对不直接遣返战俘的解释时间，朝中方面主张为6个月，美方主张为2个月。

针对谈判出现的分歧，朝中方面于5月7日又提出了第二方案，采纳了美方建议中的合理部分。即：成立由波兰、捷克斯洛伐克、瑞士、瑞典、印度组成的中立国遣返委员会，对双方不直接遣返的战俘，应在原拘留地点从拘留一方的军事控制区和收容下释放出来，交由中立国遣返委员会接收和看管。不直接遣返战俘的解释时间，由6个月缩短到4个月。

对这一新方案，美国总统艾森豪威尔认为朝中方面表现出了让步精神，为谈出一个可接受的停战协定提供了基础。6月15日，双方关于战俘问题达成协议。至此，停战谈判所有议题全部达成协议。

1953年7月27日，朝鲜战争交战双方在板门店举行停战协定签字仪式。

——上午9时30分，双方出席签字的人员分别由指定的东西两门进入大厅就座。10时整，朝中代表团首席代表南日、"联合国军"代表团首席代表哈里逊，从大厅南门进入大厅，在签字桌前就座。开始在本方《关于朝鲜军事停战的协定》及其附件《中立国遣返委员会的职权范围》和《关于停战协定的临时补充协议》等文本上签了字，之后，相互交换签字。

——下午1时和晚上10时，"联合国军"总司令克拉克于汶山、朝鲜人民最高司令官金日成于平壤在《关于朝鲜军事停战的协定》、《关于停战协定的临时补充协议》上签了字。

——7月28日上午9时30分，彭德怀于志愿军司令部在《关于朝鲜军事停战的协定》、《关于停战协定的临时补充协议》上签了字。之后，双方公布了三个文件的全文。

美国在朝鲜半岛的这场"苦涩的战争"终于结束。中国人民志愿军在帮助朝鲜民主主义人民共和国粉碎"联合国军"企图霸占全朝鲜阴谋的斗争中,取得了决定性的胜利,从而为社会主义革命和建设争取了和平的外部环境。

第八章

三年经济困难

毛泽东、刘少奇接力调整

国民经济

1960年冬，党中央和毛泽东同志开始纠正农村工作中的"左"倾错误，并且决定对国民经济实行"调整、巩固、充实、提高"的方针，随即在刘少奇、周恩来、陈云、邓小平等同志的主持下，制定和执行了一系列正确的政策和果断的措施，这是这个历史阶段中的重要转变。1962年1月召开的有七千人参加的扩大的中央工作会议，初步总结了"大跃进"中的经验教训……由于这些经济和政治的措施，从1962年到1966年国民经济得到了比较顺利的恢复和发展。

——《关于建国以来党的若干历史问题的决议》①

---

① 《中国共产党中央委员会关于建国以来党的若干历史问题的决议》（1981年6月27日中国共产党第十一届中央委员会第六次全体会议一致通过）。

天灾人祸：中国经济遭遇严重困难

1959、1960、1961年，中国连续三年发生严重自然灾害。

1959年的旱涝冰冻灾，是20世纪50年代中国遭遇的一场前所未有的严重自然灾害，全国受灾面积达5亿亩，受灾地区集中在河南、山东、四川、安徽、湖北、湖南、黑龙江等主要产粮区。其中，1月至4月，河北、黑龙江出现严重春旱，影响300万公顷农作物，黑龙江受旱程度为历史所罕见；4月至5月的霜冻造成华北、黑龙江50多万公顷农田受灾；此期间，南方三次出现洪涝灾害，珠江、长江、淮河流域洪水泛滥，造成200多万公顷农田被淹；6月至8月发生在江淮流域的大旱灾，到7月下旬受灾面积达82.2万公顷；这时，河北、北京、黑龙江地区突降暴雨，山洪骤发，200多万公顷农田被淹。8月上旬，起于江淮流域的旱情扩大到黄河以北和西南内陆，受灾面积达2276万公顷。在此前后，东南沿海又遭到5次台风侵袭，最高达12级，使120万公顷农田受灾。

旱、涝、风雹、霜冻、蝗灾、黏虫灾、鼠灾等各种灾害交替发生，使1959年全国成灾人口达到8043万，超过1949年至1958年平均数80%以上，其中，山东、湖北、四川各占1000万。全国春荒人口达9770万人，相当于1949年至1958年各年平均值的2.87倍。

1960年，全国又发生了特大自然灾害。据《中国共产党历史》记载，1月至7月，全国累计受灾面积达6.7亿亩，其中，受旱面积6亿亩，主要受旱地区是华北、西南、华南及西北部分地区。山东、河南、河北三个主要产粮区合计受灾1598.6万公顷，成灾808.5万公顷，分别占整个旱灾地区的68.9%和56.9%。山东、河南境内的黄河等河流都长期断流，济南地区的800万人生活用水告急。进入夏秋，旱灾扩展到江苏、湖北、湖南、广东、四川、云南等南方地区。整个大陆省区除西藏外旱灾面积达38.46万公顷，是新中国成立后10年间的最高纪录。

到下半年，旱灾转为涝灾。6月至10月，东部地区发生严重的台风和洪水灾害。5个月里台风登陆11次，高于往年平均数近两倍。台风过境时间高达10~20小时，高于往年平均数3倍以上。台风造成暴雨频繁，洪水泛滥，广东、福建、浙江、安徽、河南、江苏、山东、河北、辽宁、吉林、黑龙江等11省受灾农田达993.3万公顷。山东部分地区30多天里降暴雨19次，平地积水3米至4米。东北辽河、太子河泛滥，流量为有史以来最大，淹没辽宁、吉林等省农田143.7万公顷，"鞍山、本溪等地区农田、村庄受到毁灭性打击"。此外，1960年，中国东部和西北部还发生严重霜冻灾害，波及21省区，受灾面积138.1万公顷。

1961年，全国发生的特大自然灾害虽比上一年有所减缓，但受灾面积仍达6175万公顷，而成灾面积2883万公顷，春荒人口高达21800万，相当于1949年至1958年各年平均值的6.4倍，占全国人口的1/3以上。

1961年的灾情仍然是上半年干旱、下半年洪涝。从1960年冬季开始的黄河、淮河流域的干旱，到6月旱情扩大到长江流域广大地区，年内全国旱区受灾面积达3784.6万公顷，成灾面积1865.4万公顷。其中河北、山东、河南三个主要产粮区小麦比上年减产50%。

进入夏季，江南珠江、湘江、赣江、闽江流域两次普降暴雨，洪水决口，泛滥成灾，水淹10个县市。7月至8月，海河、黄河平原连降暴雨，发生严重水涝灾害，其中，河北、山东部分地区灾情百年未遇，受灾面积达160万公顷，占播种面积的54%，近100万公顷无收成。聊城、沧州有3500个村庄被水包围，280万人断粮。此期间，东北局部地区遭受暴雨侵袭，山洪暴发，伊春市交通、电信中断，工厂停工。松花江流域7万公顷农田绝收。东南地区的广东、福建、浙江、江西、安徽等省连遭11次台风袭击,其中12级以上台风占9次,淹没180万公顷农田,造成渔船损坏、倒塌房屋、冲毁海堤等损失。

严重的自然灾害,导致农业大幅度减产,国家严重缺粮。据统计,由于一些地区连续3年受灾,全国粮食共减产611.5亿公斤,其中1959年受灾最为严重,约损失粮食378亿公斤,以旱灾为主造成的损失约为260亿公斤。

在中国遭遇连续"三年自然灾害"期间,中苏关系破裂。1959年6月下旬,苏联以正与美国等西方国家谈判关于禁止试验核武器协议为由,中断向中国提供原子弹样品的有关技术资料等项目。8月下旬,中印边境发生第一次武装冲突。9月9日,作为中国盟国的苏联政府发表声明,第一次公开不支持中国的立场。1960年4月,在纪念列宁90周年诞辰时,中共中央理论刊物《红旗》杂志发表题为《列宁主义万岁》的文章、《人民日报》发表题为《沿着伟大列宁的道路前进》的社论、中央宣传部部长陆定一在纪念列宁诞辰大会上作题为《在列宁的革命旗帜下团结起来》的报告,这三篇文章集中阐述了中国共产党关于时代、战争与和平、无产阶级专政、反对现代修正主义等一系列重大问题的观点。苏联报刊随即作出激烈反应,拉开了中苏论战的序幕。

7月16日，苏联突然照会中国政府，单方面决定全部召回在华苏联专家。在1个多月时间里，苏联将在华担负重要任务的1390名专家全部撤回国，同时撕毁了两国政府签订的12项协定和两国科学院签订的议定书以及343个专家合同和合同补充书，废除了257个科学技术合作项目。苏联专家撤退时，带走了所有图纸、计划和资料，并停止供应中国建设急需的重要设备，大量减少成套设备和各种设备中关键部件的供应。这些做法，使中国蒙受巨大的经济损失。

与此同时，赫鲁晓夫还催逼中国政府还债。斯大林时期，苏联政府曾给予中国政府一些贷款。抗美援朝战争期间，中国向苏联购买的武器，也以贷款形式记账，共计人民币58亿余元。其中大量贷款是购买武器的费用。当时中国工业处在起步阶段，出口的主要产品是农副产品，在本来就处于粮食严重短缺的情形下，为了还债，中共中央发出《关于全党大搞对外贸易收购和出口运动的紧急指示》。统计数据显示，1959年全国粮食征购量、出口量达到新中国成立以来的最高额，征购674亿公斤，出口41.6亿公斤。1960年征购510.5亿公斤，出口26.5亿公斤，出口量与丰收的1958年相等。1961年，粮食开始调入和进口。

赫鲁晓夫逼债，对中国的经济困难，无疑是雪上加霜。

从"大跃进"到实施调整:共识"姗姗来迟"

造成"三年经济困难",除了连续3年的自然灾害、苏联逼债"卡我们脖子"之外,与我们党"左"的错误——发动"大跃进"运动和人民公社化运动有关。

"大跃进"是从农业开始的。1957年9月召开的党的八届三次会议,决定在农村开展关于农业生产建设的大辩论,以推动农业的迅速发展。此后全国范围掀起以兴修水利为中心的冬季农业生产高潮,实际上拉开了"大跃进"运动的序幕。为了实现在1958年各项建设中的"大跃进",12月12日,《人民日报》发表社论,向全党全国发出了"把1958年的各项计划指标订得尽可能先进些"的号召。进入1958年,毛泽东在几次会议上提出发动"大跃进"运动的一系列任务、指标、口号和方法,并点了周恩来等人的名,严厉批评反冒进。

1958年2月,一届全国人大五次会议在北京召开。国家经委主任薄一波向大会作《关于1958年国民经济计划报告》,提出:1958年计划粮食产量3920亿斤,棉花产量3500万担。

这个指标是在"1957年我国粮食产量3700亿斤，棉花产量3280万担"的基础上提出来的。比1957年全国粮、棉完成指标分别增加220亿斤和220亿担。后来，薄一波回忆说，"这个指标还是比较实事求是的，在年景正常的条件下，经过努力是能够达到的。"[①]

5月，中共八大二次会议正式通过了毛泽东提出的"鼓足干劲、力争上游、多快好省地建设社会主义"的总路线。会议确定的"二五"计划指标，比八大一次会议建议的指标普遍提高50%、甚至一倍。其中，到1962年第二个五年计划结束时，钢的年产量指标由八大确定的1050万～1200万吨提高到2500万～3000万吨；粮食由5000亿斤左右提高到6000亿斤；基本建设五年投资总额由900亿元提高到1500亿～1600亿元。按照这样的要求，第二个五年计划期间工业、农业总产值的年平均增长率必须分别达到26%～30%和12%～16%。这样，八大二次会议就把国民经济发展的第二个五年计划纳入了"大跃进"的轨道。

农业"大跃进"的主要特征，是农作物产量指标的严重

[①] 张湛彬等主编：《大跃进和三年困难时期的中国》，中国商业出版社2001年版，第24页。

浮夸。1958年6月19日，华东地区农业协作会议提出，华东闽、浙、苏、皖、上海四省一市当年粮食总产量可能达成1200亿斤，比1957年增加500多亿斤，原先设想的4到5年完成的人均1000斤粮食的任务，今年一年就完成了。一向低产的西北地区也提出，1958年每人平均粮食产量要达到1100斤，1959年2000斤，1962年3000斤。而北戴河政治局扩大会议9月1日则发表公报宣布：1958年全国粮食总产量超过6000亿～7000亿斤，比1957年增长60%～90%；棉花产量达到7000万担，比上年增长1倍以上。

到夏收期间，浮夸风集中表现为虚报农作物单位面积产量，竞放高产"卫星"。6月8日，河南省遂平县卫星农业社传出消息：亩产达到2105斤；8月13日，《人民日报》报道，湖北省麻城县一个乡早稻和花生高产，亩产达到3.69万斤。

实际上，1958年全国粮食产量为4000亿斤，棉花产量为3938万担。

"大跃进"在工业方面的表现，最主要的是钢产量指标的不断提高。1958年5月，中央政治局扩大会议再次将1958年的钢产量指标提高到800万～850万吨；一个月后，毛泽东又提出，1958年的钢产量要在1957年535万吨的基础上翻一番，达到1070万吨。为了完成钢的生产任务，全国掀起大炼钢铁运动。到年底，参加大炼钢铁的劳动力达 9000 多万人，小高炉、土高炉达几百万座。不但工厂、公社，而且机关、学校、部队也建起土高炉，办起炼铁场。全民炼钢，原料极其缺乏。煤炭不足，就砍伐树林烧成木炭代替；没有矿石，就把做饭用的铁锅和其他铁器砸碎，用作炼铁的原料。

最后，虽然从数量上完成了钢生产任务，却带来了乱砍滥伐、毁坏铁器的惊人的浪费，并且严重地冲击了农业和轻工业生产，而炼出来的钢和铁只有 800 多万吨合格，许多钢铁因质量问题很难加工和使用。据中央农村工作部估计，由于大量人力投入大炼钢铁，农村缺少劳动力，农作物达 10% 左右烂在地里。

对"大跃进"和人民公社化运动中出现的问题，毛泽东在 1958 年秋冬有所觉察。9 月 14 日，谭震林在一份关于全国电话会议的材料中，向毛泽东反映了各地办人民公社的情况，材料中说，有的农村发生了杀牲口、砍树、藏粮等不正常现象；有的地方遭灾歉收后仍谎报产量、多征购粮食，导致饿死人的事情发生；有的地方人民公社的牌子刚刚挂出，就急忙宣布人民公社为"全民所有制"，搞"向共产主义过渡"的试点。10 月中旬至 11 月初，毛泽东先后视察河北、河南、天津等地，实地调研了解一些地方搞浮夸风，刮"共产"风和在大炼钢铁中搞"大兵团作战"及办公共食堂方面的问题。

为解决这些问题,1958年11月2日至10日,毛泽东主持召开第一次郑州会议,听取中央和地方部分领导同志的意见,批评了急于由集体所有制向全民所有制过渡、由社会主义向共产主义过渡的倾向。他提出三个问题请大家研究:

第一,什么叫从集体所有制过渡到全民所有制?什么叫从社会主义过渡到共产主义?实现这些过渡需要什么条件?要多长时间?

第二,钢的指标。

第三,城市人民公社如何搞?

这三个问题,抓住了社会主义和共产主义及其二者相互关系的本质,从而把纠正"大跃进"和人民公社化运动中出现的"左"的错误上升到了理论高度。根据毛泽东的意见,会议就这些问题进行了认真讨论,形成了《郑州会议关于人民公社若干问题的决议(草案)》。

郑州会议表明,党对实际工作的指导思想开始有了某种转变。毛泽东在会上提出的问题,为在实际工作中纠正那些脱离实际、脱离群众的"左"倾错误开了个头,不仅对当时急于向全民所有制、向共产主义过渡之风提出了警示，而且提出了社会主义建设的一个重大理论和实践问题。

郑州会议后，中共中央接着在武昌召开了政治局扩大会议（即武昌会议），主要讨论了人民公社问题、郑州会议起草的两个文件、1959年国民经济计划草案，并着重讨论了高指标和浮夸风问题。这次会议沿着郑州会议的思路，继续批评急于过渡的倾向以及工农业生产上的高指标和浮夸风。用毛泽东的话说，这一次要唱个低调，把脑筋压缩一下，把空气变成固体空气；胡琴不要拉得太紧，搞得太紧，就有断弦的危险。

针对许多干部思想中存在的急于向共产主义过渡的倾向，毛泽东联系苏联社会主义建设的历史，带头作自我反省。他指出：

> 苏联在准备向共产主义过渡的问题上很谨慎，搞了那么多年，想过渡，但没有讲过渡，还说是准备条件。我们中国人，包括我在内，大概是个冒失鬼。只有9年，就起野心。中国人就这么厉害？整个中国进入共产主义要多少时间，现在谁也不知道，难以设想。我们乡以上的干部，没有100万，也有几十万，就是要过渡得快，越早越好，抢先于苏联。我们现在是一穷二白，5亿多农民人均年收

入不到 80 元，是不是穷得要命？我们现在吹得太大了，我看是不合事实，没有反映客观实际。苏联 1938 年宣布社会主义建成了，现在又提出，从现在起 12 年准备进入共产主义的条件，因此，我们就要谨慎。①

根据毛泽东的意见，武昌会议坚决调整了一些过高的生产指标。按原订计划，1959 年钢产量为 2700 万～3000 万吨。冷静下来以后，毛泽东对自己曾经提出的 1958 年钢产量翻一番的指标，认为是个"冒险的建议"。他反复找中央政治局常委、有关部门负责人和各大区负责人谈话，经多方考虑，决心对 1959 年的钢产量指标进行大幅度下调。由 3000 万吨下调为 2000 万吨，对外公布下调为 1800 万吨。

从 3000 万吨到 1800 万吨的大幅度调整，表明毛泽东和党中央正着手纠正在钢铁高指标问题上的主观主义错误，发热的头脑开始冷静下来。

1958 年 11 月，在接连召开郑州会议、武昌会议后，中共中央又于当月 28 日至 12 月 10 日在武昌召开了八届六中全会。着重讨论、修改和通过了《关于人民公社若干问题的决议》

---

① 毛泽东在武昌会议上的讲话，1958 年 11 月 21 日、23 日。

和《关于1959年国民经济计划的决议》两个文件。在1个月内连续召开3次同一主题的中央会议，可见党中央对解决"大跃进"和人民公社化运动中出现的问题极其重视。

这次会议讨论通过的《关于人民公社若干问题的决议》，是由毛泽东主持起草的，集中体现了自第一次郑州会议以来毛泽东和党中央初步纠正人民公社化运动中"左"倾错误的思想认识。它强调指出：人民公社目前基本上仍然是集体所有制的经济组织，农业生产合作社变为人民公社，不等于由集体所有制变为全民所有制，更不等于由社会主义变为共产主义。社员个人所有的生产资料和存款，在公社化以后，仍然归社员所有，而且永远归社员所有。

会议通过的《关于1959年国民经济计划的决议》，对生产上的高指标作了进一步压缩。

为了进一步纠正人民公社化运动中出现的问题，1959年2月27日至3月5日，中央政治局又召开了第二次郑州会议。确定整顿和建设人民公社、遏制"共产"风的基本政策是："统一领导，队为基础；分组管理，权力下放；三级核算，各计盈亏；分配计划，由社决定；适当积累，合理调剂；物资劳动，等价交换；按劳分配，承认差别。"会议制定的《关于人民公社管理体制的若干规定（草案）》，明确了生产队是人民公社的基本核算单位，取消一县一社的体制。这是对原先设想的那个"一大二公"的大公社在一定程度上的否定。

经过自第一次郑州会议以来9个月的紧张努力，"共产"风、浮夸风、高指标、强迫命令、瞎指挥等得到初步遏制，形势开始向好的方面转变。基于进一步总结1958年以来工作中的经验教训，统一全党对形势的认识，继续调整部分高指标，实现1959年继续跃进的考虑，1959年7月2日至8月1日，中共中央在江西省庐山召开了政治局扩大会议（即庐山会议）。

会议开始时，毛泽东提出读书、形势、任务、宣传、综合平衡、群众路线等19个问题，让大家讨论。他认为，国内总的形势是成绩很大，问题不少，前途光明。基本问题是综合平衡，群众路线，统一领导，注意质量。他说，去年脑子发热，做了些蠢事，好几年的指标要在一年内达到，热情宝贵，但工作中有盲目性。他要求在充分肯定成绩的前提下，认真总结经验教训，动员全党完成1959年的"大跃进"任务。因此，会议安排白天开会、读书、看文件，晚上看戏或跳舞，人们曾称这段会议为"神仙会"。在初期讨论中大家都同意"成绩伟大，问题不少，前途光明"的结论。但怎样看待"问题不少"？讨论中出现了两种现象：一种是在肯定成绩的同时实事求是地指出了1958年以来工作中的问题，特别是应当进一步纠正"左"的错误；另一种意见认为，过去工作中的缺点和错误经过几个月已经纠正得差不多了，今后的任务是进一步鼓足干劲，实现1959年的继续跃进。

为了进一步统一认识，7月10日，毛泽东在一个小范围会议上发表讲话，指出，对去年一些缺点、错误要承认。这主要是对农业生产估计过高，并且据此安排生活，有浪费；工业基本建设搞多了，工业生产指标过高，缺乏综合平衡；办公社刮"共产"风。从局部来讲、一个问题来讲，可能是十个指头九个指头七个指头；但从全局来讲，还是九个指头和一个指头的问题。成绩还是主要的，问题没有什么了不起。

就在毛泽东讲话之后，中共中央政治局委员、国务院副总理兼国防部长彭德怀给毛泽东写了一封3000字的长信，反映他对1958年以来党的工作中存在的问题的看法。尽管这封信的基本内容是符合客观实际的和正确的，但在当时的政治气候下，毛泽东把它与西方国家对中国的攻击、苏联对中国的批评、国内一些人对党不满联系起来，认为这是右倾机会主义向党进攻。于是，会议急转直下，由纠"左"变成了开展向彭德怀所谓右倾机会主义的批判。

庐山会议结束后，中共中央随即又召开了八届八中全会，作出了《关于彭德怀同志为首的反党集团的错误的决定》。由此开始,纠正党的"左"的错误和解决"大跃进"、人民公社化运动中出现的问题的工作被迫中断。

到1960年上半年,"大跃进"运动已经难以再继续下去了。中共中央逐步冷静下来,考虑社会主义建设中的一系列问题。6月18日,毛泽东在中共中央政治局扩大会议上,亲自写了《十年总结》一文,概略回顾新中国成立10年来特别是对1956年社会主义制度建立以来经济建设走过的道路,开始反思"大跃进"、人民公社化运动中高指标、"浮夸风"等带来的一系列问题,并认识到"我们对于社会主义时期的革命和建设,还有一个很大的盲目性,还有一个很大的未被认识的必然王国,我们还不深刻地认识它。我们要以第二个十年时间去调查它,去研究它,从其中找出它的固有的规律,以便利用这些规律为社会主义的革命和建设服务。"[①]

为了尽快克服国民经济的严峻局面,7月5日至18日,中共中央在北戴河召开工作会议,作出了《关于全党动手、大办农业、大办粮食的指示》《关于开展保粮、保钢为中心的增产节约运动的指示》,确定了压缩基本建设战线、加强农业

---

① 《建国以来毛泽东文稿》第八卷,人民出版社1999年版,第197页。

第一线的措施。会议期间，国家计委主任李富春多次建议对1961年的国民经济实行整顿、巩固、提高的方针，会后国务院在审议国家计委的报告时，周恩来加上"充实"二字，后来又把"整顿"改为"调整"，概括为"调整、巩固、充实、提高"的八字方针。1961年1月召开的中共八届九中全会正式批准了这一方针，并向全国人民宣布："1961年应当适当地缩小基本建设的规模，调整发展的速度，在已有的胜利的基础上，采取调整、巩固、充实和提高的方针。"这"八字方针"的提出，是党对国内形势认识的一次飞跃。由此，全国进入国民经济调整时期。

刘少奇采取非常措施：
国民经济全面调整扬帆起航

国民经济调整也是先从农村开始的。

首先，调整农村政策，恢复和发展农业生产。

党的八届九中全会一结束，中共中央主席毛泽东立即组织3个调查组，分别由他的秘书田家英以及胡乔木、陈伯达率领，赴浙江、湖南、广东农村进行调查。调查发现，农村生产大队内部的生产队与生产队之间的平均主义、生产队内部社员与社员之间的平均主义，没有完全解决。为系统解决包括两个平均主义在内的农村人民公社的各种问题，1961年3月，毛泽东在广州主持召开"三南"（中南、华南、西南）会议，中共中央副主席、国家主席刘少奇在北京主持召开"三北"（华北、东北、西北）会议，集中讨论农村工作。随后两个会议又在广州合并进行，成为中央工作会议。这次会议的一个重要成果，是讨论通过了《农村人民公社工作条例（草案）》（简称农村60条），明确规定："生产队办不办食堂，完全由社员讨论决定",口粮分配的办法也改为"不论办不办食堂,都应该分配到户,由社员自己支配";还取消了社员分配供应与工资三七开的规定,改为无论包产收入和包产以外的收入,都"按劳动工分进行分配"①。这是一个很大的进步。

接着,党中央又推出了提高粮价,减少粮食征购、加强工业对农业支援等惠农措施。中共中央成立了以陈云为组长的粮食价格小组,由陈云主持起草的《关于提高粮食收购价格的报告》提出,从1961年夏收起,全国粮食收购价格平均提高20%;同时提高油料、生猪、家禽和蛋的价格,其中油料提高13%,生猪提高26%,家禽和蛋提高37%。为减轻农民负担,国家决定减少粮食征购任务,1961年粮食征购量从1960年的1021.4亿斤,减少到809.4亿斤,同比减少20.75%。调整农业税税率,按新税率计算,1961年农业税征收额比上年减少98亿斤,占29%。还增拨钢材、木材、桐油等物资,用于制造中小农具、农业机械和运输工具等。

其次,调整工业布局。

1961年6月19日,中共中央发出《关于改进商业工作的若干规定(试行草案)》(简称商业四十条)、《关于城乡手工

---

① 苏星著:《新中国经济史(修订本)》,中共中央党校出版社2007年版,第372页。

业若干政策问题的规定（试行草案）》（简称手工业三十五条）。商业四十条明确指出，国营商业、供销合作社和农村集贸市场是现阶段我国商品流通的一条渠道，纠正了"大跃进"以来，供销合作社与国营商业合并、合作商店和合作小组升级过渡、关闭自由市场等错误做法；手工业三十五条重新肯定了在社会主义条件下个体手工业存在的必要性，批评了"大跃进"以来急于把集体性质的手工业向全民所有制过渡的错误。此后，中共中央批转国家计委《关于第二个五年计划后两年补充计划（控制数字）的报告》，对1961年的生产指标又作了很大的调整：基本建设投资由167亿元降到78亿元；社会购买力由720亿元降为650亿元；商品供应量由670亿元降为600亿元；钢产量由1900万吨降为850万吨；煤产量由4.36亿吨降为2.74亿吨；原木产量由3905万立方米降为2167万~2119万立方米；棉纱产量由450万件降为250万件；粮食产量由4100亿斤降为2700亿斤。

到1961年底，各方面的调整工作已经进行了一年多。"大跃进"造成的严重经济困难的局面开始有了转变，但整个形势依然十分严峻。一些严重的问题还在逐渐显现出来，并继续发挥着影响。1961年全国粮食产量虽然遏制了1960年的大幅度下降势头，但仍然大大低于1958年，人民生活水平处于新中国成立以来最困难的时期。而党内外对国民经济调整问题认识并不一致。主要表现在两个方面：

一方面，有些人对困难的严重性估计不足，想等待形势好转后继续"跃进"。对此，中共中央总书记、国务院副总理邓小平在1961年8月9日听取计划会议汇报时一针见血地指出："去年北戴河会议提出八字方针，究竟怎样贯彻，一年多了，还没有具体化，各部、各地和计委都没有具体安排。去年钢完成了1840万吨，还是一马当先，影响了八字方针的贯彻。今年又是高指标，1800多万吨钢，基本建设规模过大，还是影响八字方针的贯彻。明年的粮食比今年还困难，特别是城市。指标定高了，大家为完成指标而奋斗，对贯彻八字方针，填平补齐的劲头就小，工作不好安排。指标退下来，可以腾出精力和时间搞填平补齐。基本建设要建设一个算一个，要确实贯彻八字方针，调整什么，巩固什么，充实什么，提高什么，各部、各地区、各行业都要搞清楚，具体安排，不要再拉长战线了。八字方针的贯彻至少要5年时间。"[1]

另一方面，有些党员干部虽然认为应该调整，但受1959年庐山会议批判彭德怀的影响，不敢正视问题，怕被说成否定

---

[1] 《刘少奇与新中国》，中共党史出版社2000年版，第214页。

"三面红旗",因而持观望态度。

为了鼓足干劲,统一思想,加大调整的力度,增强调整的信心,1961年11月16日,中共中央发出了关于召开中央工作会议的通知,由于参加会议的人员达7000人,人们习惯称它为"七千人大会"。

这次大会之前,召开了中央工作会议。12月21日,邓小平在中央工作会议上作长篇讲话,其中谈到了七千人大会的准备工作。他指出:这次七千人大会搞什么?中央发了通知,主要的就是8个字:鼓足干劲,统一思想。在统一思想的基础上,统一行动。准备在会上作一个报告。这个报告正在准备,来得及的话,最好在我们的工作会议上来讨论一下。报告想讲三部分问题:第一,讲形势和任务,包括我们的奋斗目标,我们的规划要搞个什么样子,这样来鼓足干劲。第二,讲集中统一的问题。第三,讲党的问题。总之,我们这个会实际上也就是为那个会作准备。①

对于"大跃进"和人民公社化运动中存在的问题以及国民经济调整中的问题,刘少奇响应毛泽东的号召,作了深入的调查,其中,在湖南农村老家进行了44天的调查。这次农村

---

① 中央工作会议记录,1961年12月21日。

调查，刘少奇在两个重大问题上取得了重要收获：一个是对经济困难的严峻形势有了客观正确判断；另一个是掌握了导致出现经济困难严峻局面的深层原因。由此，刘少奇对"三面红旗"的经验和教训有了新的认识。尽管"大跃进"和人民公社化运动是毛泽东亲自抓的，而这个问题在当时又十分敏感，谁都不敢触及。1961年5月31日，刘少奇在中央工作会议上的讲话中，勇敢地触及这个敏感问题。他说："我们在执行总路线、组织人民公社、组织跃进的工作中间，有很多的缺点错误，甚至有严重的缺点错误。最近不仅农业减产，工业生产也落下来了。如果不是严重问题，为什么会这样减产？为什么要后退？难道都是天老爷的关系？"他举例说："湖南农民有一句话，他们说是'三分天灾，七分人祸'。""从全国范围来讲，有些地方，天灾是主要原因，但这恐怕不是大多数；在大多数地方，工作中间的缺点错误是主要原因。有的同志讲，这还是一个指头和九个指头的问题。现在看来恐怕不只是一个指头的问题。总是九个指头、一个指头，这个比例关系不变，也不完全符合实际情况。"[①]

1961年12月19日，刘少奇从广东疗养回到北京后，加入

---

① 黄峥执笔：《王光美访谈录》，中央文献出版社2006年版，第264页。

到七千人大会的筹备工作中。他看了由陈伯达、吴冷西、胡绳等人起草的中央向大会提交的报告第一稿。22日，刘少奇找上述3位同志谈话，阐明自己的意见：还是1959年庐山会议上那两句话，一是成绩讲够，二是缺点讲透。具体地说就是：一、过去四年的缺点错误要摆开讲，有多少讲多少，放开手讲，不要吞吞吐吐，重病要用猛药，要使人出一身大汗，这才能接受教训；二、这几年的错误，中央负主要责任，要在报告中代表政治局作自我批评，否则下面不服；三、关于分散主义要列举表现事实，每个省、每个部门都要有例子，一个也不能缺，这种现象太多、太普遍了；四、这几年的错误，同党内过火斗争，特别是1959年庐山会议上不反"左"只反右、后半段否定前半段、会后又在党内普遍进行反右倾斗争，有很大关系，党内民主不够，使许多错误不能及时纠正。他批评参与起草报告的"秀才们，不要怕这怕那，束手束脚，要敢讲老实话，讲过了头也没有关系，反正是草稿，错了政治局负责。"①

1962年1月11日至2月7日，著名的七千人大会在北京举行。刘少奇在会上代表中央政治局作了书面报告和口头报告。在这两个报告中，刘少奇把1958年以来党的工作指导上

---

① 鲁彤等著：《刘少奇在建国后的20年》，辽宁人民出版社2001年版，第306页。

的缺点和错误概括为 4 个方面：

第一，工农业生产的计划指标过高，基本建设的战线过长，使国民经济各部门的比例关系，消费和积累的比例关系，发生了严重不协调的现象。

第二，在农村人民公社的实际工作中，许多地区，在一个时期内，曾经混淆集体所有制和全民所有制的界限，曾经对集体所有制的内部关系进行不适当的、过多过急的变动，这样，就违反了按劳分配和等价交换的原则，犯了刮"共产"风和其他平均主义的错误。

第三，不适当地要在全国范围内建立许多完整的工业体系，权力下放过多，分散主义的倾向有了严重的滋长。这样，就使得经济生活中的集中统一的领导受到了破坏，全民所有制受到了损害。

第四，对农业增产的速度估计过高，对建设事业的发展要求过急，因而使城市人口不适当地大量增加，造成了城乡人口的比例同当前农业生产水平极不适应的状况，加重了城市供应的困难，也加重了农业生产的困难。企业和事业单位不适当地增加过多，职工人数增加过快，非生产人员比重加大，浪费劳动力的现象十分严重。党政机关的机构比过去更加重叠臃肿，在这种情况下，主观主义、官僚主义和命令主义的作风，有了很大的滋长。

他认真分析了我们这几年犯的一些错误的原因，认为"都没有进行充分的调查研究，没有同工人和农民群众、基层干部和技术专家进行充分的协商，没有在党的组织、国家组织和群众组织中严格地按照民主集中制办事，就草率地加以决定，全面推广，而且过急地要求限期完成，这就违反了党的实事求是和群众路线的传统作风，违反了党的生活、国家生活和群众组织生活中的民主集中制的原则。这是我们这几年在某些工作中犯了严重错误的根本原因"①。

七千人大会的顺利召开，为统一全党认识，集中力量进行国民经济调整，带领全党全国人民积极投入恢复和发展生产、克服经济困难的斗争中去，发挥了重要的作用。

这次大会结束的当晚，毛泽东就去了南方。留在北京的刘少奇从此开始主持国民经济的全面调整。

1962年2月21日至23日，刘少奇在中南海西楼主持召开政治局常委扩大会议（俗称西楼会议），讨论国家预算、经济形势和如何调整的问题。会议发现，1962年的财政预算实际上存在着50亿元的赤字。财政部门反映，1958年至1961年每

---

① 《刘少奇选集》下卷，人民出版社1985年版，第423、424页。

年都有很大的财政赤字,是靠挖商业库存,涨市场物价,并动用一部分黄金、白银和外汇储备来弥补的,核实这几年的财政收入后,赤字还会扩大,而财政赤字又被账面上的盈余所掩盖。这就是说,国家经济形势要比七千人大会估计的情况严重得多。那么,原来作出的"进入1962年,国民经济已经走出最困难的'谷底',开始回升"的估计则过于乐观了,实际上这时的经济形势并未走出"低谷"。

刘少奇在会上说:过去几年没有揭露赤字是不对的。搞不好,经济还要继续恶化。现在带有非常时期的性质,要用非常的办法,把调整经济的措施贯彻下去。他还说:七千人大会"对困难情况透底不够,有问题不愿揭,怕说漆黑一团!还它个本来面目,怕什么?说漆黑一团,可以让人悲观,也可以激发人们向困难作斗争的勇气!"[①]

这次会议决定对国民经济进行大幅度的调整。按照刘少奇提出的思路,陈云对当前的经济形势及克服困难的办法发表了系统的意见,提出六条克服困难的意见:

一、把十年经济规划明确地分为两个阶段,前一阶段

[①] 《刘少奇年谱(1898-1969)》下卷,中央文献出版社1996年版,第549页。

是恢复阶段，从1960年算起，大体上要五年；后一阶段是发展阶段。

二、"精兵简政"，减少城市人口。

三、采取一切办法制止通货膨胀。

四、尽力保证城市人民的最低生活需要。

五、把一切可能的力量用于农业增产。

六、把计划机关的主要注意力从工业、交通方面，转移到农业增产和制止通货膨胀方面来。

这些意见得到刘少奇的赞同。

西楼会议后，党中央决定重新设立中央财经小组，任命陈云为组长，李富春、李先念为副组长。中央财经小组组成后深入研究了经济调整问题。陈云提出，要准备对重工业、基本建设的指标"伤筋动骨"，要痛痛快快地下来，再不能犹豫了。周恩来将陈云的这一主张概括为一副对联：上联是"先抓吃穿用"，下联是"重视农轻重"，横批是"综合平衡"。

5月7日至11日，刘少奇再次主持召开中共中央政治局常委扩大会议，研究贯彻七千人大会精神的具体措施。他再次指出："现在的主要危险还是对困难估计不够。我们应当充分估计当前的困难以及现在还设想不到的困难。要准备迎接困难，克服困难。否则，对克服困难我们就会精神准备不足，这是危险的。"① 会议在进一步分析研究的基础上，讨论通过了中央财经小组的报告，决定对国民经济进行大幅度调整：

一、进一步精减职工和城市人口。决定在1962年和1963年两年内，减少城镇人口2000万人，职工精减1000万人以上。

二、进一步缩小基本建设规模。年初，将1962年的基本建设规模已经压缩到67亿元，比1961年减少近一半。会议讨论后决定压到46亿元，是1953年以来最低的。

三、降低重工业产品的指标。1962年的绝大多数重工业生产指标比原计划分别降低5%~20%。其中，煤产量从2.5亿吨降为2.39亿吨，钢产量从750万吨降为600万吨。

四、大刀阔斧地对工业企业进行关、停、并、转。中央财经小组的报告指出："我们就必须下定决心，有计划地保住一批工厂，缩小一批工厂，合并一批工厂，关掉一

---

① 《刘少奇年谱（1898-1969）》下卷，中央文献出版社1996年版，第555页。

批工厂,并且改变一批工厂的生产任务,从而把工业生产战线和设备维修战线真正缩短,把力量集中起来,更好地完成今年的国民经济计划,并且为以后调整工作的顺利进行打下基础。"①

经过七千人大会、西楼会议和 5 月中央政治局常委扩大会议,党中央终于下定了最大的决心,进行全面调整。

在精减职工和城镇人口方面。当时计算,如果全国城镇人口减少 1000 万人,一年可减少供应城镇商品粮 30 亿～40 亿斤,国家工资少支出 20 多亿元。1961 年底以前,全国城镇职工已经减少了 872 万人,城镇人口减少 1000 万人左右。在这个基础上,中央决定:1962 年全国城镇人口再减少 1000 万。尽管困难很多,但经过全党努力,到 1963 年 6 月,全国共精减职工 1887 万人,减少城镇人口 2600 多万人。

在压缩基本建设规模方面。1962 年同 1960 年相比,基本建设投资由 388.69 亿元减少到 71.26 亿元,积累率由 39.6% 降为 10.4%,施工项目减少 2/3 以上。

在遏制通货膨胀方面。财政部、中国人民银行等五部门联

---

① 丛进:《曲折发展的岁月》,河南人民出版社 1989 年版,第 427 页。

合清理了几年来国家财政"假结余、真赤字"的问题。收回银行下放的一切权力，对银行业务实行完全的、彻底的垂直领导，严格信贷和现金管理，控制货币发行，节约现金开支。

经过全党的努力，国民经济调整工作终于取得成效。到1962年年底，国民经济出现了从下降到上升的决定性转折。其标志是：

（1）农业生产力开始恢复，农业生产水平上升。全国已有1/4的县农业生产恢复或超过1957年的水平。

（2）工业与农业的比例关系、轻重工业之间的比例关系得到改善。工业与农业的比例，由1960年的4∶1改变为2∶1；轻重工业之间的比例，由1961年的42.5∶57.5改变为47.2∶52.8。

（3）财政收支平衡，并略有节余。1962年，全国财政收入完成313.6亿元，支出305.3亿元，节余8.3亿元。

（4）城乡人民的生活略有改善。1962年，全国每人平均消费水平与1961年相比，粮食增加11斤，猪肉增加1.6斤，棉布增加2.5尺。

至1963年，国民经济形势开始全面好转。

到1965年，在党中央的领导下，在刘少奇的亲自主持下，国民经济全面调整的任务圆满完成。于是，周恩来在1964年

12月第三届全国人大第一次会议上宣布："调整国民经济的任务已经基本完成，工农业生产已经全面高涨，整个国民经济已经全面好转，并且将要进入新的发展时期。""今后发展国民经济的主要任务，总的说来，就是要在不太长的历史时期内，把我国建设成为一个具有现代农业、现代工业、现代国防和现代科学技术的社会主义强国，赶上和超过世界先进水平。"[1]

---

[1] 《周恩来选集》下卷，人民出版社1980年版，第439页。

第九章

北方大国大兵压境
中国联美抗苏

历史告诉我们,战争好似魔鬼和梦魇,给人民带来深重灾难和痛苦,必须高度警惕;和平犹如空气和阳光,受益而不觉,失之则难存,必须精心维护。当今世界,战火和战争的危险依然存在,很多国家和地区的民众依然身陷炮火硝烟之中,无数妇女儿童的生命面临着严重威胁。一切有良知、爱好和平的人们都应该行动起来,共同制止战争、维护和平。

——习近平:《中国国际友好大会暨中国人民对外友好协会成立60周年纪念活动上的讲话》[①]

[①] 习近平:《中国国际友好大会暨中国人民对外友好协会成立60周年纪念活动上的讲话》(2014年5月15日),习近平:《论坚持推动构建人类命运共同体》,中央文献出版社2018年版,第108页。

中苏交恶，中美敌对，中国和两个超级大国同时对抗

新中国成立后，中苏关系曾经有一段短暂的"蜜月期"，到1956年两国关系的"蜜月"发展到顶峰。从这年2月苏共二十大赫鲁晓夫（苏共中央总书记）发表秘密报告，公开批判斯大林开始，两党出现分歧。

苏共二十大召开两个月后，周恩来总理在外交部驻外使节会议上的报告中评论说：苏共二十大"在国际问题上很成功，但对斯大林的批判并不那么全面。揭开盖子，破除迷信是好的、是不容易的，但做法上有缺点。"[①]

4月25日，毛泽东主席在中共中央扩大会议上，更加明确地说："苏联过去把斯大林捧得一万丈高的人，现在一下子把他贬到地下九千丈。我们国内也有人跟着转。中央认为斯大

[①] 力平等编：《周恩来年谱（1898-1976）》，中央文献出版社　版，第690页。

林是三分错误，七分成绩，总起来还是一个伟大的马克思主义者……"①

在中苏两党出现分歧后，赫鲁晓夫企图从军事上控制中国。毛泽东后来说，中苏闹翻实际上是在1958年，他们要在军事上控制中国，我们不干。②毛泽东所说的苏联"在军事上控制中国"主要是两件事：

一是苏联想在中国建设大功率长波电台。1958年4月18日，苏联国防部长马利诺夫斯基致函中国国防部长彭德怀，表示苏联过去援助中国建设的3个长波电台功率太小，不足以指挥其在远洋活动的潜艇，希望双方合作，在中国南方花4年时间建设一座大功率长波电台，投资1亿卢布，苏方出资7000万，中方出资3000万，使用时间双方各占50%。对这个涉及中国主权的问题，毛泽东采取了谨慎的态度。6月7日，他在彭德怀给中央的报告上批示，同意建设大功率长波电台，但全部投资均由中国负担，建筑和装备等技术方面请苏联帮助；建成后可以共同使用，但应由两国政府签订正式协定。

毛泽东的态度，照顾了苏联的要求，同时又坚持了中国对长波电台拥有全部所有权的原则。但苏方并未读懂毛泽东的意

---

① 王泰平主编：《新中国外交》中，北京出版社1999年版，第816页。
② 毛泽东接见日本共产党代表团的谈话，1963年3月28日。

思。于是，在接下来商谈长波电台的有关协议草案中，双方陷入僵局：苏方坚持长波电台由中苏共同建设，共同管理，共同所有；中方明确表示：电台由中方负责建设，所有权属于中国，建成后两国共同使用。

二是苏联想在中国建立共同潜艇舰队。1958年6月28日，周恩来根据国防部的建议，致信赫鲁晓夫，希望苏联能够在生产核潜艇和快艇方面为中国提供技术帮助。制造核潜艇在当时是苏联一项较为尖端的技术，为了不向中国转让核潜艇技术，赫鲁晓夫提出了由中苏两国"建立一支共同潜艇舰队"的方案。7月21日，苏联驻华大使尤金向毛泽东等中国领导人转达了赫鲁晓夫的建议。

尤金说："赫鲁晓夫同志希望中国同志了解：苏联的自然条件使我们不可能充分发挥原子潜艇舰队的作用。我们有黑海，但在战争中，是会被敌人封锁的。波罗的海就更不用提了。在北面由摩尔曼斯克可通到北冰洋，但是那里并不宽阔，不能广泛活动。东面的海面上又邻接南朝鲜和日本，不能算安全。另一方向，中国的海岸线很长，条件很好。同时考虑到将来如果打仗的话，我们的共同敌人是美国。因此，赫鲁晓夫同志希望中国同志一起商量一下，建立一支共同潜艇舰队，越南也可以参加。"①

对这一建议,毛泽东和中国领导人当即拒绝。第二天,毛泽东又召见尤金谈话。指出,"建立潜艇舰队的问题,这是个方针问题:是我们搞你们帮助,还是搞'合作社',这一定要在中国决定。""你们就帮助我们建造核潜艇嘛!你们可以作顾问。为什么要提出所有权各半的问题?"他说:"要讲政治条件,连半个指头都不行","在这个问题上,我们可以一万年不要援助";"你们可以说我是民族主义","如果你们这样说,我就可以说,你们把俄国的民族主义扩大到了中国的海岸。"②

中国领导人的坚决态度,使苏方不得不在这个问题上后退。7月31日,赫鲁晓夫匆匆访问中国。他一改苏方原来的态度,爽快地说,中国应该有一支强大的、装备着导弹的潜水艇舰队,装有导弹的鱼雷快艇、驱逐舰;对于长波电台,所有权可以是中国的,由中方投资,苏联只要在协议的基础上有权使用这个电台来指挥自己的舰队就可以了。③ 赫鲁晓夫还把在这两个问题上中苏分歧的责任推给了国防部长和苏联驻华大

---

① 杨奎松著:《毛泽东与莫斯科的恩恩怨怨》,江西人民出版社1999年版,第433页。
② 《毛泽东文集》第七卷,人民出版社1999年版,第390~392页。
③ 杨奎松著:《毛泽东与莫斯科的恩恩怨怨》,江西人民出版社1999年版,第435页。

使。他说，共同投资建设长波电台的建议是由国防部部长马利诺夫斯基提出的，未经苏共中央讨论；至于建立共同舰队一事，则是由于尤金转达错误而造成的误会，从来就没有过共同指挥中国舰队和两国共有的想法的影子。

中苏两国围绕建设长波电台和共同舰队的争执，虽然以和平的方式解决，但由此在两党高层产生的裂痕已很难弥补。

1959年，两国关系濒临破裂。9月30日，赫鲁晓夫率苏联党政代表团访华。这次访华是赫鲁晓夫访问美国后进行的。9月25日至27日，苏美两国首脑在戴维营举行了会谈。赫鲁晓夫关于"和平共处、和平竞赛"的提议，得到美国领导人回应。于是，赫鲁晓夫飞到北京，试图劝告毛泽东按照他的这套理念行事。10月2日，举行两党会谈。讨论了5个方面的问题：（1）释放在押美国犯人问题；（2）台湾问题；（3）中印边界问题；（4）西藏叛乱问题；（5）印度支那问题。赫鲁晓夫继续摆出一副居高临下的架势。

关于释放在押美国犯人问题——赫鲁晓夫要求中国释放"被扣押的5名战俘"。周恩来指出：美国战俘中国早就释放了，现在扣押的5个美国人中，3名是美国犯法侨民，两名是美国空投特务，他们不属于日内瓦协定规定的应释放的战俘范围。赫鲁晓夫表示他还是第一次听说这件事，但仍坚持释放这

5名美国犯人。毛泽东说：放是可以的，但现在就是不放，要到一个适当的时候再放。

关于台湾问题——赫鲁晓夫抱怨中国炮打金门、马祖时没有和他商量，给他造成了"困难"；说中国没有拿下金门、马祖，打了一个"有始无终"的战役；他建议中苏通过一定途径就台湾问题交换意见，了解彼此的立场和方针政策，并主张应向世界舆论表明，中苏不会为台湾而打仗。毛泽东表示：炮打金门是成功的，台湾问题应该照我们的意见办，不能照美国的意见办。

关于中印边界问题——赫鲁晓夫说：十月革命后苏联在边界问题上就对土耳其作了很大的让步。要是我们就不会和印度这样重要的民族主义国家发生边界冲突，你们看看我们和阿富汗是怎么解决这种事情的，那些片草不生的荒山，让给他们不就完了吗？你们不知道得罪了印度就得罪了一大片吗？毛泽东回答说：中国共产党没有错误！中印边境冲突，是印度军人先开枪。

这次两党会谈，中国领导人对赫鲁晓夫的粗暴行为极为不满，没有在关系国家利益的重大问题上向苏方让步；赫鲁晓夫对中共中央的强硬态度也不满意，一气之下，缩短了原定访华日程，取消了去外地参观的计划，于10月4日提前回国。

赫鲁晓夫回国后，苏共中央于1959年底举行十二月全会、1960年7月召开中央全会，讨论中苏关系和对华政策。苏共中央书记苏斯洛夫在会上的报告中，不同意中国的对外政策，认为中国的对外政策在某些问题上与整个社会主义阵营不相符合，与缓和国际紧张局势的利益不相符合。认为中国炮击金门、导致海峡危机，影响了苏美关系；中印边境冲突使苏联处于尴尬地位。当时，被内定为赫鲁晓夫接班人的科兹洛夫，则把中共中央的立场描述为"好战性与宗派主义"，"明显地不再考虑社会主义阵营的利益和缓和国际局势的利益，不与苏联协调对外政策"。他认为，苏联的内外政策都是正确的，其他社会主义国家只能跟着苏联走，不允许提出异议。

对两党理论上的原则分歧，苏共中央采取了由苏联领导人在报刊上发表一系列反华讲话和文章、发动其他社会主义国家的共产党和工人党，发表决议、声明和文章，反对中国共产党的做法。对此，中国共产党进行了反击。从1962年12月15日到1963年3月8日，中共中央以《人民日报》和《红旗》杂志社论的形式，相继发表了7篇理论文章，系统地阐述了中国共产党"关于当代世界的矛盾、关于战争与和平、关于国家与革命、关于反对现代修正主义、关于国际共产主义运动的内部团结"等重大国际问题的看法，驳斥了对中国共产党的诬蔑；从1963年9月6日到1964年7月14日，又连续发表了总称为《关于共产主义运动的总路线的论战》的9篇文章（史称"九评"），全面批评了苏共的对外对内政策。这"九评"文章的发表，使中苏两党之间的论战达到高潮。

1964年10月，赫鲁晓夫下台，继任的勃列日涅夫推行了一条比赫鲁晓夫更加反华的路线。1966年3月，苏共召开二十三大，中共中央没有派人参加，从此断绝了两党关系。

时年8月，苏联驱逐了中国全部留学生。

与此同时，苏联与蒙古人民共和国秘密签订了军事条约。装备精良的苏联军队，源源进入蒙古人民共和国。此后，苏军不断进行军事挑衅，并制造了珍宝岛流血事件。

珍宝岛位于黑龙江省虎林县东乌苏里江主航道中心线中国一侧，面积0.74平方公里，历来为中国领土，中国边防军也一直在这一地区执行巡逻任务。中苏关系破裂后，苏联不断对中国实施军事压力和威胁，在中苏边界上挑起事端，从1964年10月至1969年2月，苏联军队在中苏边境地区挑起各种边境事件达4180余起。

1969年3月2日8时，中国边防部队派出巡逻分队登岛执行巡逻任务。苏军发现后，立即出动70多人，从苏联境内分路向珍宝岛急进，接近珍宝岛后，列开战斗队形向中国边防巡逻分队进逼，以一部兵力向中国边防巡逻分队的一个小组侧后穿插，并突然开枪射击，打死打伤中国边防巡逻人员6人。中国边防巡逻分队被迫进行自卫还击。经1个多小时激战，击退了入侵珍宝岛的苏军。这是中苏两国之间的第一次边境战斗。在这次战斗中，中国军人阵亡17人，负伤35人，并有1名通讯员失踪；苏联官方公布苏军死亡31人。

3月15日凌晨，苏军60余人在6辆装甲车的掩护下，侵入珍宝岛北端。中国边防分队一个加强排登岛，与入侵苏军形成对峙。8时许，苏军发起攻击，中国边防分队坚守有利地形，分割苏军，双方展开激战，又一次打退了苏军的进攻。

13时35分，苏军纵深炮火猛烈袭击中国防御阵地正面达10公里，纵深约7公里。炮击2小时后，苏军100余人在10辆坦克和14辆装甲车掩护下，发起第三次进攻。中国边防分队在劣势情况下，以近战方式，用无后坐力炮、火箭筒在几十米、十几米的距离上开火，一再打退苏军的冲击。15时30分以后，在中国江岸一侧的中国炮兵群加入战斗，以火力急袭，给岛上苏军和苏方岸上的指挥机构以突然打击，击毙了苏军指挥官边防总队长列昂诺夫上校。下午17时以后，天色转黑，苏军从珍宝岛上全部撤出。第三次战斗就此结束。

这一天，苏军先后出动50余辆坦克、装甲车和100多名步兵，运用直升机和纵深炮火掩护。中国边防部队同入侵苏军共激战9个多小时，顶住了苏军的6次炮火急袭，击退了苏军的3次进攻，胜利地保卫了珍宝岛。

珍宝岛事件的发生，使中国领导人进一步加深了对来自苏联军事压力的担心。在长期与美国处于敌对状态的情况下，苏联这一新的强敌的出现，不能不使中国感到强大的安全危机。

毛泽东发出试探信息，尼克松伸出橄榄枝，联美抗苏战略诞生

珍宝岛事件发生一个多月后，党的九大在北京召开。九大通过的政治报告对来自美、苏的战争威胁进行了分析，提出要准备打仗。要求全党"要作好充分准备，准备他们大打，准备他们早打。准备他们打常规战争，也准备他们打核战争。总而言之，我们要有准备。"

话虽这么说，但凭中国的军事实力，与两个世界超级大国同时为敌是极其危险的。为改变这一险恶局面，化解面临的危机，毛泽东较早地开始考虑利用美国牵制苏联的可能性。

1967年秋，正准备竞选美国总统的尼克松在美国《外交季刊》发表了题为《越战之后的亚洲》的文章，提出"从长远来看我们简直经不起永远让中国留在国际大家庭之外，来助长它的狂热，增进它的仇恨，威胁它的邻国。在这个小小的星

球上，容不得10亿最有才能的人民生活在愤怒的孤立状态之中。"① 毛泽东从这篇文章所透出的信息中看到，如果尼克松上台，美国有可能改变对华政策。于是，他请周恩来阅读此文。

就在尼克松在美国大选中获胜后不到三周，中国驻波兰临时代办致函美国驻波兰大使斯托塞尔，建议双方于1969年2月20日恢复举行中美大使级会谈。这是中国方面经毛泽东批准采取的第一个主动行动，受到美国方面的重视。

果然，尼克松入主白宫后，便频繁地向中国发出改善两国关系的信号。1969年初，尼克松在其总统就职演说中有意识地针对中国说："我们寻求一个开放的世界……在这个世界里，国家无论大小，它们的人民都不生活在愤怒的孤立状态之中。"国务卿罗杰斯则在堪培拉宣布，美国政府承认中国大陆这个现实，"因而正在寻找公开的渠道"②。

不久，法国总统戴高乐到华盛顿参加艾森豪威尔的葬礼，尼克松托戴高乐向中国领导人转达美国政府有意改善与中国关系的新政策。

---

① 宫力等著：《毛泽东在重大历史关头》，中共中央党校出版社1993年版，第290页。

② 宫力等著：《毛泽东在重大历史关头》，中共中央党校出版社1993年版，第289页。

这时，根据毛泽东、周恩来的布置，陈毅、叶剑英、徐向前、聂荣臻等四位元帅，加强了对国际形势特别是中、苏、美军事形势的研究。经过十几次讨论，他们先后向中央写出了两份书面报告。在《对战争形势的初步估计》的报告中，四位元帅认为，美国、苏联单独或联合发动大规模侵华战争的可能性都不大。

首先，美国不敢轻易进攻中国。因为，中美之间隔着辽阔的太平洋，美国在朝鲜战争、越南战争中与中国交手，了解中国军事实力，不敢对中国贸然动手。美国的战略重点在西方。美军沉陷越南战场，已使它在西方的地位大为削弱，如与中国作战，需时更长，结局更惨。

其次，苏联把中国当成主要敌人。它对中国安全的威胁比美国大，但真和中国大打，苏联还有很大顾虑和困难。因为，中国、美国都各以苏联为敌，苏联不敢同时进行两面作战；如果苏联决心大举进攻中国，势必力图速战速决，而我军势必形成地面持久战，这将给苏联造成极大的困难，并有让美国乘虚而入，接管苏联地盘的危险。

再次，美、苏会不会突然对我国发动核打击？四位元帅认为，我们对此要作充分准备，但核武器并不是可以轻易使用的，要使用核武器来威胁别的国家，也就把本国置于核武器的威胁之下。

以上分析，使四位元帅得出以下判断：反华大战不会轻易发生，中苏矛盾大于中美矛盾，美苏矛盾大于中苏矛盾。在这一判断的基础上，四位元帅又提出了第二个报告《对目前局势的看法》。这个报告就苏联对中国发动战争的可能性进行了分析，报告认为：

一、苏联"确有发动侵华战争的打算"，其"战略目标是同美帝重新瓜分世界。"最近苏联"变本加厉地制造反华战争舆论，公然进行核威胁，阴谋对我核设施发动突然袭击"。表明苏联企图利用中国"文化大革命"尚未结束，核武器尚在发展阶段，对中国打一场速战速决的战争。

二、苏联虽有"发动侵华战争的打算，并且作了相应的军事部署，但它下不了政治决心"。因"对华作战是有关生死存亡的大问题"，苏联"感到并无把握"。苏联对侵华战争的决策，在很大程度上取决于美国的态度。迄今美国的态度不但未使它放心，而且成为它最大的战略顾虑。美国绝不愿苏联在中苏战争中取胜，美国多次表示要同中国改善关系，这在尼克松访问亚洲前后达到高潮，苏联生怕中国联合美国对付它。[①]

[①] 《亲历重大历史事件实录》第五卷，党建读物出版社、中国文联出版社2000年版，第428页。

在这个报告定稿后，陈毅又提出了他对打开中美关系的设想：

第一，在华沙会谈恢复时，我们主动重新提出举行中美部长级或更高级的会谈，协商解决中美之间的根本性问题和有关问题。我们只提会谈的级别和讨论的题目，不以美国接受我们的主张为前提。我估计美国会乐于接受。如果我们不提，我估计美国也会向我们提出类似的建议。如果这样，我们应该接受。

第二，只要举行高级会谈，本身就是一个战略行动。我们不提先决条件，绝不是说我们在台湾问题上改变立场。台湾问题可以在高级会谈中逐步谋求解决，还可以商谈其他带战略性的问题，这不是大使级会谈所能做到的。

第三，恢复华沙会谈不必使用波兰政府提供的场所，可以在中国大使馆里谈，以利保密。①

通过对国际形势的深入分析和研究，毛泽东、周恩来形成了调整外交战略的明确思路，这为打开中美关系大门的决策提

---

① 《亲历重大历史事件实录》第五卷，党建读物出版社、中国文联出版社2000年版，第430页。

供了可靠依据。

这样，中共中央作出了实现中美和解的决定。

此时的美国对实现中美关系正常化具有强烈的紧迫感。1969年12月3日，波兰首都华沙文化宫里一场南斯拉夫时装展览会正在进行。各国驻波兰的外交使节云集这里参观展览，其中有三个人物分外引人注目，一个是美国驻波兰大使斯托塞尔；另两个是中国驻波兰使馆临时代办雷阳及其翻译。在中国临时代办雷阳离席时，斯托塞尔马上尾随跟出，不料雷阳却走出会场，坐进轿车，准备离开。斯托塞尔立刻追上雷阳的翻译，表示他想会见中国临时代办，说尼克松要同中国进行"重大的具体的会谈"。当晚，周恩来看到了驻波使馆发回的电报。

毛泽东对美国提出的会谈建议作出了积极回应，很快批准由雷阳与斯托塞尔举行会谈。中美关系正常化终于迈出了第一步。

中美和解，举世震惊，苏联"核外科手术计划"胎死腹中

斯托塞尔和雷阳于1970年1月20日和2月20日先后进行了两次重要会谈。这是中美大使级代表有关中美关系正常化的第一次正式对话。

斯托塞尔在会晤中表示：一、美国政府愿意改善同中华人民共和国的关系；二、美国不谋求"参加针对中国的与苏联共同主宰世界的谋划"，也不支持勃列日涅夫主义；三、美国和台北政府的关系，有协助保卫台湾的义务，但并不妨碍你们双方达成任何和平解决。随着亚洲和平和稳定的增长，美国将能削减现在台湾的所有军事设施；四、美国愿讨论不仅台湾问题，而且在中美之间的全部双边问题，并愿讨论一项联合宣言、肯定两国政府遵守和平共处五项原则。美国政府还准备派代表到北京直接商谈，也愿在华盛顿接待中国代表。

雷阳表示：一、中国愿意讨论美方根据和平共处五项原则提出的任何意见和建议，从而切实有助于缓和中美之间的紧张

局势，根本改善两国关系；二、中国重申台湾是中国领土，不容外人侵占，因此必须商定从台湾和台湾海峡撤走美国的一切武装力量，才能从根本上改善中美关系，并推动其他问题的解决。解放台湾是中国内政，不容外人干预，更绝对不能允许进行"两个中国"或"一中一台"的活动。为解决这个主要矛盾，需要"进行更为彻底的探索"；三、如果美国政府愿意派部长级的代表或美国总统的特使到北京进一步探讨中美关系的根本原则问题，中国愿予接待。[①]

雷阳和斯托塞尔的两次会谈使实现中美关系正常化取得了重要的进展。

3月21日，中国政府收到美国通过巴基斯坦领导人传来的口信："尼克松准备开辟一条白宫通向北京的直接通道。"周恩来阅后批道："尼克松想采取对巴黎谈判办法，由基辛格秘密接触。"[②]

正当双方为实现关系正常化不断努力的时候，发生了美国入侵中国的友好邻邦柬埔寨、推翻由西哈努克亲王领导的王国

[①] 宫力等著：《毛泽东在重大历史关头》，中共中央党校出版社1993年版，第291~292页。

[②] 《周恩来年谱（1898－1976）》下卷，中央文献出版社1997年版，第356页。

政府的事件。作为对这一事件的反应,毛泽东中止了原定于5月20日举行的第一三七次中美大使级会谈。

尼克松为柬埔寨的事态影响了中美关系的大局而感到惋惜。他于一个月后撤出了侵柬美军,并通过媒体继续向中国喊话。7月10日,美国广播公司评论员史密斯公开报道说,尼克松赞成在外交上承认中国。10月初,尼克松又告诉美国《时代》周刊记者:"如果我死前有什么事情可做的话,那就是到中国去。"①

对于美国的友好表示,毛泽东心领神会。1970年10月1日,在庆祝中华人民共和国成立21周年的大会上,美国友人斯诺夫妇出现在天安门城楼上。毛泽东热情接见斯诺,并让他站在身边一起检阅国庆游行队伍。这件事向外界传递了一个不寻常的信息。

11月中旬,巴基斯坦总统叶海亚访华。此前,叶海亚访问了美国。尼克松总统与他讨论了中美关系问题。叶海亚此行就是向中方转达尼克松关于准备派他的高级助手在任何时候、任何地点同中国相应代表对话的口信。这一举动可以被看做在中美大使级会谈中断后,美国尝试建立的另一个与中国沟通的

---

① 《亲历重大历史事件实录》第五卷,党建读物出版社、中国文联出版社2000年版,第435页。

渠道。

对尼克松的建议，中方表示赞赏。11月14日，周恩来在会见叶海亚时明确表示，中国政府欢迎美国总统派特使来北京商谈，时机可通过巴基斯坦总统商定。

12月18日，毛泽东会见美国友人斯诺时，进一步说："我欢迎尼克松上台。他如果想到北京来，你就捎个信，坐上一架飞机就可以来嘛。谈不成也可以，谈得成也可以嘛。何必那么僵着？当作旅行者来也行，当作总统来谈也行。总而言之，都行。他如果愿意来，我愿意和他谈。我看我不会跟他吵架。"①

中国乒乓球代表团是3月28日至4月7日参加第三十一届世界乒乓球锦标赛的。3月30日上午，中国代表团官员宋中、王家栋在国际乒联大会的休息厅与美国乒乓球代表团团长雷厄姆·B.斯廷霍文相遇。

斯廷霍文首先向宋中问好。他告诉宋中，在15天之前的3月15日，美国国务院发言人查尔斯·布雷发表声明，宣布取消对持美国护照者访问中华人民共和国的限制。声明说："取消禁止持美国护照访问中华人民共和国的决定，与总统在

---

① 《毛泽东国际交往录》，中共党史出版社1995年版，第182页。

公开场合表示的同大陆中国改善交往的意愿是一致的。"

宋中回应说:"这意味着我们有可能,在将来的一天,在北京会面。"

在这次谈话中,斯廷霍文曾向宋中表示:中国乒乓球运动水平很高,如果美国选手去一次中国,一定能学到许多有益的技术,也希望中国的乒乓球选手到美国去。

这是一个重大信息,它表明美国政府在与中国进行官方会谈前希望先进行民间接触。

毛泽东经过反复考虑,决定邀请美国乒乓球队访华。4月7日上午,在各国代表团离开日本前夕这一消息传递到了美国乒乓球代表团。尼克松得知这一消息后,称之为"以完全没有料到的方式出现了一个突破"。

中国邀请美国乒乓球队访华,引起了世界轰动,成了举世瞩目的重大事件。消息宣布后,日本各大报纸在头版头条登出消息,报道中美之间的"乒乓外交"。

一个星期后,周恩来在北京接见了刚刚来到中国的美国乒乓球代表团全体成员。他说:中美两国人民过去来往是很频繁的,以后中断了一个很长的时间。你们这次应邀来访,打开了两国人民友好往来的大门。请美国客人回去后,把中国人民的问候转告美国人民。

中国总理接见美国乒乓球代表团的消息传到华盛顿后，尼克松找基辛格作了研究，认为美国该作出反应了。于是，白宫新闻秘书齐格勒宣布，总统决定采取对华政策新措施：美国准备迅速发给从中国到美国来访问的个人或团体的签证；允许中国动用被美国冻结的美元；取消对供应前往中国或来自中国的船只和飞机的燃料的限制；准许挂外国旗帜的美国船只停靠在中国港口。

几天后，周恩来总理便向尼克松发出了访华邀请："中国政府重申，愿意公开接待美国总统特使（例如基辛格先生），或者是美国国务卿甚至是总统本人来北京直接商谈。"①

尼克松高兴地接受了中国政府的邀请，并表示先由基辛格博士进行预备性访问，然后他本人来华访问。5月29日，周恩来对尼克松的表态作出正式回复："毛泽东主席表示，他欢迎尼克松来访，并期待着届时同总统阁下直接对话。周恩来总理欢迎基辛格博士先行来访，进行秘密会谈，为尼克松总统访华进行准备作必要的安排。他可以从伊斯兰堡直接飞往中国一个不向公众开放的飞机场。他可以乘巴基斯坦的波音飞机，或在必要时从中国派去接送他的一架中国专机。周恩来总理热烈

---

① 《周恩来年谱（1898－1976）》下卷，中央文献出版社1997年版，第1325页。

地期待着在最近的将来在中国同基辛格博士会晤。"① 据《周恩来年谱》记述，6月2日，尼克松得到这一消息后称："这是第二次世界大战以来美国总统所收到的最重要的信件。"

经过一番准备，美国总统的国家安全事务助理基辛格博士一行于1971年7月9日凌晨，从巴基斯坦首都伊斯兰堡机场乘坐一架波音707客机飞抵中国首都北京。中午12时，飞机在北京南苑机场降落。

下午4时半，周恩来来到基辛格下榻的宾馆。两人紧紧握手。周恩来说："这是中美两国高级领导人二十几年来第一次握手。"基辛格说："遗憾的是这还是一次不能马上公开的握手，要不，全世界都要震惊。"

在会谈中，基辛格说，他的北京之行有两项任务：一是商谈尼克松访华日期及准备工作；二是为尼克松访华进行预备性会谈。

对中美关系正常化最大的障碍台湾问题，基辛格代表美国政府表示：美国承认台湾属于中国，不支持"台湾独立"，也不支持"两个中国"或"一中一台"，但希望台湾问题和平解决；美国准备在印度支那战争结束后撤走驻台美军的2/3，并准备随着中美关系的改善进一步减少其余的驻台美军；至于

---

① 《细说周恩来》，河南人民出版社1998年版，第887~888页。

"美台共同防御条约"，美国认为历史可以解决，意即期满后不再延长；美国不再指责与孤立中国，美国在联合国内将支持恢复中国的席位，但不支持驱除蒋介石集团的代表。

周恩来表示：中美双方对一系列国际问题有不同的看法，但这种分歧并不妨碍两国寻求平等友好相处的途径。他代表中国政府重申：台湾历来就是中国的领土，台湾问题是中国的内政，因而不容外人干预；美国必须承认台湾是中国的一个省，必须撤走在台湾的军队，必须废除美蒋"共同防御条约"。

第二天，双方就尼克松总统访华一事达成协议。

7月16日，中美双方同时发表公告宣布：周恩来总理和尼克松的国家安全事务助理基辛格博士在北京进行了会谈，尼克松将于1972年5月以前的适当时间访问中国；中美两国领导人的会晤，是为了谋求两国关系的正常化，并就双方关心的问题交换意见。这一公告的发表震惊了世界。

1971年11月30日，新华社授权发表公告：中美两国政府商定，尼克松总统将于1972年2月21日开始对中国访问。

2月21日上午11点10分，尼克松乘坐的"76精神号"专机飞越太平洋，出现在北京上空。周恩来、叶剑英、李先念、郭沫若、姬鹏飞等到机场迎接美国客人。当尼克松下到舷梯快一半时，周恩来带头鼓掌欢迎。

当尼克松走完梯级，离地面还有三四级台阶时，便微笑着伸出他的手，周恩来那只手也伸了出去。两人紧紧地握着手，足足停留了一分多钟。周恩来说："先生，你把手伸过了世界最辽阔的海洋来和我握手。25年没有交往了呵。"

尼克松后来回忆说："当我们的手相握时，一个时代结束了，另一个时代开始了。"待尼克松和周恩来的历史性握手圆满结束，随着通信卫星向全世界实况播出，这时，罗杰斯、基辛格等代表团成员才走出机舱，走下舷梯。

下午2点40分，在中南海毛泽东的住地，毛泽东与尼克松、基辛格进行了首次会谈。此时，毛泽东刚刚重病一场，并在9天前出现了一次休克。但为了中美关系的大局，毛泽东主动安排会见并延长了原定的会谈时间。

毛泽东从哲学问题谈起。他告诉尼克松：对台湾问题、越南问题、亚洲及世界其他地区局势等等，"这些问题我不感兴趣，那是他（指周恩来）跟你谈的事。"毛泽东关心的主要是中美关系。他说："来自美国方面的侵略，或者来自中国方面的侵略，这个问题比较小，也可以说不是大问题，因为现在不存在我们两个国家互相打仗的问题。你们想撤一部分兵回国，我们的兵也不出国。"

尼克松说："主席先生，我知道，我多年来对人民共和国的立场是主席和总理所完全不同意的。我们现在走到一起来了，是因为我们承认存在着一个新的世界形势。我们承认重要的不是一个国家的对内政策和它的哲学，重要的是它对世界上其他国家的政策以及对于我们的政策。"

毛泽东说："就是啰。"

当尼克松称赞"毛主席的著作感动了全国，改变了世界"时，毛泽东诙谐地回答："没有改变世界，只改变了北京附近几个地方。"

在回顾了20多年中美关系的状况后，毛泽东特别谈到最近两年中美接触的过程和背景，肯定了尼克松、基辛格所起的重要作用。他又说："我们办事也有官僚主义。你们要搞人员往来这些事，搞点小生意，我们就死不肯。十几年，说是不解决大问题，小问题不干，包括我在内。后来发现还是你们对，所以就打乒乓球。"[①]

当晚，中国政府在人民大会堂举行盛大宴会欢迎尼克松总统和夫人一行。周恩来代表中国政府发表了热情洋溢的祝酒词。他说：尼克松总统应邀来访，"使两国领导人有机会直接会晤，谋求两国关系正常化并就共同关心的问题交换意见，这是符合中美两

---

① 逄先知等主编：《毛泽东传（1949 – 1976）》，中央文献出版社2003年版，第1635~1636页。

国人民愿望的积极行动,这在中美两国关系史上是一创举。""中美两国的社会制度根本不同,在中美两国政府之间存在着巨大的分歧。但是,这种分歧不应当妨碍中美两国在互相尊重主权和领土完整,互不侵犯,互不干涉内政,平等互利和和平共处五项原则的基础上建立正当的国家关系,更不应该导致战争。""我们希望,通过双方坦率地交换意见,弄清楚彼此之间的分歧,努力寻找共同点,使我们两国的关系能够有一个新的开始。"①

第二天,由周恩来与尼克松会谈。

整个会谈分三个层次进行:尼克松与周恩来之间的会谈是一个层次,这是两国首脑的总会谈;美国国务卿罗杰斯与中国外交部长姬鹏飞的会谈是一个层次,具体商讨促进双边贸易和人员往来,也就是华沙会谈多年来的问题;第三个层次是基辛格与中国副外长乔冠华起草公报的会谈,这个层次的会谈是最为艰难的。而台湾问题又是会谈中最棘手的问题。

基、乔会谈的第一天,两人逐行审查公报现存草案,肯定已经达成协议的部分,然后各自阐述在台湾问题上的立场;第二天,主要由基辛格介绍美国准备在莫斯科最高级会谈中达成的协议;第三天,基、乔之间开始关于台湾问题的实质性会

---

① 《周恩来年谱(1898–1976)》下卷,中央文献出版社1997年版,第1355页。

谈。乔冠华提出了中国方案，他坚持美国必须无条件撤出在台湾的美军。基辛格表示不能同意。他说："美国希望和平解决台湾问题，将逐步减少并最终从台湾撤出全部美国武装力量和军事设施。"基、乔之间互不相让。基辛格甚至说："我们把撤军说成是一个目标。即使这样，我们仍然坚持撤军跟和平解决台湾问题和缓和整个紧张局势联系起来。"

在这一方案无法达成共识后，乔冠华请示周恩来，基辛格请示尼克松，双方又提出了新方案。中方提出，只要在公报上提到撤出全部驻台美军，中国就不再反对美国表示关心和平解决台湾问题。美方提出，把全部撤军这个最终目标和美国在此期间逐步撤出军队这两个问题分开。这样，双方找到了共同点，谈判取得突破。2月26日凌晨，双方对联合公报的内容达成协议。28日，中美上海《联合公报》发表。公报中美方对台湾问题表述为：

"美国方面声明：美国认识到，在台湾海峡两边的所有中国人都认为只有一个中国，台湾是中国的一部分。美国对这一立场不提出异议。它重申它对中国人自己和平解决台湾问题的关心。考虑到这一前景，它确认从台湾撤出全部美国武装力量和军事设施的最终目标。"

中美上海《联合公报》的发表，是中美关系史上的里程碑。中美和解，不仅使中国外交取得新的活力和广阔的活动天地，推动了一个遍及世界各大洲的与中国建交的高潮的出现，而且对打破苏联对中国的军事、外交压力，化解中国的安全危机发挥了重要作用。

就在1969年珍宝岛事件之后，苏联曾经打算发动一场侵华战争。在苏共中央政治局的一次会上，国防部长安德烈·格列奇科元帅积极主张实施"一劳永逸地消除中国威胁"的计划。他主张无限制地使用西方称为"巨型炸弹"的几百万吨级的炸弹，对中国实施轰炸。但这种疯狂的好战立场没有得到军队多数将领的赞成。另一种办法是用有限数量的核武器进行一种"外科手术式的攻击"，摧毁中国的核设施。但国防部第一副部长兼总参谋长奥加尔科夫元帅认为也太冒险。他感到苏联不能用核武器进攻中国，因为这样必然意味着世界大战。一两颗炸弹难以消灭中国这样的国家。中国人口众多，有丰富的游击战争知识和经验，会不屈不挠地打下去，苏联会陷入一场没完没了的战争，其后果将同美国在越南相似，如果不是更糟的话。

意见分歧使苏共中央几个月不能就轰炸中国的问题作出决定。赞成者、反对者争论的焦点是美国的态度。赞成者认为美国不会插手，反对者认为美国不会让苏联控制中国。于是，政治局决定通过各种渠道了解美国的态度。外交部、克格勃、军事情报局受命探听华盛顿对一场核打击可能作出什么反应。8月18日，苏联驻华盛顿领事馆奉命向美国中级官员进行了解。他们几乎是毫不隐讳地询问美国政府的有关人士：如果苏联打击中国的核设施，美国将会采取何种态度？随后，苏联秘密通知其东欧盟国，宣称它有可能先发制人地打击中国的核设施。

中共中央从各方面得知苏联的战争动向后，于8月27日宣布成立了由周恩来任组长的人民防空领导小组，迅速组织疏散城市人口，迁移工厂，以备核大战之需。第二天，中共中央又紧急发出《中国共产党中央委员会令》，要求边疆各级革命委员会、各族革命人民、解放军驻边疆部队全体指战员，特别是新疆的党政军民，随时准备对付苏联的大举进攻，防止突然袭击。9月30日，林彪还下令全军进入一级战备，甚至秘密调派直升机在天安门城楼后面的空场上准备紧急疏散毛泽东等最高领导人。随后中央领导人分别疏散到外地。

美国在了解莫斯科的意图后，发出了明确的警告。9月5日，尼克松总统授权副国务卿理查逊发表声明，称：美国政府对于中苏战争"深为关切"，"我们不想利用中、苏之间的敌对谋取利益……但我们深为关心的是，随着战争的加剧，有可能爆发严重危及国际和平与安全的局势"①。它的意思是,如苏联进攻中国,美国不会无动于衷。

多勃雷宁大使经过一番调查,作出了这样的估计:对中国进行这样的打击,美国不会袖手旁观。他的结论是,如果发动对华战争,将冒苏美严重对峙的风险。

多勃雷宁的报告给莫斯科好战的军人泼了一盆冷水。政治局的激动情绪冷静下来以后,勃列日涅夫的中间派立场占了上风,他提出不进攻中国,但是在边境全线派驻大量装备有核武器的部队来显示苏联的实力。同时,还将试图通过外交谈判来寻求解决和北京的领土争端以及其他争端。

一场危机就这样化解了。人们当时不知道,是刚刚开始的中美和解帮了中国的忙。

---

① 周溢潢著:《中美关系风云录》,山西人民出版社2003年版,第229页。

第十章

林彪阴谋篡党夺权

毛泽东雄才大略化险为夷

1970年至1971年间发生了林彪反革命集团阴谋夺取最高权力、策动反革命武装政变的事件。这是"文化大革命"推翻党的一系列基本原则的结果,客观上宣告了"文化大革命"的理论和实践的失败。毛泽东、周恩来同志机智地粉碎了这次叛变。

——《关于建国以来党的若干历史问题的决议》[①]

国家主席之争引发毛泽东与林彪激烈冲突

1969年4月1日至24日,中国共产党第九次全国代表大

[①] 《中国共产党中央委员会关于建国以来党的若干历史问题的决议》,1981年6月27日中国共产党第十一届中央委员会第六次全体会议一致通过。

会在"文化大革命"的混乱局面下召开了。在这次大会上，出尽风头的是林彪，他不仅代表中国共产党第八届中央委员会向第九次全国代表大会作了政治报告，当选为中共中央唯一的一名副主席和中央军委副主席，而且在九大通过的新党章中破天荒地写上林彪"是毛泽东同志的亲密战友和接班人"，以党章的形式确立了林彪作为"副统帅"和"接班人"的地位。

在九大选出的新的中央领导机构里，林彪集团的势力也大为膨胀。号称"四大将"的总参谋长黄永胜、空军司令员吴法宪、海军政治委员李作鹏、总后勤部部长邱会作等成了政治局委员和军委办事组成员，加上林彪之妻叶群和陈伯达，在由21人组成的政治局里，他们占了1/3；在由5人组成的政治局常委中，他们有2人，占40%。

但是，林彪还不满足。

1970年2月，中央政治局在讨论筹备召开第四届全国人民代表大会和修改宪法的问题时提出，新宪法中应设国家主席一章，并由毛泽东任国家主席。3月7日，正在武汉的毛泽东明确表示："宪法不要设国家主席这章。我也不当国家主席。"

3月8日，中央办公厅主任汪东兴从武汉回到北京，向中央政治局转达了毛泽东的意见，到会的政治局成员一致拥护毛泽东的意见，商定组成工作班子，立即着手进行四届人大的筹备工作。

为防苏联发动战争而疏散在苏州的林彪，派他的老婆叶群代表他到会。会上，周恩来特别委托叶群向林彪转达毛泽东的意见，并报告政治局会议讨论的情况。此时，林彪对国家主席一职已是志在必得。正如叶群所说："如果不设国家主席，林彪怎么办？往哪里摆？"为了促成毛泽东改变意见，3月9日，林彪让叶群转告在京的黄永胜和吴法宪："林副主席赞成设国家主席。"

3月中旬，周恩来连续主持召开中央政治局会议，讨论通过了《中华人民共和国第四届全国人民代表大会代表名额和选举的决定》、《关于修改宪法问题的请示》等文件，并报送毛泽东批准。在审阅《关于修改宪法问题的请示》及其附件时，毛泽东再次表示不要设国家主席。

4月11日夜，林彪在苏州通过秘书向中央政治局值班人员打电话转达他的三条意见："一、关于这次'人大'国家主席的问题，林彪同志仍然建议由毛主席兼任。这样做对党内、党外、国内、国外人民的心理状态适合。否则，不适合人民的心理状态。二、关于副主席问题，林彪同志认为可设可不设，可多设可少设，关系都不大。三、林彪同志认为，他自己不宜担任副主席的职务。"

第二天，周恩来主持中央政治局会议，讨论林彪的上述意见。会上，有相当一部分政治局成员附和林彪的意见，同意由毛泽东担任国家主席。周恩来会后将政治局讨论的情况报告毛泽东。毛泽东在接到报告的当天又一次批示："我不能再做此事，此议不妥。"

4月下旬，毛泽东和林彪几乎同时回到北京。毛泽东在中央政治局会议上再一次提出他不当国家主席，也不要设国家主席，并当着林彪的面说："孙权劝曹操当皇帝。曹操说，孙权是要把他放在炉火上烤。我劝你们不要把我当曹操，你们也不要做孙权。"

毛泽东已经把话说到这个程度，林彪背地里仍继续坚持唱反调。5月中旬，林彪告诉吴法宪：还是要设国家主席，不设国家主席，国家没有一个头，"名不正言不顺"。根据林彪、叶群授意，7月中旬举行的中央修改宪法起草委员会全体会议期间，再次出现了要求设国家主席的"呼声"。毛泽东得知后尖锐地指出：设国家主席，那是形式，不要因人设事。

从3月到8月初，毛泽东与林彪集团关于设不设国家主席的争论还只是斗争的第一个回合，真正的较量是在这年的庐山会议上。

8月23日至9月6日，党的九届二中全会在江西庐山召开。毛泽东主持开幕式。周恩来宣布全会的三项议程：一、讨论修改宪法，二、讨论国民经济计划，三、讨论战备问题。

在前一天召开的中央政治局常委会商定九届二中全会的会期和日程等问题时，毛泽东和林彪都表示在开幕式上不作发言，主要由周恩来一个人讲。但是，到全会临开幕前一刻，林彪突然向毛泽东和几个常委提出"要讲点意见"。

林彪在全会上的发言再一次抛出了他经过精心设计的"天才论"，以抬高毛泽东来抬高他自己，目标直指设立国家主席问题。林彪说："毛泽东同志天才地、创造性地、全面地继承、捍卫和发展了马克思列宁主义。"宪法草案要"肯定毛主席的伟大领袖、无产阶级专政元首、最高统帅的地位"。

林彪脱离全会主题漫无边际地讲了一个半小时后，康生接着发言，极力吹捧和附和林彪的意见。他说，我们的林彪同志——毛主席的最好的接班人讲了毛主席在共产主义运动、中国革命运动中间的伟大历史地位，以及对宪法的说明，我"完全同意、完全拥护。"又说，在群众讨论中，在要毛泽东当国家主席、林彪当国家副主席的问题上，"所有意见都是一致的"；"如果是主席不当（国家）主席，那么请林副主席当（国家）主席。""到底怎么样，要请毛主席最后指示，最后定。如果是主席、林副主席都不当的时候，那么国家主席这一章就不设了。"①

此前，康生作过这样的说明："根据广大群众的热切愿望，希望毛主席当国家主席，林副主席当国家副主席；如果是毛主席、林副主席都不当，那就不要。最后到底怎么样，请毛主席定。"

8月24日下午，会议分组讨论林彪的讲话。按照叶群事先的布置，陈伯达、吴法宪、叶群、李作鹏、邱会作分别在华北组、中南组、西南组、西北组发言，表面上维护毛泽东，实际上则在挑战毛泽东关于不设国家主席的主张，并企图让林彪当国家主席。陈伯达在华北组发言说，在宪法中肯定毛主席的"国家元首"地位非常重要，是经过很多斗争的，有人利用毛主席的谦虚，妄图贬低毛泽东思想。叶群在中南组说：林彪同志在很多会议上都讲了毛主席是伟大的天才，难道这些话都要收回吗？坚决不收回，刀搁在脖子上也不收回。

25日上午，各组继续讨论。反映华北组讨论情况的全会第六号简报也发到各组。这时，各组要求设国家主席、要求揪出反对毛泽东的人的呼声更加激烈。从华北组的简报上，毛泽东已敏锐地察觉到会议中出现的严重不正常现

---

① 中共九届二中全会第1次全体会议纪录，1970年8月23日。

象，他感到必须采取紧急措施了。

下午，毛泽东主持召开了由各组召集人参加的中央政治局常委扩大会议。会前，他分别同林彪、周恩来、陈伯达、康生进行单独谈话。在这次会议上，毛泽东宣布：刚才，我和几位常委商量，认为现在各组讨论的问题不符合全会原定的三项议程。又说：设国家主席的问题不要再提了，谁坚持设国家主席，谁就去当，反正我不当！讲到这里，毛泽东冲着林彪补了一句："我劝你也不要当国家主席！"他还发出警告：如果再继续这样搞下去，我就下山，让你们闹；再不然，就辞去党中央主席职务。

根据毛泽东的意见，会议决定各组立即停止讨论林彪的讲话，收回第六号简报，责令陈伯达等作出检查。

毛泽东已经十分清楚地知道，围绕设不设国家主席而引起的争论，主谋是林彪，陈伯达只是他的"马前卒"。但为了保护林彪，他还是把林彪与陈伯达区别开来，同时向林彪发出警告。

毛泽东步步紧逼使做贼心虚的林彪顿生杀机

凭林彪的心智，不会看不出在设立国家主席问题上与毛泽东的斗争和矛盾对他意味着什么。

其实，林彪与毛泽东微妙的关系在九大筹备工作中就有所反映。九大通过的党章虽然明确了林彪的"接班人"地位，但同时又取消了八大党章中关于设立名誉主席的规定，这就是说，只要毛泽东健在，林彪就不可能通过毛泽东退居二线的形式直接"接班"了。林彪感到了作为"接班人"的危机感。九大期间，在推举大会主席时，毛泽东突然说："我推荐林彪同志当主席。"林彪毫无准备，但立即说："伟大领袖毛主席当主席。"毛泽东随即提出更新的建议："林彪同志当主席，我当副主席好不好？"虽然毛泽东继续担任了大会主席，但这一举动，使多疑的林彪对毛泽东此举的动机许久不能释怀。在林彪成为"接班人"后，毛泽东曾与他进行了谈话，并问他：你年纪大了以后谁来接班？曾提到张春桥的名字。毛泽东对张春桥可以作林彪"接班人"的设计，使林彪更加疑虑毛泽东是否有"以张代林"的计划。为增加政治筹码,尽早实现接班,林彪才采取了在国家主席问题上的冒险举动。

毛泽东在党的九届二中全会上已经识破林彪的动机。为教育林彪改正错误,同时也为了防备不测,毛泽东采取了一系列措施。毛泽东把这些措施概括为"甩石头、掺沙子、挖墙脚"。

(一)毛泽东说,在陈伯达搞的论天才的材料上加批语,在济南军区、三十八军的报告和其他文件上加批语,叫"甩石头"。

8月31日,毛泽东在陈伯达整理的一个论述"天才"的语录上,写下一大段批示,标题为《我的一点意见》。文中毛泽东点名批判陈伯达:"采取突然袭击,煽风点火,唯恐天下不乱,大有炸平庐山,停止地球转动之势。"针对林彪的"天才论",毛泽东指出:"我同林彪同志交换过意见,我们两人一致认为,这个历史学家和哲学史家争论不休的问题,即通常所说的,是英雄创造历史,还是奴隶们创造历史,人的知识(才能也属于知识范畴)是先天就有的,还是后天才有的,是唯心论的先验论,还是唯物论的反映论,我们只能站在马列主义的立场上，而决不能跟陈伯达的谣言和诡辩混在一起。同时我们两人还认为，这个马克思主义的认识论问题，我们自己还要继续研究，并不认为事情已经研究完结。希望同志们同我们一道采取这种态度，团结起来，争取更大的胜利，不要上号称懂得马克思，而实际上根本不懂马克思那样一些人的当。"

这段批语，毛泽东把林彪集团对抗他关于不设国家主席的意见，大闹庐山的严重性点明了。此后，毛泽东将其严重性进一步升高，概括为路线问题。其目的就是，亮明毛泽东的态度，给林彪集团以震慑，促使其警醒。

为教育他们尽快觉悟，毛泽东严令黄永胜、吴法宪、叶群、李作鹏、邱会作给中央写检查。9月下旬，周恩来根据毛泽东的意见，要求黄永胜、吴法宪、李作鹏、邱会作在想通后"写一书面检讨，揭露事实真相，与陈伯达完全决裂"。

23日，吴法宪向毛泽东交上了一篇书面检讨。把他在党的九届二中全会上的行为说成是，"由于我对陈伯达这个坏人没有识破，盲目地认为他读的书多，是'理论家'，所以对他搞的语录就相信，根本没有通过自己的脑子想一想是否对，在发言时就念了这些语录，上了当，受了骗"，是自己"政治上极端幼稚"的表现。毛泽东把吴法宪的检讨搁了半个月。10月14日，他在这份检讨上写下大段批语。毛泽东写道："作为一个共产党人，为什么这样缺乏正大光明的气概。由几个人发难，企图欺骗200多个中央委员，有党以来，没有见过。"军委"办事组各同志（除个别同志如李德生外）忘记了九大通过的党章、林彪同志（在九大所作）的报告，又找什么天才问题，不过是一个借口。"

就在毛泽东批示吴法宪检讨的前一天，叶群也送来了书面检讨。她在检讨中同样把责任推给陈伯达，说她上了陈伯达的当，对陈伯达的斗争"不够有力"，"也讲了天才问题，本来不准备发言，后来听其他同志发了言……自己也憋不住了，也讲了这个问题。""动机是出于对主席和主席思想的热爱，但效果是很不好的"。

毛泽东对叶群的检讨所作的批示也毫不留情，他在批语中严厉指出："爱吹不爱批，爱听小道消息，经不起风浪。""一个倾向掩盖着另一个倾向。九大胜利，当上了中央委员，不得了了，要上天了，把九大路线抛到九霄云外"。"不提九大，不提党章，也不听我的话。陈伯达一吹，就上劲了。军委办事组好些同志都是如此。"

毛泽东把吴、叶两人的检讨以及他所写的批语都批给了林彪阅。在毛泽东的一再催促下，黄永胜、李作鹏、邱会作也写了检讨。但毛泽东所期待的林彪本人的"表态"，却始终不见动静。

中共中央又在全党全军开展"批陈整风"运动。

9月10日,政治局会议决定,组成由康生、李德生、周恩来负责的陈伯达专案组。11月16日,经毛泽东批准,中共中央发出《关于传达陈伯达反党问题的指示》。同时,向党内地、师级以上领导小组或核心小组印发毛泽东的《我的一点意见》一文,使党的高、中级干部对庐山会议的情况有所了解。"批陈整风"运动由此展开。此后,中共中央还发出了《反党分子陈伯达的罪行材料》。

这时,三十八军党委一份揭发陈伯达插手北京军区问题的报告上报中共中央。毛泽东对这个报告作出批示,建议北京军区党委开会讨论一次,各师要有人到会,时间要多一些,讨论为何听任陈伯达乱跑乱说,他在北京军区没有职务,中央也没有委任他解决北京军区所属的军政问题,是何原因陈伯达成了北京军区及华北地区的太上皇?

从12月22日至1971年1月24日,北京军区党委扩大会议(又称华北会议)在北京召开。会议贯彻毛泽东的批示精神,进一步揭发陈伯达问题。毛泽东要求林彪把持的军委办事组成员黄永胜、李作鹏也参加华北会议,希望他们受到教育,尽快从中解脱。

在此之前，济南军区政治部《关于学习贯彻毛主席"军队要谨慎"指示的报告》上报中央军委。1月8日，毛泽东在此件上批示：林、周、康同志：此件很好，从理论和实践的结合上讲清了问题。请你们看一下，是否可以转发全军。如同意，请总理在一次政治局会议上宣读、讨论、通过，并加上中共中央、中央军委和军委总政治部的几句指示，即可发出。中央机关和地方党、政机关也要发出。我军和地方多年没有从这一方面的错误思想整风，现在是一场自我教育的极好时机了。

第二天，中央军委"批陈整风"座谈会也在北京召开了。共有165人参加了会议，会议又开了一个多月，但黄永胜等人消极对待"批陈整风"，拒不检讨自己的错误。毛泽东了解情况后，在一个批示中，对这次会议提出严厉批评："请告各地同志，开展批陈整风运动时，重点在批陈，其次才是整风。不要学军委座谈会，开了一个月，还根本不批陈。"此后，毛泽东当面指着黄、吴、李、邱，十分严厉地批评道："你们已经到了悬崖的边沿了！是跳下去，还是推下去，还是拉回来的问题。能不能拉回来全看你们自己了！"

（二）毛泽东说，派李德生、纪登奎到北京军区是"挖墙脚"。

在"批陈整风"运动中三十八军反映的陈伯达插手北京军区的问题，加重了毛泽东对身边部队的担心。1971年1月，中央宣布改组北京军区，任命李德生为北京军区司令员，谢富治为第一政委，纪登奎为第二政委；谢富治任北京军区党委第一书记，李德生任第二书记，纪登奎为第三书记。

（三）毛泽东说，从中央和各大军区调人参加军委办事组是"掺沙子"。

在李德生已经参加军委办事组的基础上，1971年4月，毛泽东又指示派纪登奎、张才千参加军委办事组，从而打破了林彪在军内长期形成的一统天下。

在此之前，毛泽东已开始重新布局中央组织，有意识地限制林彪集团的势力。1970年11月6日，庐山会议结束不到两个月时间，毛泽东决定成立中央组织宣传组，管辖中央组织部、中央党校、人民日报社、《红旗》杂志社、新华总社、中央广播事业局、光明日报社、中央编译局，权限极大。以康生为组长，成员有江青、张春桥、姚文元、纪登奎、李德生等，却没有林彪集团的人。

同时，周恩来主持政治局会议研究决定，在京的中央政治局委员除原经常参加议事的周恩来、康生、江青、张春桥、姚文元、黄永胜、吴法宪、李作鹏、邱会作、李先念、纪登奎、李德生12人外，今后如遇有重大政策问题需讨论，还拟请董必武、朱德、叶剑英3人参加。

毛泽东抓住不放、穷追猛打的坚决措施，对分化林彪集团，防止发生更大的问题起到了重要作用。但野心勃勃的林彪却把毛泽东给他的一次次改正错误的机会当成向他发难，看成是逐步削弱他的势力，最终要向他下手。于是，林彪动了杀机。1971年3月，代号为《"571工程"纪要》的武装政变计划便出笼了。

林彪阴谋败露

对发动政变，林彪并不陌生，他早就开始搜集古今中外有关政变的资料，并着手研究政变问题。1966年5月18日，在中共中央决定开展"文化大革命"的中央工作会议上，林彪用他独特的语言和风格，全面系统地阐述了政变理论。他说：

政变，现在成为了一种风气，世界政变成风。改变政权，大概是这样的：一种是人民革命，从底下闹起来，造反。如陈胜、吴广、太平天国。反革命政变，大多数是宫廷政变，内部搞起来的，有的是上下结合，有的和外国敌人颠覆活动或者武装进攻相结合，有的和天灾相结合，大轰大闹。历史上是这样，现在也是这样。世界上政变的事，远的不说，1960年以来据不完全统计，仅在亚非拉地区的一些资本主义国家中，先后发生了61次政变，搞成了56次。把首脑人物杀掉的8次，留当傀儡的7次，废黜的11次……从我国历史上来看，历代开国后，10

年、20年、50年，很短时间就发生政变，丢掉政权的例子很多。搞政变，有两个东西必须搞，一个是宣传机关……另一个是搞军队，抓枪杆子。①

在对政变问题作了一些研究之后，林彪搞了一次"政变式"的预演。1969年10月17日，林彪背着中央和毛泽东，借口加强战备，防止敌人突然袭击，向全军11个大军区、海空军、北京卫戍区发出"紧急指示"，调动部队进入战备状态。第二天，这个指示由黄永胜等以"林副主席第一个号令"的名义正式下达。同日下达的还有给二炮和各总部等的第二、第三、第四个号令。命令下达的第二天，林彪办公室才以"电话记录"的形式向毛泽东报告，企图以既成事实迫使毛泽东同意。毛泽东看后十分恼火，当即把这个电话记录烧了。

研究并组织政变预演，为林彪此后与毛泽东决裂提供了思想、理论和组织基础。党的九届二中全会尚未闭幕，林彪已经预感到企图通过设立国家主席实现"和平过渡"来接班的斗争失败。8月27日晚，他告诉吴法宪："我们这些人搞不过他

---

① 胡哲峰等著：《毛泽东与林彪》，广西人民出版社1998年版，第501~502页。

们，搞文的不行，搞武的行。"① 从此时起，林彪一伙就开始筹划发动反革命政变。

在进行"政变式"预演的当天，根据林彪授意，其子林立果被任命为空军司令部办公室副主任兼作战部副部长。此后经空军司令员吴法宪批准，成立了一个由林立果任组长的"调研小组"。这个组织实际上成了林彪反革命集团搜集情报、秘密联系、进行阴谋活动的工具。庐山斗争失败后，林立果于1970年10月将这个反革命组织改名为"联合舰队"。他们还在上海成立了另一个反革命组织"上海小组"，并发了武器。1970年11月，林彪对林立果说："要与军以上干部见见面，不见面就没有指挥权。"

1971年2月12日，林彪、叶群、林立果一起到了苏州。在那里，林家三人就如何组织反革命政变进行了频繁密谋。此后，林彪指派林立果到杭州，与"联合舰队"的重要成员于新野（空军司令部副处长）、陈励耘（空军某军政治委员）等进行密谋。经过一番紧张活动，林彪、叶群指派林立果出头，召集"联合舰队"的主要成员到上海制订了那个臭名昭著的《"571工程"纪要》。临行前，叶群还叮嘱，在上海要注意隐

---

① 江波等编：《林彪1959年上台以后》，四川人民出版社1993年版，第251页。

蔽、安全。

3月21日，在上海巨鹿路一幢楼房的密室里，林立果向"联合舰队"的主要成员周宇驰（空军司令部办公室副主任）、于新野、李伟信（空军某部政治部副处长）等，传达了林彪的旨意。林立果说，"根据目前的形势，首长叫先搞个计划。"他们分析了形势，认为林彪"接班"的问题，有三种可能：一是和平过渡的接班，等五六年还接不了班，即使五六年，其中变化就很大，很难说林彪的地位还一定能保得住；二是被人抢班，林彪被赶下台；三是提前接班，办法是杀害毛泽东，实行武装起义。林立果要大家按"提前接班"的办法准备计划。

"九一三"事件发生后，在空军学院的秘密据点里查获了由于新野手写的《"571工程"纪要》。《纪要》全文共分9个部分：（一）可能性；（二）必要性；（三）基本条件；（四）时机；（五）力量；（六）口号和纲领；（七）实施要点；（八）政策和策略；（九）保密和纪律。《纪要》宣称：九届二中全会以来"军队受压"，"对方目标在改变接班人"，形势"正朝着有利于笔杆子，而不利于枪杆子方向发展"；"要以暴力革命的突变来阻止和平演变式的反革命渐变"。为此，《纪要》估计发动政变后有两种可能性：一种是夺取全国政权，或造成割据的局面；另一种是"下台，进监狱、卫戍区"。

他们策划的政变，有上、中、下三策。上策是："破釜沉舟"，"军事行动上先发制人"，以奇袭手段谋害毛泽东后，宣布由林彪接班，"夺取全国政权"。中策是：在上海或广州搞封建割据，"逼中央表态支持"，"形成对峙局面，再和平谈判"。下策是：逃往境外，或北逃苏联，或南逃香港。并提出"借苏（联）力量钳制国内外其他各种力量"。

《纪要》中确定谋杀毛泽东的手段有两种：一种是"属于自投罗网式——利用上层集会一网打尽，先斩爪牙，既成事实，迫 B-52（即毛泽东）就范。"第二种是"逼宫形式——利用特种手段如轰炸、543（一种武器代号）、车祸杀、绑架、城市游击小分队。"

对发动政变的时机，《纪要》规定，战略上有两种时机："一种我们准备好了，能吃掉他们的时候；一种是发现敌人张开嘴巴要把我们吃掉的时候，我们受到严重危险的时候；这时不管我们准备和没准备好，也要破釜沉舟。"

为实施政变计划，《纪要》明确由江腾蛟（南京军区空军原政治委员）、王维国（7341 部队政治委员）、陈励耘组成指挥班子，南京以周建平（南京军区空军原副司令员）为头，上海以王维国为头，杭州以陈励耘、江腾蛟负责拉总。

林彪亲自指挥政变的准备。从 4 月中旬到 7 月中旬，林彪一直在北京坐镇指挥。4月19日，林彪、叶群从苏州回京后，"联合舰队"就加快了提前实施政变计划的步伐。5月23日，按照林彪、叶群的旨意，周宇驰开始秘密进行驾驶直升机的训练。7月中旬，林立果、刘沛丰（空军司令部办公室副主任）、于新野、李伟信一伙，窜到广东深圳、沙头角等地，在飞机上察看地形。8月8日，他们又将两辆水陆两用汽车运到北戴河，让林立果学习驾驶，准备在紧急情况下供林彪使用。7月17日林彪、叶群到北戴河后，与黄永胜、吴法宪、李作鹏等仍保持热线联系。在林彪发动反革命政变最关键的一天，黄永胜与叶群通电话多达5次，最长的两次分别达到90分钟、135分钟；林彪还给黄永胜留下一封"望任何时候都要乐观，保护身体，有事时可与王飞同志面洽"的亲笔信。

毛泽东还不知道林彪正在筹划这一惊天大阴谋，但他从黄永胜、吴法宪、叶群、李作鹏、邱会作等作"挤牙膏式"的检讨、拖延、观望、不涉及林彪的丢卒保帅的做法，从林彪决不认错、以拖待变的态度，似乎洞察出更深层次的东西。于是，毛泽东决定施展过去的战略，以地方包围中央，南下寻求支持，打打"预防针"，"打草惊蛇"，促使林彪集团暴露并彻底清除。

毛泽东再一次离开北京乘专列南下巡视。每年8月外出巡视工作、9月底返京，是毛泽东身体好的时候的一个基本规律。1971年8月15日13时，78岁高龄的毛泽东在中央办公厅主任汪东兴陪同下，登上了南下的专列。这次他巡视的地区分别是武汉、长沙、南昌、杭州、上海等地，其目的是将他发现的庐山会议那场风波背后的真相向地方的同志"吹吹风"，把话说得更明白些，以进一步统一全党的思想。

16日，毛泽东一行到达武昌。在这里，他同武汉军区兼湖北省委负责人刘丰谈话一次；同刘丰及河南省负责人刘建勋、王新谈话一次；同湖南省委负责人华国锋谈话一次。28日，到达长沙。毛泽东同华国锋及湖南省委负责人卜占亚谈话一次；同广州军区兼广东省负责人刘兴元、丁盛、广西壮族自治区负责人韦国清谈话一次。31日，到达南昌。毛泽东同南京军区兼江苏省负责人许世友、福州军区兼福建省负责人韩先楚、江西省负责人程世清谈话两次。9月3日，到达杭州。毛泽东同浙江省的党政军负责人南萍、陈励耘、熊应堂谈话。10日，毛泽东到达上海。

毛泽东南巡20天后，林彪通过广州军区参谋长顾同舟得知了毛泽东与各地领导谈话的要点。在一份经过整理的共50多页的毛泽东的谈话要点中，令林彪惊恐万分的是：

第一，毛泽东将庐山会议看做是党内第十次大的路线斗争，是两个司令部的斗争。毛泽东说："他们先搞隐瞒，后搞突然袭击，5个常委瞒着3个，也瞒着政治局的大多数同志。""他们的突然袭击，地下活动，是有计划、有组织、有纲领的。"

第二，毛泽东直接点了林彪的名。毛泽东说："林彪同志的那个讲话，没有同我商量。""他有些话说得不妥嘛。什么'顶峰'啦，'一句顶一万句'啦，说过头了嘛。什么'大树特树'，名曰树我，不知树谁人，说穿了是树他自己。他当然要对庐山这一次的斗争'负一些责任'。"并不指名地说："陈伯达后面还有人"，"有人急于要当国家主席，要分裂党，急于夺权。"

第三，毛泽东强调要管军队的事。他对那时流行的"人民解放军是毛主席亲自缔造，林副主席亲自指挥的"这句话非常反感，他批评说："什么人民解放军是我缔造和领导的，林亲自指挥的，缔造的就不能指挥呀！"

这三点中，第一点点出了这场斗争的性质，是两个司令部的斗争，它意味着双方的斗争是你死我活的斗争；第二点说明了毛泽东已将林彪作为这场斗争对立面的代表，而不是陈伯达了；第三点表明毛泽东已经准备改组军队，削弱以致剥夺林彪一伙在军队中的权力。

于是，林彪、叶群和林立果决定立即实施《"571工程"纪要》。9月7日，林立果向他的"联合舰队"下达了进入"一级战备"的命令。9月8日，林彪亲手写了政变手令："盼照立果、宇驰传达的命令办。"这一天，叶群给黄永胜写了一封密信，十分露骨地说："现在情况很急，我们决定在上海动手。"当晚11时30分，在北京西郊机场的秘密据点，林立果向江腾蛟、李伟信出示了林彪的手令，然后宣布："我们已决定在上海动手。我们研究了三条办法，一是用火焰喷射器、四〇火箭筒打B－52的火车；二是用100毫米口径改装的高炮，平射火车；三是让王维国乘B－52接见时，带上手枪，在车上动手。"于是，在上海谋害毛泽东的阴谋活动进入最危险的时刻。

毛泽东在南巡途中对叶群、林立果的阴谋活动已有所了解。在南昌期间，江西省负责人程世清向他汇报说，7月上旬周宇驰来南昌行动鬼祟，将江南修造厂的水陆两用汽车用飞机运走，不知干什么用。林彪女儿林立衡来南昌时曾警告程世清的家属以后少同林家来往，搞不好要杀头的。到达杭州后，9月8日晚毛泽东又得到新的消息说：杭州有人在武装飞机。

极具政治敏感的毛泽东对可能出现的严峻局面，迅速作出了正确判断。他决定改变行程，打乱对手的部署。首先他将专列转移到绍兴，这是从杭州到宁波的一条支线。9月10日14点50分，毛泽东的专列又从绍兴返回杭州，并于16点10分到达上海。专列一到上海，汪东兴即将当地的警卫部队全都撤到外围，换上了中央警卫团的战士。离专列150米远的地方有一个油库，为防止意外，汪东兴特地布置了哨兵守卫。

11日上午，毛泽东同许世友、王洪文等谈话。但没有单独召见王维国。担任刺杀毛泽东任务的王维国，是在王洪文、汪东兴的陪同下与毛泽东握了一下手，就被送下专列，因此没有机会实施刺杀计划。

送走许世友、王洪文及王维国后，毛泽东还没有吃午饭，就指示汪东兴：立即开车。于是，13点12分，毛泽东的专列驶离了上海，12日13点10分，到达北京丰台车站。此后专列开往北京火车站，而毛泽东则乘汽车回到了中南海。

林彪一伙预谋已久的暗害毛泽东的计划就这样破产了。按照《"571工程"纪要》规定的三套方案，在谋害毛泽东失败后，林彪一伙将逃往广州，另立中央。9月12日上午，林立果在北京与北戴河方面通了电话，接受了林彪的新旨意，决定实施第二套方案。下午，他把周宇驰、于新野、江腾蛟、李伟信等召集到空军学院的秘密据点，具体策划南逃方案。

林立果要人通知广州部队空军参谋长顾同舟，准备车辆和房子。要于新野马上打电话给上海的王维国，通知他 13 日有一架伊尔－18 飞机在上海着陆，把警卫二中队换下来，让王维国的空四军"教导队"和上海的"联合舰队"成员作好准备，搭乘这架飞机去广州。他还要于新野给空军军务部打电话，通知马上准备好 30 支手枪、两支冲锋枪，并多准备一些子弹。

周宇驰具体传达了林彪的南逃计划："立即转移广州，要军委办事组的黄、吴、李、邱明天到广州谈话……""到那里以后，首长召开师以上干部紧急会议，宣布另立中央，进行割据，形成南北朝的形势。提出条件，和北京谈判。""和苏联等国建立外交关系。要动武，就联合苏联，实行南北夹击。"

下午 4 时半，周宇驰在西郊机场，布置空军司令部副参谋长胡萍，调 6 架飞机，准备飞广州。此前，他还交代胡萍为林彪准备三叉戟飞机和两架伊尔－18 飞机，准备于 13 日 7 时半周、胡同乘伊尔－18 飞机先去山海关，再改乘三叉戟 256 号专机飞往广州。

空军司令部副参谋长王飞回到空军大院的一间密室，具体拟定随林彪和黄、吴、李、邱南逃人员的名单，并确定组成几个小组保护黄、吴、李、邱安全登机南逃。晚上 8 时许，周宇驰又召集于新野、王飞等开会，宣布："明天上午 8 时，首长从北戴河起飞，直飞广州沙堤机场。黄总长，吴、李、邱副总长，明天早上7时到8时从西郊机场起飞，直飞广州，江腾蛟负责警卫，保证他们安全到达。"他们还确定，由王飞、于新野负责组织人员，保护林彪等南逃。

当晚11时22分，叶群故作镇静地给周恩来打了电话，说："林副主席想动一动。"周恩来不断追问："是空中动，还是地上动？""你那里是否有飞机"，这使多疑的林彪感到中央要对他们采取行动。于是，立即改变南逃计划，决定马上叛逃苏联。13日零点22分，林彪、叶群、林立果等仓皇登上256号三叉戟飞机向北逃窜，走上了叛国出逃的不归之路。

林彪潜逃半小时后，吴法宪从西郊机场打电话报告说，林彪的专机即将从张家口一带飞出河北，进入内蒙古。他请示说："要不要派歼击机拦截。"汪东兴立即将这一紧急情况报告毛泽东和周恩来。尽管林彪欲致毛泽东于死地，但毛泽东稍作沉思，对汪东兴说："林彪还是我们党中央的副主席呀。天要下雨，娘要嫁人，不要阻拦，让他飞吧。"毛泽东的意见无疑是正确的。林彪是党的副主席，当时也并不知道他要飞到哪里去，做什么事，拦截专机，难以向全国交代。后来，周恩来在广州给部队领导机关作报告，讲到他没有下令打掉林彪座机时说：林彪是党中央副主席，军队的副统帅，我仅是个政治局常委，在军队中又没有挂职，怎能命令部队把林彪打下来，怎么向全党、全军和全国人民交代？①

多行不义必自毙。两个小时后，256号三叉戟飞机在蒙古人民共和国境内的温都尔汗坠毁，机上包括林彪、叶群、林立果在内的叛逃者全部命丧异国。

随着主犯林彪的覆灭，其死党黄永胜、吴法宪、李作鹏、邱会作及其党羽亦纷纷落入法网。

1980年11月20日，林彪反革命集团主犯被押到历史的审判台上。他们策划的谋害毛泽东、篡夺党和国家最高权力的阴谋暴露在光天化日之下。

黄永胜在审讯中供认，1971年9月6日黄昏，他在人民大会堂北京厅听到李作鹏向他密告了毛主席在南方针对林彪一伙的谈话内容之后，迫不及待地给在北戴河的叶群密报。他承认把毛主席的谈话内容告诉了叶群，"促使林彪下决心杀害毛主席。"

江腾蛟供认：1971年9月8日晚，林立果给他看了林彪反革命武装政变手令，他当即表示"坚决干"，并担任了在上海地区杀害毛泽东的第一线指挥。他与林立果、周宇驰共同密

---

① 《林彪反革命集团覆灭纪实》，中央文献出版社1995年版，第193页。

谋：用火焰喷射器、40火箭筒打毛主席乘坐的专列；用炸药炸苏州附近的铁路桥；派飞机炸火车；炸上海虹桥机场停车场附近的油库，趁混乱之机杀害毛主席；或由王维国乘毛主席接见时动手。

江腾蛟还供认：1971年9月12日晚，他参加了周宇驰布置南逃的秘密会议。周宇驰说，明早8时，林彪将从北戴河乘飞机到广州；7时，周宇驰先带一部分人和他们的家属从北京西郊机场起飞前往广州。周宇驰要王飞和他在早晨6时到北京西郊机场，由王飞负责黄、吴、李、邱的安全。林彪打算到广州后，先召开师以上干部紧急会议，并利用广州广播电台发表讲话，宣布成立临时中央，必要时，林彪还打算争取苏联援助。

鉴于他们所犯的严重罪行，经特别法庭审理，1981年1月25日上午，江华庭长宣布：

判处被告人陈伯达有期徒刑18年，剥夺政治权利5年。

判处被告人黄永胜有期徒刑18年，剥夺政治权利5年。

判处被告人吴法宪有期徒刑17年，剥夺政治权利5年。

判处被告人李作鹏有期徒刑17年，剥夺政治权利5年。

判处被告人邱会作有期徒刑16年，剥夺政治权利5年。

判处被告人江腾蛟有期徒刑18年，剥夺政治权利5年。

本判决为终审判决。

毛泽东领导的粉碎林彪反革命集团阴谋篡夺党和国家最高领导权斗争的胜利，使中国共产党顺利度过了又一次重大危机。

第十一章

十年内乱经济处于停滞状态
邓小平推行改革开放强国
富民

粉碎"四人帮"、结束"文化大革命"后，中国面临着重大历史关头……党的十一届三中全会，在邓小平同志的领导下，重新确立解放思想、实事求是的思想路线，确定把党和国家工作的中心转移到经济建设上来，作出实行改革开放的决策……开辟了改革开放和集中力量进行社会主义现代化建设的历史新时期。

——江泽民[①]

[①] 《在邓小平同志追悼大会上中共中央总书记、国家主席、中央军委主席江泽民同志致悼词（1997年2月25日）》，新华社北京1997年2月25日电。

"处于缓慢发展和停滞状态"的中国经济

中国经济经过五年调整刚刚出现好的局面，就被1966年开始的史无前例的"文化大革命"所打乱。

"文化大革命"是毛泽东亲自发动和领导的。在他看来，一大批资产阶级的代表人物、反革命的修正主义分子，已经混进党里、政府里、军队里和文化领域的各界里，相当大的一个多数的单位的领导权已经不在马克思主义者和人民群众手里。党内走资本主义道路的当权派在中央形成了一个资产阶级司令部，它有一条修正主义的政治路线和组织路线，在各省、市、自治区和中央各部门都有代理人。过去的各种斗争都不能解决问题，只有实行"文化大革命"，公开地、全面地、自下而上地发动广大群众来揭发上述的黑暗面，才能把被走资派篡夺的权力重新夺回来。

因此，"文化大革命"的一个重要特征是向从中央到地方的各级组织夺权。1967年元旦，《人民日报》、《红旗》杂志发表社论，提出："1967年，将是全国全面展开阶级斗争的一年",号召"向党内一小撮走资本主义道路的当权派和社会上牛鬼蛇神,展开总攻击"。随后,全国不断发生造反派夺取各级党政领导权的事件。

1月6日,在中央"文革"支持下,以王洪文领导的上海市"工总司"为首的32个"造反派"组织的名义,联合召开"打倒市委大会",中共中央华东局、中共上海市委、市人委主要负责人陈丕显、曹荻秋等被揪到会场接受批斗。大会发出三项通令:宣布不再承认曹荻秋为上海市市长;勒令市委书记陈丕显交代所谓"反革命罪行";要求中共中央彻底改组上海市委。这次会议后,上海市委、市人委所有机构被迫停止办公。此后,"造反派"成立了"上海市人民公社"(后根据毛泽东建议改名"革命委员会"),以张春桥为主任,姚文元、王洪文、徐景贤为副主任,夺了上海市委、市人委的权。

这个所谓"一月革命"的夺权风暴,立刻在全国引起一系列连锁反应,山西、贵州、黑龙江、山东等省党政领导相继被造反派夺权。到1968年10月党的八届二中全会召开时,全国29个省、市、自治区全部被"造反派"夺了权。当时原中央委员和候补中央委员中,被定为"叛徒"、"特务"、"里通外国"、"反党分子"、"反革命修正主义分子"者,占总数的71%。应出席全会的中央委员原为97人(去世10人,逮捕了

2人），到会只有40人，不足半数。八届中央候补委员73人，出席全会的只有9人。

在"造反派"向各级组织的夺权斗争中，因各派支持不同的人选而导致两派发生武斗，从而引起全面内战。据中共湖北省委一份报告称，1967年7月20日，在武汉市发生的广大军民反对所谓中央代表谢富治、王力的事件中，被打伤、打残和致死的干部、军人、群众达18.4万人，其中，武汉市就有600多人被打死、6.6万人被打伤、打残。

尽管毛泽东为遏制全面内战的事态发展，曾动用人民解放军，先后派出280多万人执行"三支两军"（即支左、支工、支农、军管、军训）任务；宣布"大、中、小学复课闹革命"；派出工人宣传队进驻大、中、小学校，整顿秩序，制止武斗。但是，混乱局面一直持续到1969年才逐步恢复正常。

各级组织相继瘫痪，掌了权的"造反派"热衷于打击异己，争夺更大的权力；狂热的情绪在社会各个角落不断发酵，这使得社会生活的各个方面，特别是工农业生产受到严重干扰。

1967年，国家的经济指挥和管理机构基本瘫痪，国民经济实际上处于无政府状态。在"革命大批判"中，"工业七十条"、"商业四十条"、"科技十四条"、"高教六十条"以及企业管理中的生产责任制、劳动纪律、质量检查、安全操作等规章制度，被冠以"修正主义"的"管、卡、压"、"复辟资本主义"的罪行加以批判；党委领导下的厂长负责制、总工程师对企业的技术工作负全部责任，被诬为"取消党的领导"、"推行专家治厂"；企业提高经济效益，被批判为"利润挂帅"；贯彻按劳分配，被说成是"物质刺激"等等。结果，企业管理混乱，产品质量、成本无人过问，经济效益大幅度下降。

据国家统计局统计，1967年全国工农业总产值为2104亿元，比上年下降了9.6%，其中，工业总产值下降13.8%，农业总产值增长1.6%，钢产量下降32.8%，煤炭产量下降18.3%，棉纱产量下降13.6%，铁路运输量下降21.6%。

这一年，国家预算内建设投资只完成原计划的64.5%，固定资产交付使用率由1966年的70.4%降到50.6%；劳动生产率比上年下降19.2%；财政收入只完成计划的68.8%，比1966年减少24.9%，赤字高达22.5亿元。[①]

1968年，整个国民经济仍处在大动乱之中，工农业生产各项指标继续下滑。全国工农业生产总值为1723亿元，比上

[①] 《中华人民共和国国民经济和社会发展计划大事辑要（1949－1985）》，红旗出版社1987年版，第266页。

年下降4.1%，其中，工业总产值下降5%，农业总产值下降2.5%，钢产量下降12.15%，发电量下降7.49%，国有单位固定资产投资总额比上年下降19.26%，财政总收入比上年下降13.9%，人口自然增长率为27.38‰。[①]

经过这两年的大动乱，到1968年底，中国经济已跌进"谷底"。

1976年10月，以粉碎"四人帮"为标志，宣告了"文化大革命"的结束。这时，全国工农业总产值为29453.7亿元，比上年下降1.6%。其中，工业总产值为3278亿元，比上年增长2.4%；农业总产值为1258亿元，比上年下降0.4%；粮食总产量为2.8631亿吨，比上年增长0.6%；棉花总产量为205.5万吨，比上年下降13.69%；钢产量为2046万吨，比上年下降14.39；原煤产量为4.83亿吨，比上年增长0.2%；发电量为2031亿度，比上年增长3.73%；货运量为20.1757亿吨，比上年下降0.4%；国有单位固定资产投资总额为523.94亿元，比上年下降3.85%；财政收入为776.6亿元，比上年下降4.8%，财政赤字达29.6亿元；出口总额为68.5亿美元，比上年下降5.65%；进口总额为65.8亿美元，比上年下降

[①] 《中国经济发展五十年大事记（1949.10－1999.10）》，人民出版社、中共中央党校出版社1999年版，第228~229页。

12.15‰；人口自然增长率为12.66‰。①

10年累计，直接经济损失达5000亿元。表现在：（一）经济发展速度呈下降趋势。按可比价格计算，这10年，全国工农业总产值平均每年增长7.1%，大大低于1952年~1966年平均每年增长10%的速度。（二）经济效果大大下降，国家财政发生赤字。10年间有四年出现财政收支赤字，1967年财政赤字22.6亿元，1976年财政赤字高达29.6亿元。10年收支相抵，赤字为19亿元。这是账面上的数字，实际上的赤字远不止这些。（三）人民生活水平得不到提高。10年间，人均粮食1966年为381斤，1976年为383斤，还略低于1952年395斤的水平，比最高的1956年409斤低26斤；食用植物油，1966年为3.5斤，1976年为3.2斤；棉布，1966年为20尺，1976年为23.7尺，略低于1956年25.9尺的水平，比最高的1959年29.2尺低5.5尺。②

此时的中国，属于世界贫穷国家之列。据世界银行1977年的统计，在最贫穷到最富裕的五类国家中，第一类，也就是

---

① 《中国经济发展五十年大事记（1949.10-1999.10）》，人民出版社、中共中央党校出版社1999年版，第282~283页。

② 郑谦等著：《十年后的评说——"文化大革命"史论集》，中共党史资料出版社1987年版，第202页。

最贫穷的国家，年人均产值不到 200 美元。全世界共有 21 个，其中包括印度、缅甸、老挝、索马里等。第二类，即贫穷的国家和地区，年人均产值 201 美元到 499 美元之间。这一类共有 39 个国家和地区，包括埃及、苏丹、泰国、菲律宾等，中国是其中之一。第三类，是中等水平的国家，年人均产值 500 美元到 2000 美元，全世界有 57 个国家和地区，包括罗马尼亚、阿尔巴尼亚、墨西哥、智利、朝鲜民主主义人民共和国、蒙古人民共和国。他们都比我们强。第四类，是富裕的国家和地区，年人均产值 2000 美元到 4999 美元，全世界共有 31 个，包括英国、捷克、波兰、苏联、南斯拉夫、保加利亚、新加坡等。第五类，是最富裕的国家，年人均产值 5000 美元以上的，全世界有 29 个，包括科威特、瑞士、美国、联邦德国、日本、加拿大、法国等。[①]

这些情况说明，"十年浩劫"把中国经济推向了崩溃的边缘。正如邓小平所说："文化大革命"结束时，"就整个政治局面来说，是一个混乱状态；就整个经济情况来说，实际上是处于缓慢发展和停滞状态。"[②]

---

① 金春明等著：《彻底否定"文化大革命"十讲》，解放军出版社 1985 年版，第 102 页。

② 胡锦涛：《继续把改革开放伟大事业推向前进》（2007 年 12 月 17 日），见《求是》2008 年第 1 期。

转折，从一个 73 岁老人的复出开始

1976 年 9 月 9 日，中国共产党的创始人之一、中国人民解放军的缔造者、新中国首任主席毛泽东与世长辞。

毛泽东逝世后，江青、王洪文、张春桥、姚文元"四人帮"反党集团加紧了篡夺党和国家最高领导权的步伐。在党和国家面临严重危机的关头，时任中共中央第一副主席、国务院总理华国锋，时任中共中央副主席、中央军委副主席叶剑英等，在老一辈革命家和党内健康力量的支持下，采取果断措施，将"四人帮"隔离审查，又一次挽救了党，挽救了国家。

10 月 6 日夜，在顺利逮捕"四人帮"之后，中央政治局紧急会议在北京玉泉山九号楼连夜召开。出席会议的有：华国锋、叶剑英、李先念、汪东兴、陈锡联、苏振华、纪登奎、吴德、倪志福、陈永贵、吴桂贤等 11 人。会上，华国锋通报了逮捕"四人帮"的前因后果。他说：江青、王洪文、张春桥、姚文元趁毛主席逝世之机，秘密勾结，疯狂活动，阴谋篡夺党和国家的最高领导权。为了及时粉碎这个将给中国人民带来严

重灾难的反革命集团,10月6日晚8时,党中央不得不采取断然措施,对"四人帮"实行隔离审查。① 与会同志一致赞同处置"四人帮"反党集团所采取的果敢行动;根据叶剑英提议,一致通过华国锋任中国共产党中央委员会主席、中央军事委员会主席,以后提请中央全会追认。

10月7日,邓小平从家属那里得知粉碎"四人帮"的消息。12月中旬,叶剑英将邓小平接到玉泉山9号楼,向他通报了粉碎"四人帮"的具体经过。邓小平对取得粉碎"四人帮"的伟大胜利,万分喜悦,他情不自禁地说:"看来,我可以安度晚年了!"后来,他致信华国锋,高度赞扬这一伟大胜利,表达了一名共产党人内心的真诚的喜悦之情。1977年7月,中共十届三中全会决定,恢复邓小平中共中央委员、中央政治局委员、常委,中共中央副主席,中共中央军委副主席,国务院副总理,中国人民解放军总参谋长的职务。这是邓小平在中国政坛的第三次复出。

在这次全会的闭幕会上,邓小平发表了复职后的第一次正式讲话。对复出的心情,邓小平意味深长地讲道:坦率地说,我自己也考虑了一下,出来工作,可以有两种态度,一个是做

---

① 张树军著:《中国历史大转折:十一届三中全会实录》,深圳报业集团出版社2008年版,第14页。

官，一个是做点工作。我想，谁叫你是共产党人呢。既然当了，就不能够做官，不能够有私心杂念，不能够有别的选择，应该老老实实地履行党员的责任，听从党的安排。①

共产党员神圣的责任，使邓小平从中央酝酿恢复他的职务起，就开始考虑当时中国面临的一个最大的问题：今后我们的路究竟应怎么走？

这个问题是全党全国人民包括国际上都在关注的一个重大问题。1978年1月1日，《人民日报》发表题为《光明的中国》的元旦社论，开篇即说：1977年，世界上各种各样的人，包括我们的一些朋友和同志，也包括我们的敌人，都密切注视着中国：在失去了伟大的领袖和导师毛泽东主席、失去了敬爱的周恩来总理和朱德委员长以后，在粉碎了"四人帮"以后，中国会向何处去？他们看到了什么呢？看到了以英明领袖华主席为首的党中央高举毛主席的伟大旗帜，八亿人民紧密地团结在毛主席亲自选定的接班人周围；看到了华主席领导我们抓纲治国，举国上下安定团结，生产建设蒸蒸日上；看到了扫除"四害"，中国的大好河山更加绚丽多彩，中国革命的航船正沿着毛主席开辟的航道破浪前进！我们同"四人帮"的斗争，

---

① 张树军著：《中国历史大转折：十一届三中全会实录》，深圳报业集团出版社2008年版，第14页。

是又一次两个中国之命运的斗争。是光明的中国，还是黑暗的中国？十月的决定性伟大胜利，早就回答了这个问题。[①]

这篇社论意在回答人们的重大关切，但对人们真正关心的问题，社论的回答多少有些显得苍白。因为，经过"文化大革命"的劫难，全国人民看清了：继续毛泽东晚年的错误是一条没有前途的道路。

华国锋是这条道路的坚定执行者。尽管实践已经证明这条道路不能推动中国的发展，不能给人民带来幸福，但华国锋没有勇气否定这条路。在毛泽东晚年，许多极"左"政策华国锋是直接参与者和执行者，要求他很快撇开毛泽东的一套，另辟蹊径，不仅感情上无法割舍，而且实践中也难以做到。华国锋始终不认为毛泽东所推行的政策是错误的，他也不认为自己忠实地执行毛泽东的路线是犯了错误。因此，在毛泽东去世不久"两个凡是"就出笼了！

1977年2月7日，经华国锋同意，《人民日报》、《红旗》杂志、《解放军报》同时发表题为《学好文件抓住纲》的社论，正式提出了"凡是毛主席作出的决策，我们都坚决拥护；凡是毛主席的指示，我们都始终不渝地遵循"的方针。

[①] 《光明的中国》，见《人民日报》1978年1月1日。

"两个凡是"的提出，表明华国锋要竭力维护毛泽东生前制定的路线方针和政策，包括毛泽东晚年犯过的一些错误。如果按照这条路子走下去，已经被"文化大革命"证明，中国没有前途。

走全盘西化的路，在中国行不通。稍有点历史常识的人都知道，在近代中国历史上，从李鸿章、谭嗣同到孙中山、蒋介石，都曾尝试过发展资本主义，结果都失败了。中国共产党在新中国成立后，选择社会主义，确立共产党的执政地位，是历史的必然，是中华民族百年沧桑得出的必然结论。在这个问题上，中国共产党人认识空前一致。粉碎"四人帮"后，社会上曾经出现了一股借口纠正毛泽东晚年错误而全盘否定毛泽东思想、企图否定共产党领导、否定社会主义制度的暗流。党中央旗帜鲜明地予以反击，从而击退了对于"西化"的任何企图。

按照中国的实际情况走出一条新的道路。对这样一条社会主义的新路，中国从20世纪50年代初就开始了艰难探索，但是，由于毛泽东对社会主义历史时期阶级斗争的判断发生偏差，把阶级斗争当成了和平时期的主要矛盾，偏离了发展经济，导致新中国成立近30年社会主义建设走了一段艰辛曲折的道路。

邓小平1973年恢复工作后，曾尝试进行关于社会主义建设的新探索。在毛泽东、周恩来的支持下，他提出以"三项指示为纲"，强调"把国民经济搞上去"，指导各个领域、各个部门开展全面整顿。从1974年下半年起，国民经济情况继续好转，工农业生产各项主要指标稳步上升。1975年，国内生产总值比上年增长8.7%，其中工业总产值比上年增长15.5%，农业总产值增长3.1%。邓小平领导的全面整顿，实质上是系统纠正"文化大革命"以来种种"左"的错误做法，进而使党和国家的工作逐步走上正轨。后来，回顾这段历史时，邓小平说："1975年我主持中央常务工作，那时的改革，用的名称是整顿，强调把经济搞上去，首先是恢复生产秩序。凡是这样做的地方都见效。"①

这条社会主义新道路的主要特征是：以解放思想，实事求是为指导，认真总结新中国成立以来社会主义建设的得失成败，彻底纠正"文化大革命"及其以前的"左"倾错误，停止"以阶级斗争为纲"的错误路线，把全党的工作着重点转移到社会主义现代化建设上来。在坚持中国共产党领导、坚持社会主义制度、坚持以马克思主义、毛泽东思想为指导的前提

---

① 《邓小平文选》第三卷，人民出版社1993年版，第255页。

下，大力发展生产力，提高国家的综合国力，不断改善人民群众的生活。其主要手段是改革。它从根本上不同于资本主义国家的国体和政体，不搞多党制，不搞"三权分立"，不搞所谓军队国家化。一句话，要探索出这样一条道路，就不能搞"两个凡是"。

抱定在有生之年为中国创立一条社会主义新路的邓小平，早在中央作出恢复他的职务之前，就对"两个凡是"提出了质疑。

1977年4月7日，即"两个凡是"提出两个月后，华国锋委派一位中央负责同志同邓小平谈话，要求他在复出之前写一份承认"天安门事件是反革命事件"的材料。邓小平当即拒绝："两个凡是"不行！我出不出来没有关系，但是天安门事件是革命行动。[①] 4月10日，邓小平致信华国锋、叶剑英并转党中央，明确提出："我们必须世世代代地用准确的完整的毛泽东思想来指导我们全党、全军和全国人民，把党和社会主义的事业，把国际共产主义运动的事业，胜利地推向前进。"[②]几个月后，邓小平回忆起写这封信的过程，进一步阐述了为什

---

① 大型电视文献纪录片《邓小平》（解说词），中央文献出版社1997年版，第122页。
② 《邓小平文选》第二卷，人民出版社1994年版，第39页。

么要完整准确地坚持毛泽东思想,并再次批评"两个凡是"。他说:

> 按照"两个凡是",就说不通为我平反的问题,也说不通肯定1976年广大群众在天安门广场的活动"合乎情理"的问题……毛泽东同志自己多次说过,他有些话讲错了。他说,一个人只要做工作,没有不犯错误的。又说,马恩列斯都犯过错误,如果不犯错误,为什么他们的手稿常常改了又改呢?改了又改就是因为原来有些观点不完全正确,不那么完备、准确嘛。毛泽东同志说,他自己也犯过错误。一个人讲的每句话都对,一个人绝对正确,没有这回事情。他说:一个人能够"三七开"就很好了,很不错了,我死了,如果后人能够给我以"三七开"的估计,我就很高兴、很满意了。这是个重要的理论问题,是个是否坚持历史唯物主义的问题。彻底的唯物主义者,应该像毛泽东同志说的那样对待这个问题。①

邓小平的主张首先得到了胡耀邦的支持。

---

① 《邓小平文选》第二卷,人民出版社1994年版,第38~39页。

1977年12月，根据叶剑英提出的中央党校要研究党的历史，特别是着重研究"第九次、第十次、第十一次路线斗争"历史的指示，中共中央党校副校长胡耀邦主持编写了《关于研究第九、第十、第十一次路线斗争的若干问题》的材料，在这份材料中，把邓小平提出的"用准确的完整的毛泽东思想来指导我们全党、全军和全国人民"的思想，作为研究三次路线斗争的历史的基本原则。材料写道，研究三次路线斗争的历史应遵循两条原则："第一，应当完整的、准确的运用马列主义、毛泽东思想的基本原理（包括毛主席关于'文化大革命'的全面论述和一系列指示）的精神实质，来进行研究。第二，应当以实践为检验真理、辨别路线是非的标准，实事求是地进行研究。毛主席指出：'只有千百万人民的革命实践，才是检验真理的尺度。'"[①] 胡耀邦和起草组确立的这一原则，拉开了中央党校热烈讨论现实中热点难点问题的序幕。

1978年初，中央党校决定由孙长江执笔，撰写一篇论述真理标准的文章。3月初，孙长江完成文章初稿，题目是《实践是检验真理的唯一标准》。在此之前，南京大学哲学系教师胡福明，也在考虑判断理论、认识、观点、决策是否正确的标

[①] 张树军著：《中国历史大转折：十一届三中全会实录》，深圳报业集团出版社2008年版，第117页。

准的问题，他于 1977 年 9 月写出《实践是检验一切真理的标准》一文，并寄给《光明日报》理论部哲学组组长王强华。后来，这两篇文章合二为一，经胡耀邦亲自修改定稿。1978 年 5 月 10 日、11 日，题为《实践是检验真理的唯一标准》一文分别在中央党校《理论动态》第 60 期、《光明日报》发表。12 日，《人民日报》《解放军报》及《解放日报》等地方报纸全文转载。

这篇文章实际上批判了"两个凡是"的主张，它的发表犹如投石击水，激起了一场轩然大波，引起了关于真理标准问题的大讨论。

12 日，《人民日报》发表这篇文章的当晚，该报总编辑即接到中央有关部门一位负责人的电话，指责《实践是检验真理的唯一标准》一文"犯了方向性的错误"。次日，批准对此文向全国发通稿的新华社社长曾涛，也受到了某权威杂志负责人的指责。18 日，主管宣传的一名中央领导在一次小范围会议上，点名批评了《实践是检验真理的唯一标准》一文。并说，文章"实际上把矛头指向主席思想。我们的党报不能这么干。"他批评刊登这篇文章的负责人"没有党性"，并提出"要查一查，接受教训，统一认识，下不为例。"6 月 15 日，他又在中宣部和中央直属新闻单位负责人会议上的讲话中，几次点了胡耀邦的名。还点了中央党校、中组部、《人民日报》、《红旗》杂志、《光明日报》、社会科学院等多个单位和个人的名。

胡耀邦等人面临着巨大的政治压力。

邓小平开始并不知道这篇文章,了解情况后,他公开站出来支持《实践是检验真理的唯一标准》的文章。

5月30日,邓小平召见国务院政治研究室负责人胡乔木,谈准备在全军政治工作会议上讲话的内容,指出:毛泽东思想最根本的最重要的东西就是实事求是。现在发生了一个问题,连实践是检验真理的唯一标准都成了问题,简直是莫名其妙!不但军队有这个问题,现在我们的外贸、我们的管理、我们的经济政策,都受到这些思想的影响,自己把自己的手脚束缚起来,很多事情都不敢搞。①

6月2日,全军政治工作会议在北京举行,邓小平作了重要讲话。开篇就直截了当地肯定了实践是检验真理的标准。他指出:我们开会,作报告,作决议,以及做任何工作,都为的是解决问题。我们说的做的究竟能不能解决问题,问题解决得是不是正确,关键在于我们是否能够理论联系实际,是否善于

---

① 《邓小平年谱》(1975 - 1997),上,中央文献出版社 2004 年版,第 319 ~ 320 页。

总结经验，针对客观现实，采取实事求是的态度，一切从实际出发。我们只有这样做了，才有可能正确地或者比较正确地解决问题，而这样地解决问题，究竟是否正确或者完全正确，还需要今后的实践来检验。如果我们不这样做，那我们就一定什么问题也不可能解决，或者不可能正确地解决。邓小平这一表态，对于打破精神枷锁，冲破"两个凡是"的禁区是一个有力的支持。后来，谈及这次讲话，邓小平告诉文化部核心小组负责人说：《光明日报》发了文章，当时没注意，后来听说有人反对得厉害，才找了来看了看，符合马列主义嘛，扳不倒嘛。我就在6月2日的讲话里支持了一下。①

7月21日，邓小平对当时的中宣部部长说：不要再"下禁令"、"设禁区"了，不要把"刚开始的生动活泼的政治局面拉向后退。"次日下午，邓小平与胡耀邦谈话，明确肯定和支持真理标准问题的讨论。他指出：《实践是检验真理的唯一标准》这篇文章，是马克思主义的。争论不可怕，争得好。引起争论的根源就是"两个凡是"②。

李先念也表示支持实践是检验真理的唯一标准的观点。9

---

① 《十一届三中全会以来重大事件和决策调查》，中共中央党校出版社1998年版，第64页。
② 《邓小平年谱》（1975－1997），上，中央文献出版社2004年版，第347页。

月9日，他在国务院务虚会的讲话中说：实践是检验真理的唯一标准。凡是经过长期社会实践证明是符合客观规律、符合大多数人利益的事，就坚决地办，坚持到底，我们的一切政策计划、措施是否正确，都要以能否为人民群众谋利益为标准来衡量。

从8月至11月，各省、市、自治区负责人和军区负责人纷纷表态，公开讲话支持实践是检验真理的唯一标准。

"一边倒"地支持用准确的完整的毛泽东思想作为我们工作的指针，孤立了"两个凡是"的倡议者和坚持者。12月8日，在中央政治局会议上，汪东兴就自己的错误作了检查。13日，华国锋在中央工作会议上作了自我批评。他说：

> 1977年3月中央工作会议上我曾讲过："凡是毛主席作出的决策都必须拥护；凡是损害毛主席的言论，都必须制止"，后来发现，第一句话，说得绝对了；第二句话，确实是必须注意的，但如何制止也没有讲清楚，当时对这两句话考虑得不够周全。现在看来，不提"两个凡是"就好了。
>
> 至于1977年2月7日两报一刊社论中提出的"两个凡是"，就更加绝对，更为不妥。以上两处关于"两个凡

是"的提法不尽相同，但在不同程度上束缚了大家的思想，不利于实事求是地落实党的政策，不利于活跃党内思想。我的讲话和那篇社论，虽然分别经过政治局讨论和传阅同意，但责任应该由我来承担。[①]

华国锋公开承认错误，标志着党中央已经决定抛弃和否定"两个凡是"的错误观点。在关于真理标准问题的大讨论中，党和人民冲破"左"的思想的束缚，对攸关社会主义建设道路的重大问题进行了新的思考。伟大的马克思主义思想解放运动，打开了通向新路的大门，为具有划时代意义的十一届三中全会的召开并确立改革开放的社会主义新道路，作了重要的思想准备。

---

① 《史鉴》，延边人民出版社1998年版，第311页。

新的正确道路的诞生

中国改革开放是从农村开始的。关于这一点,邓小平曾说过:"开始的时候,有两个省带头,一个是赵紫阳同志主持的四川省,那是我的家乡;一个是万里同志主持的安徽省,他现在是我们的代总理。我们就是根据这两个省积累的经验制定了关于改革的方针政策。"[①]

邓小平所说的先行改革的两个省,最早在全国起到示范作用的是安徽。

1977年6月,万里出任中共安徽省委第一书记。他上任后,用三个月时间深入农村调查研究,几乎走遍安徽全省。当时安徽农村普遍存在的农民吃不饱肚子、缺衣少穿的严峻形势,令万里感到震惊。他与省委几位主要负责人反复交换意见,决定调整政策。11月,安徽省委下发了经全省地(市)、县委书记会议讨论修改后形成的《关于目前农村经济政策几

---

① 《十二大以来重要文献选编》(下),人民出版社1988年版,第1443页。

个问题的规定（试行草案）》（简称"省委六条"）。规定：（一）搞好农村的经营管理，允许生产队根据农活建立不同的生产责任制，可以组织作业组，只需个别人完成的农活，也可以责任到人；（二）尊重生产队的自主权；（三）减轻社队和社员的负担；（四）落实按劳分配政策；（五）粮食分配要兼顾国家、集体和个人利益；（六）允许和鼓励社员经营自留地和家庭副业，开放集市贸易等。①

这份文件，是迄今为止看到的粉碎"四人帮"后全国出现的关于农业生产责任制的第一份红头文件。此后便有了小岗村18户农民自发签订包产到户的生死合同。

"省委六条"犹如一夜春风，给干涸的田野带来了希望。

1978年2月，邓小平出国访问途经成都，向四川省委主要负责人介绍了安徽的做法，并指出农业的路子要宽一些。当月，四川省委就根据本省的实际情况，制定了《关于目前农村经济政策几个主要问题的规定》（简称"十二条"）。在这个文件中，取消了不准农民搞家庭副业和不准农民自销多余产品的禁令，将农民自留地由占总耕地面积的7%扩大到15%，支持农民采取"定额到组"的形式经营土地，鼓励发展多种经

---

① 《万里文选》，人民出版社1995年版，第645页。

营、因地制宜地种植农作物。

安徽和四川的农村改革，很快取得积极效果。这使党中央对制定改革开放的政策受到进一步启发。中央高层改革的视野已由农村延伸到其他领域，由国内扩展到国外。

3月，在全国科学大会上，邓小平明确指出："任何一个民族、一个国家，都需要学习别的民族、别的国家的长处，学习人家的先进科学技术。"① 这就提出了对外开放的命题。5月，国务院成立了引进新技术领导小组，负责研究制订引进国外先进技术的计划。为此，一批国务院的领导及各部门和地方的负责同志，走出国门，赴西方发达国家和地区进行访问、考察。这是新中国成立以来经济建设史上的一个重大举措。

5月初到6月上旬，由国务院副总理谷牧担任团长，轻工部、水电部、农业部、国家计委等部门的高级官员和一些沿海省市负责人参加的中国政府代表团，访问了法国、瑞士、比利时、丹麦、联邦德国等西欧五国。

不久，以李一氓为团长，于光远、乔石为副团长的中国共产党代表团，考察了南斯拉夫。

4月27日至6月27日，中国农业机械化考察团先后访问

---

① 《邓小平文选》第二卷，人民出版社1994年版，第91页。

了意大利、法国、英国和丹麦。在此期间，由国家建委组织的中国基本建设考察团，由福建、安徽、湖南、江苏、四川等5省主管农业的负责人和水稻、农业技术科研人员组成的中国农业代表团，相继访问了日本。

7月25日至9月8日，由农业部和黑龙江、湖北、陕西、山西、山东、天津等6省市负责人组成的中国农业代表团访问了美国。

9月至10月，中国财政经济考察团访问了南斯拉夫、罗马尼亚。

这一年，仅国务院副总理以上的党和国家领导人就有13位出访，先后出访21次，到过51个国家，其中邓小平先后出访4次，到过8个国家。走出国门，使中国领导人和有关部门负责人更加清楚地看到了自己的差距，也进一步清理了如何尽快缩小这一差距的思路。

7月7日至9月9日，在国务院召开的经济工作务虚会上，李先念明确提出了改革开放的主张。他指出，进行社会主义现代化建设，是一场广泛、深刻的革命。这场革命既要大幅度地改变目前落后的生产力，也就必然要多方面地改变生产关系，改变上层建筑，改变工农业企业的管理方式和国家对工农业企业的管理方式，改变人们的活动方式和思想方式，使之适应于现代化大经济的需要。对改革我国经济体制问题，他说："我们现在要进行的这次改革，一定要同时兼顾中央部门、地方和企业的积极性，一定要考虑大企业和大专业公司的经济效益和发展前途，努力用现代化的管理方法来管理现代化的经济。""要坚决地摆脱墨守行政层次、行政区划、行政权力、行政方式而不讲经济核算、经济效果、经济效益、经济责任的老框框，打破小生产的狭隘眼界，改变手工业方式、小农经济方式甚至封建衙门式的管理方法，掌握领导和管理现代化工农业大生产的本领，特别要坚决实现专业化，发展合同制和贯彻执行按劳分配原则。"关于对外开放问题，李先念指出："目前国际形势对我们有利，现在世界上的极大多数国家都希望我国强大繁荣。欧、美、日等资本主义国家，经济萧条，要找出路。我们应有魄力、有能力利用它们的技术、设备、资金和组织经验，来加快我们的建设。我们决不能错过这个非常难得的时机。"[①]

这时，邓小平的改革开放思路也逐渐形成了。

9月13日至17日，邓小平来到了东北三省进行考察。在黑龙江，他说，我们要大量地吸收外国的资金、新的技术、新

[①] 张树军著：《中国历史大转折：十一届三中全会实录》，深圳报业集团出版社2008年版，第150~151页。

的设备。令人担心的是国家的体制能不能适应这项工作。在辽宁，他强调"要以世界先进的科学技术成果作为我们发展的起点。我们要有这个雄心壮志。"邓小平指出："引进先进技术设备后，一定要按照国际先进的管理方法、先进的经营方法、先进的定额来管理，也就是按照经济规律管理经济。一句话，就是要革命，不要改良，不要修修补补。"①

10月11日，中国工会第九次全国代表大会在北京召开。邓小平代表党中央、国务院在向大会致词中，发出了改革的号召。他说：实现四个现代化，"各个经济战线不仅需要进行技术上的重大改革，而且需要进行制度上、组织上的重大改革。"②

在中央高层对改革开放基本形成共识的基础上，1978年11月10日至12月15日，中共中央在京西宾馆召开了中央工作会议。华国锋主持了这次会议，他宣布了会议的三个议题：（一）讨论如何进一步贯彻执行以农业为基础的方针，尽快把农业生产搞上去；（二）商定1979年和1980年两年国民经济计划的安排；（三）讨论李先念副主席在国务院务虚会上的讲话。此外，用两三天时间讨论把全党工作的着重点转移到社会

---

① 《邓小平文选》第二卷，人民出版社1994年版，第129~130页。
② 《邓小平文选》第二卷，人民出版社1994年版，第136页。

主义现代化建设上来的问题，整个会议准备开 20 多天。

按照华国锋的布置，从 11 月 27 日开始，各组分组讨论《1979、1980 两年经济计划安排》和李先念在国务院务虚会的讲话。此前，会议秘书组向与会者印发了《1979、1980 两年经济计划安排》、李先念在国务院务虚会的讲话和国务院务虚会发言汇编第一、二、三辑材料，以及其他国家和地区经济发展的经验，包括《苏联在二三十年代是怎样利用外国资金和技术发展经济的？》、《香港、新加坡、南朝鲜、台湾的经济是怎样迅速发展起来的？》、《罗马尼亚、南斯拉夫的经济为什么能高速发展？》、《战后日本、西德、法国经济是怎样迅速发展起来的？》等。

在讨论《1979、1980 两年经济计划安排》时，许多与会代表批评了 1977、1978 两年经济工作中出现的急于求成倾向，提出要实事求是，脚踏实地，再不要重犯 1958 年一哄而起的错误，希望今后两三年内把国民经济比例失调的情况大体调整过来。一些与会者提出：经济工作必须采用经济手段才行，过去用政治运动方式搞经济是不成功的，教训是惨痛的。与会同志的呼吁，引起中央的重视。根据这些意见，国务院开始对国民经济计划进行修改，从而开始了对两三年来急躁冒进、急于求成倾向的初步纠正。这就为十一届三中全会后对国民经济实行"调整、改革、整顿、提高"的八字方针奠定了基础。

在讨论李先念在国务院经济工作务虚会上的讲话时，许多同志赞成改革经济管理体制，实行对外开放政策。有的同志说，我们的上层建筑有两个方面不合理，一是用行政的办法管理企业，不讲经济核算，不讲经济效果，吃大锅饭；二是体制不合理，制度烦琐，不能调动各方面积极性，也提不高办事效率。这些都阻碍我们经济发展，必须下决心改革。有的同志说，加快经济发展的速度，必须精简行政机构，减少会议，简化办事手续、层次，改变作风，使上层建筑适应经济基础的要求。来自福建的同志说，从福建的实际出发，充分发挥地区特点和有利条件，利用侨乡这一特殊条件，大量吸收外资，引进先进技术和设备，放手大搞出口贸易，通过外贸和轻工业积累资金，然后搞基础工业，搞农业机械化，以轻养重，以重促农，为发展福建经济闯出一条路子来。

12月13日，在中央工作会议闭幕会上，邓小平作了《解放思想，实事求是，团结一致向前看》的著名讲话。在这篇被称为改革开放"宣言书"的讲话中，邓小平对改革开放问题进行了系统、深刻的阐述。他指出：

如果现在再不实行改革，我们的现代化事业和社会主义事业就会被葬送。现在我国的经济管理体制权力过于集中，应该有计划地大胆下放，否则不利于充分发挥国家、地方、企业和劳动者个人四个方面的积极性，也不利于实行现代化的经济管理和提高劳动生产率。当前最迫切的是扩大厂矿企业和生产队的自主权，使每一个工厂和生产队能够千方百计地发挥主动创造精神。

要研究新情况，解决新问题，尤其要注意研究和解决管理方法、管理制度、经济政策这三方面的问题。在管理方法上，要特别注意克服官僚主义。政治的空谈往往淹没一切。我们要学会用经济方法管理经济。自己不懂就要向懂行的人学习，向外国的先进管理方法学习。不仅新引进的企业要按人家的先进方法去办，原有企业的改造也要采用先进的方法。在管理制度上，当前要特别注意加强责任制。在经济政策上，我认为要允许一部分地区、一部分企业、一部分工人农民，由于辛勤努力成绩大而收入先多一些，生活先好起来。一部分人生活先好起来，就必然产生极大的示范力量，影响左邻右舍，带动其他地区、其他单位的人们向他们学习。这样，就会使整个国民经济不断地波浪式地向前发展，使全国各族人民都能比较快地富裕起来。①

---

① 《邓小平文选》第二卷，人民出版社 1994 年版，第 144～152 页。

这次会议使会前关于改革开放的酝酿进一步具体化，从一定意义上说，它对中共中央随后作出的改革开放重大战略决策，在高层领导中进行了又一次思想发动。

中央工作会议闭幕两天后，中共中央在北京召开了实现新中国成立以来伟大历史转折的十一届三中全会。出席会议的中央委员169人，候补中央委员112人。叶剑英、邓小平、李先念、陈云、汪东兴等出席了会议，华国锋主持会议并发表了讲话。

全会决定：全党工作重点从1979年转移到社会主义现代化建设上来。

全会作出了实行改革开放的新决策。全会《公报》指出：实现四个现代化，要求大幅度地提高生产力，也就必然要求多方面地改变同生产力发展不适应的生产关系和上层建筑，改变一切不适应的管理方式、活动方式和思想方式，因而是一场广泛、深刻的革命。会议强调改革我国经济管理体制，有领导地大胆放权，让地方和工农业企业在国家统一计划的指导下有更多的经营管理自主权；大力精简各级经济行政机构，把它们的大部分职权转交给企业性的专业公司和联合公司；坚决实行按经济规律办事，重视价值规律的作用，把思想政治工作和经济手段结合起来，充分调动干部和劳动者的生产积极性；认真解决党政企不分、以党代政、以政代企的现象，实行分级分工分人负责，加强管理机构和管理人员的职权和责任，认真落实考核、奖罚、升降等制度。

会议深入讨论了农业问题，同意将《中共中央关于加快农业发展若干问题的决定（草案）》等文件发到各省、市、自治区讨论和试行。

改革开放——这个中国特色社会主义的新道路，就这样写在了中国共产党的历史上。党的十一届三中全会后，以邓小平为核心的党中央带领全国人民，开始了改革开放的伟大历史进程，从农村改革到城市改革，从经济体制的改革到各方面体制的改革，从对内搞活到对外开放，从以计划经济为主、市场调节为辅，到初步建立社会主义市场经济体制，改革不断迈出新步伐，开放形成了全方位的新格局，中国经济取得了举世瞩目的辉煌成就。

后 记

危机处理，是一个大课题。从古到今，个人的成败、政权的更替、国家和民族的兴亡，无不与危机处理相联系。所谓"胜者为王败者为寇"，这里的"胜"，即是危机处理之胜；这里的"败"，亦为危机处理之败。

我最早接触和研究危机处理始于新世纪之初。美国"9·11"事件的爆发向全世界发出了强烈的信号：危机不限于国家间、不同阶级间的政治、军事冲突，现实生活中的许多事情皆可能诱发危机，危机随时可能出现在你身边！在参与研究危机处理、参与制定应对危机预案、参与组织应对突发事件演练的过程中，我越来越感受到，增强危机防范意识、掌握一些应对危机方面的知识、提高应对危机的能力，对于任何人都是重要的和必需的。这，使我萌生了写一本应对危机方面的书的念头。

几年之后，我有幸接触并从事党的历史研究。

又几年之后，党的历史上第一次全国党史工作会议召开。习近平同志在会议上的重要讲话中强调，我们党的历史不仅同党的过去相联系，也同党的现在和未来相联系。只有对我们党昨天的奋斗有深切了解，才能做好今天的现实工作，承担起明天的新的使命。

学习会议精神、研究党的历史，使我对中国共产党应对危机的理论和实践有了新的认识。在我们党的历史上，面对惊涛骇浪，危机重重，沉着应对、力挽狂澜、化险为夷的生动感人而又传奇精彩故事不胜枚举，党的领袖中许多就是危机处理的大家。如果能把他们在应对危机中所表现出来的大智大勇展现给广大读者，我觉得是件有意义的事，可能给人们了解和学习革命领袖的丰功伟绩，提供一种新的视角，给人们掌握应对危机的本领提供一个模式，一个启示。

在迎接中国共产党成立100周年的日子里，终于有了这样一个机会。四川人民出版社的大力支持，使《危机处理中的中共领袖们》这一选题被很快确定。

从危机处理的角度展示党的领袖的革命生涯和活动，给写作提出的要求是苛刻的。既不能单纯求新、求奇，远离党的历史发展的主题、主线、主流和本质，过多地展示"细枝末节"，又要突出"危机"与"处理"这个特点。我在写作过程中，力求在中国革命、建设和改革的大背景下来写危机处理，通过对党的领袖处理危机的实践活动的描述，告诉人们：中国共产党人的革命实践是惊心动魄的，今天我们的胜利局面是来之不易的。

本书设计为11章，内容涵盖自中国共产党成立到十一届三中全会这57年间党的领袖应对危机的实践过程。十一届三中全会以来，党的领袖处置危机的谋略思想和领导艺术，已设计为四章内容："西方国家推出孤立中国战略，江泽民临危受命打破制裁"；"美国发生'9·11'事件，中国实行非传统安全战略"；"非典突如其来，胡锦涛提出科学发展观"、"美国引发全球金融危机，世界推崇中国经验"。这四章因故未纳入本书。以后若有机会，当可补齐。

本书写作过程中，得到有关领导、老师、专家和同仁的大力支持和帮助。有的提供了珍贵的史料，有的与我讨论了相关学术问题，有的对写作提纲和书稿的形成提出过很好的建议。特别值得一提的是刘周远总编辑、罗晓春编辑、周风珍、王艳、王尧等，他们为本书能尽早呈现给读者，付出了许多艰辛，提供了有力支持。

必须指出的是，本书引用的大量史料和研究成果，除了个人的研究、积累外，还借鉴了有关专著中收集的资料和研究成果，在此一并致谢。

限于本人学识，加之时间仓促，书中不足之处在所难免，敬请读者批评指正。

王相坤

2021年3月